DIX CHIENS POUR UN RÊVE

FRANÇOIS VARIGAS

DIX CHIENS POUR UN RÊVE

Propos recueillis par Jean-François Chaigneau

PRÉFACE DE PAUL-ÉMILE VICTOR

30 photographies
en couleurs
de François Varigas

FRANCE LOISIRS
123, boulevard de Grenelle, Paris

Édition du Club France Loisirs, Paris,
avec l'autorisation des Éditions Albin Michel

ISBN 2-7242-2102-8

PRÉFACE

Je connais bien l'Arctique. J'y ai passé les plus belles années de ma vie. C'est un pays dur, hostile parfois, terrifiant même, fascinant toujours. Je connais aussi François Varigas. Je l'ai rencontré peu avant son départ. Nous avions longuement parlé de son projet : « faire » le cercle arctique en une saison. Le projet, plein de poésie, me paraissait irréalisable. Mais allez faire entendre à François Varigas ce qu'il ne veut pas entendre! Et d'ailleurs qu'auraient dit les grands explorateurs polaires comme Nansen, Amundsen, Wally Herbert et les autres, si on leur avait déconseillé de partir? Ils auraient sans doute ri. Comme l'a fait François Varigas.

Une audace, un courage, une résistance, une obstination ou plutôt un espoir inouïs sont la marque de son aventure, son succès, sa sanction.

Je suis heureux aussi, en tant que président d'honneur de la Guilde européenne du Raid, que ce titre inaugure cette nouvelle collection, « Aventure au XXe siècle ». Ce n'est pas seulement un constat, c'est aussi une ouverture vers l'avenir pour ceux qui croient que tout reste encore à faire aujourd'hui. Oui, l'aventure existe. Et il se trouve toujours des hommes tel François Varigas acceptant ses risques, se saoulant de ses joies.

PAUL-ÉMILE VICTOR

NOTE LIMINAIRE

PARCE que, avec sa barbe, son grand chapeau de cuir à larges bords, sa chemise à carreaux façon trappeur, son jean et ses bottes, il ressemblait à ce qu'il est...

Parce qu'il avait dans les yeux une sorte d'inquiétude, comme s'il venait de laisser son traîneau avec ses chiens en stationnement dans la rue, en bas de l'immeuble, et qu'il avait hâte de les retrouver...

Parce qu'il souriait en prenant son temps...

Parce qu'il avait envie de raconter, mais une seule et bonne fois, son aventure à quelqu'un, comme pour s'en débarrasser...

J'ai compris dès notre première rencontre que François Varigas deviendrait mon ami, que je ne pourrais pas me dérober, que j'allais l'écouter jusqu'au bout, fasciné, qu'il m'entraînerait avec lui, à la poursuite des images merveilleuses récoltées durant les rêves de son enfance et de la mienne.

Voilà pourquoi, passionnément, j'ai écrit les exploits exemplaires de l'homme seul et de ses chiens à travers les sublimes beautés et les inhumaines épreuves de son voyage de sept mille kilomètres dans le Grand Nord canadien.

JEAN-FRANÇOIS CHAIGNEAU

CHAPITRE I

ALLEZ, les chiens...

Ce fut comme si ma voix elle-même arrachait le traîneau. Ils obéirent aussitôt. La secousse qui me cambra les reins courut le long de mon dos, et mourut sur mes épaules. Un frisson de bonheur. D'inquiétude aussi, à cause de mon rêve que ce vent aigre pulvérisait pour le rendre réel. Au premier effort, les pattes des chiens ne glissèrent même pas sur la neige gelée. A force d'être prêts, ils avaient piétiné chacun, par avance, quatre petits cals sur lesquels ils prirent appui dès mon ordre donné. Et ils avaient démarré, les traits de l'attelage bien tendus, d'un coup sec.

Je suis certain qu'ils comprenaient. La charge du traîneau, inhabituelle pour eux, près de cinq cents kilos, et le soin particulier que j'avais pris à le ranger signifiaient que nous partions pour un long trajet. Et puis il y avait les gens aussi, cette troupe d'une quinzaine de témoins, avec des embrassades, de larges claques dans le dos; des gestes exubérants, encourageants, mais qui annonçaient un travail difficile. Oui, ils sentaient tout cela, mes chiens. De même qu'ils avaient perçu quelque chose de différent dans le ton de ma voix, un mélange de joie et de gravité qu'ils ne me connaissaient pas. Ils allongeaient le cou, comme de braves chevaux de labour, et je les remerciais de me faire un départ impeccable et digne.

Je glissai devant une haie d'amis, John Sleeth, le directeur d'une compagnie de téléphone canadienne, Louise, sa femme, et Annie, leur fille; Michel Lafrance aussi, le directeur de l'aéroport de Frobisher Bay, Brend Baudy, enfin, employé à l'hôpital, et lui-même propriétaire de chiens. C'était peut-être le froid qui leur faisait des larmes sur les joues. Moi, je ne pouvais desserrer les dents, pas le moindre mot, pas même un dernier merci pour leur hospitalité et leur aide dans la préparation de mon expédition. Alors je levai la main. Une moufle plutôt. Et, les pieds calés sur les deux patins du traîneau, je saluai, comme un souverain passe sur son char.

J'étais parti, je ne voulais pas me retourner, pour ne pas avoir à regretter la chaleur de l'amitié, du confort, ni à m'effrayer de mon avenir de solitude. A cet instant, il eût suffi d'un cri, d'un appel, pour m'attendrir. Et j'avais trop besoin de toute ma détermination, j'avais hâte de disparaître, hâte de trancher ces regards que je sentais plantés dans mon dos. Heureusement, je m'étais lancé à la sortie du village, et n'eus que quelques centaines de mètres à parcourir pour crier :

– Droite.

Finskan, la chienne de tête, dressa les oreilles, et le traîneau obliqua derrière un bloc de glace. Je respirai profondément. Les muscles de mes bras se détendirent. J'étais enfin seul.

C'était le 28 avril 1982, à dix heures du matin.

Frobisher Bay a mille huit cents habitants. Dans l'Arctique, on appelle cela une ville. Une façon comme une autre de donner de l'importance à chaque vie. Elle est située au sud de la Terre de Baffin. Et c'est elle, cette île immense du Nord-Est canadien que je voulais d'abord traverser de part en part. J'avais calculé : plus de deux mille kilomètres, dont les trois quarts au-dessus du cercle polaire.

Jamais, dans la mémoire des Esquimaux, non plus que dans leurs légendes, on n'avait relevé la trace d'une telle entreprise. Au temps où ceux-ci vivaient sur les banquises, se nourrissant de pêche et de chasse et s'abritant dans des igloos, ils voyageaient peu, ne connaissant pas les terrains au-delà de leur territoire habituel. Lorsqu'ils avaient à le faire, ils étalaient leurs déplacements sur plusieurs années. Mais moi, j'avais résolu de couvrir cette distance seul, en une seule saison, et avec mes chiens.

Aujourd'hui, les Esquimaux vivent dans des maisons, et se déplacent en chevauchant des machines, scooters des neiges appelés « skidoos ». Certains m'avaient vu tout à l'heure, qui tournaient comme des bourdons autour de mes chiens. De loin. Mon attelage les intriguait et les gênait aussi sans doute, parce que l'homme qui allait le mener était un Blanc. La leçon en effet devait être assez désagréable à recevoir, pour ces descendants d'une lignée courageuse et rustique, mais aujourd'hui pensionnée par le gouvernement canadien. La plupart prédisaient ma perte. Ils avaient même parié. La cote était de onze contre un. Le « un », c'était moi bien sûr, enfin l'estimation qu'ils donnaient de ma réussite, quant au « onze », il en disait long sur leur certitude de mon échec. Je feignis de ne pas m'en formaliser. Pourtant, en secret, je me demandais si cette traversée était réalisable. Un homme, d'ailleurs, l'avait tentée trois années plus tôt. Il était revenu au bout de deux jours, épuisé, parlant d'obstacles infranchissables, inhumains. Je l'avais rencontré avant de partir. Heureusement. Parce qu'en voyant son équipage, j'acquis la conviction de ma réussite : il n'avait pas, lui, le bon attelage; il n'avait pas le bon type de traîneau; il n'avait pas de bons chiens...

Pour me conforter, je récitai lentement et à voix haute, le nom de tous les miens :

– Finskan, Pirat, Lobo, Inok, Tjockis, Oukiok, Tajo, Rosta, Nanuk, Mouluk, Charlie...

Un par un, ils levèrent la tête et allongèrent leur foulée. Ils répondaient « présent », mes soldats, et me signifiaient ainsi que je pouvais compter sur chacun d'entre eux.

Je donnai un coup de pied vigoureux sur le sol pour les aider à grimper la dune de neige qui nous faisait quitter la baie. De satisfaction.

De l'autre côté, le vent soufflait par le travers. Des rafales de quarante-cinq à cinquante kilomètres-heure. La température avoisinait moins trente degrés et le vent l'abaissait à moins soixante degrés. On appelle cela le « Wind chill factor ». C'est la déperdition de chaleur due au vent. Cela signifie qu'un thermomètre indiquera la température réelle de moins trente degrés, mais qu'un corps vivant subira un refroidissement dû à l'évaporation, correspondant à moins soixante degrés... Oui, il faisait froid. Un froid qui glissait sur ma cotte, mes moufles, mes bottes en peau de phoque et de caribou, mais ne m'atteignait pas. Il serrait seulement le tour de mes yeux, rebroussant la fourrure de la chapka que j'avais passée par-dessus une cagoule en soie. Je tournai le visage pour m'abriter.

Le ciel avait une épaisseur de bleu infinie comme on n'en voit nulle part ailleurs. Une sorte de bleu plus pur, plus près des étoiles. Pourtant, il ressemblait un peu aux ciels de mon enfance, dans les Pyrénées, quand un orage avait passé et qu'entre les nuages déchirés, apparaissaient des jardins bleus, propres comme sortis des lessiveuses de grand-mères. On appelait cela des culottes de gendarme...

Mais là, sur l'Arctique, tout est plus solennel et il s'agissait d'une voûte immense qui rejoignait l'arrondi de la terre.

Normalement, c'est la meilleure période pour réussir cette expédition. Juste avant le printemps. En effet, la glace s'étant accumulée tout l'hiver, elle doit, logiquement, avoir une épaisseur maximale, donc une grande solidité. Et puis c'est l'époque où les jours sont les plus longs. A la mi-avril, il n'y a que trois à quatre heures de nuit. Celle-ci rétrécit au fur et à mesure qu'on avance dans la saison et qu'on monte vers le nord. Elle finit par se réduire à une simple baisse de luminosité pour laisser le jour vingt-quatre heures sur vingt-quatre. Le soleil de minuit.

Ce jour permanent avait pour moi un avantage psychologique considérable. Mais je devais m'en méfier et continuer à m'imposer un rythme de vie normal avec un temps de marche correspondant aux heures du jour, et un temps de repos à celles de la nuit. Heureusement, mon expérience apportée par mes séjours échelonnés sur sept années dans l'Arctique scandinave m'avait appris à régler ma vie sur ma montre.

Je comptais faire mille kilomètres d'une traite pour atteindre Igloolik. A raison de soixante-dix à quatre-vingts kilomètres de moyenne quotidienne, je me donnais quatorze jours en calculant largement. Par sécurité, j'avais fait déposer, par avion, du ravitaillement au poste de la Dew Line, planté à trois cents kilomètres avant Igloolik. Mais je ne comptais pas y passer, espérant couper tout droit. La Dew Line (Distant Early Warning) est une ligne de couverture radar installée par les États-Unis sur différents points de l'Arctique, depuis l'Islande jusqu'à l'Alaska.

La banquise a ses marées. A cet endroit, ce sont même les plus fortes du monde. Le spectacle était grandiose. Je reconnaissais la séparation de la mer et de la côte à cette muraille de glace comme taillée par la hache d'un géant. D'un côté, la mer en se retirant avait laissé se poser les blocs sur le sol, de l'autre elle avait soulevé un mur de cinq à six mètres de haut. Dans quelques heures, ces dalles s'égaliseraient à nouveau, s'aboucheraient bord à bord à grands craquements, effrayants lorsqu'on les entend pour la première fois.

Le vent peignait violemment le poil de mes chiens, sur leur flanc. Ils s'appliquaient. On appelle cela le « will go », cette envie de tirer qu'il faut maintenir à tout prix. Ils peuvent la perdre soudainement, au milieu d'une course, lors d'un passage difficile, ou après une grande fatigue, un matin, même dès le départ. Je n'ai jamais su où ils puisaient cette énergie exceptionnelle, ni quelle était leur motivation. On a vu des chiens ne rien faire avec certains maîtres, et les mêmes accomplir des exploits avec d'autres. Alors je veux croire qu'ils tiraient « parce que c'étaient eux et parce que c'était moi ». Ils n'avaient plus l'impatience joyeuse des séances d'entraînement auxquelles je les avais soumis en Suède puis en France dans le Jura, l'hiver précédent. Cette fois c'était l'aventure, et ils travaillaient.

En arrivant à la jonction de la banquise et de la terre, je

OCÉAN GLACIAL ARCTIQUE
MER DE BEAUFORT
CHAÎNE DE BROOKS
ALASKA (E.U.)
Herschel
DEW LINE
Cap Bathurst
FORT MAC-PHERSON
ARCTIC-RED RIVER
EAGLE PLAIN
RICHARDSON MOUNTAINS
DAWSON
KLONDIKE
YUKON
FORT GOOD-HOPE
NORMAN-WELLS
FORT FRANKLIN
Mts. Franklin
Collines de Melville
Monts Mackenzie
VALLÉE DU MACKENZIE
Mts. Pelly
White Horse
Watson Lake
Fort Simpson
Juneau
Monts Cassiar
Télégraph Creek
Fort Liard
Wrangell
Fort Nelson
Terre du Prince Patrick
I. Brock
I. Borden
I. Ellef Ringnes
ILES DE PARR
I. Bathurs
Détroit de Mac Clure
TERRE DE MELVILLE
TERRE DE BANKS
Mer de Melville
Sachs Harbour
Terre du Prince Albert
DISTRICT
Détroit de Mac Clintock
T. du Pri de Gal
Baie Amundsen
Fort Brabant
TERRE VICTORIA
Read Island
Cap Pelly
CAMBRIDGE-BAY
Golfe Coronation
D. de Dease
COPPERMINE
JENNY-LIND
GRAND LAC DE L'OURS
CERCLE POLAIRE
Barren Ground
Lac Pelly
Lac Garry
TERRITOIRES
LAC DE LA MARTRE
Lac Aberdeen
Rae
Yellowknife
Fort Providence
Grand Lac des Esclaves
Lac Dubawnt
Fort Resolution
Fort Smith
C A N
Uranium-City
Fort Chipewyan
Lac Athabasca
L. Nuelti
MONTAGNES ROCHEUSES
Prince Rupert
Kitimat
Ft. St. John
Dawson Creek
Peace River
L. Wollaston
Lac Reindeer
Lac Etav
Lac des Ind
Mac Murray
Grande-Prairie
Prince George
ILES DE LA REINE CHARLOTTE
COLOMBIE BRITANNIQUE
ALBERTA
L. Granville
Sherridor
Flin-Flon
Jasper
Edmonton
SASKATCHEWAN
Norwa
Le Pas
PACIFIQUE
Ile Vancouver
Prince Albert
Saskatoon
Lac Winnip
Calgary
Vancouver
Lac Winnipegosis

Terre Ellesmere
T. Axel Heiberg
Baie Smith
Thulé
GROËNLAND
Grise Fiord
Baie de Melville
Détroit de Jones
Uppernavik
TERRE DEVON
Détroit de Lancastre
I. Bylot
MER DE BAFFIN
ARCTIC-BAY
Pond Inlet
FRANKLIN
Godhavn
Presq. Brodeur
Détroit
Golfe de Boothia
TERRE DE BAFFIN
DEW LINE
de
IGLOOLIK
Davis
PELLY-BAY
Godthaab
Ile du Prince Charles
BAFFIN
Baie Commitee
HALL-BEACH
Péninsule de Melville
LAC NETTILING
Golfe de Cumberland
BAIE DE WAGER
Bassin de Foxe
LAC AMADJUAK
FROBISHER-BAY
Canal de Foxe
Ile Southampton
Ile Salisbury
Baie de Frobisher
Détroit d' Hudson
DETROIT FISHER
I. Chidley
I. Akpatok
Golfe Rankin
I. Coats
I. Mansel
Kovik
Baie d'Ungara
Ramah
D A
Hebron
Iles Ottawa
Lac Payne
Labrador
Fort Chimo
Nain
Port Harrison
BAIE D' HUDSON
Hopedale
Churchill
L. Minto
Rigolet
Iles Belcher
Schefferville
Nelson
York Factory
Presqu'ile du Labrador
Fort Severn
TOBA
Baie St. James
QUÉBEC
Lac des Truites
Mingan
I. Akimiski
Sept Iles
Bouclier Canadien
Ile Anticosti
Fort Albany
Rupert-House
ONTARIO
Moosonee
St. Laurent

reçus un choc. A première vue, il était impossible de passer. D'énormes « pressure ice » se dressaient devant nous. Ce sont des compressions de glace formées par l'affrontement de la mer gelée et de la rive. Cinq mètres de haut et l'aspect d'immeubles effondrés avec d'énormes moellons, entassés dans tous les sens : je pensai à des pyramides en ruine aux contours adoucis par la neige. Finskan leva la tête et s'arrêta. Tous les autres chiens l'imitèrent. Je ne voulus pas avoir l'air d'hésiter, et choisis la rampe d'accès la plus douce.

– Allez... gauche... gauche.

Sans hésiter, Finskan s'engagea dans le labyrinthe et les autres derrière elle. Ils grimpèrent aisément et s'arrêtèrent net, étranglés par leur harnais. Le traîneau butait contre un bloc.

Je m'arc-boutai et réussis à le dégager. Les chiens, libérés, bondirent en avant jusqu'à tendre les traits; et le traîneau se souleva, glissa quelques mètres en équilibre sur un seul patin. Je hurlai malgré moi :

– Bande de connards...

Le traîneau versa sens dessus dessous. J'avais quitté Frobisher Bay depuis à peine deux heures.

Je savais que seul, je ne pouvais le retourner. Cinq cents kilos. Et pourtant, j'essayai. De rage, j'agrippai l'arrière des patins et tirai de toutes mes forces. La charge ne décollait même pas de la glace. J'aurais voulu que mes chiens eux aussi eussent des mains pour m'aider. Assis, avec des airs de juges en tribunal, ils me regardaient, moi, l'homme, leur conducteur, leur « musher », comme on dit. Et cela leur semblait, je crois, un bien pitoyable spectacle que cet humain en colère, le corps bandé entre un bloc de glace et le traîneau, jurant, soufflant et rugissant. En vain. Leurs mines si sérieuses me calmèrent. D'autant qu'à force d'insister, Finskan paraissait maintenant se désintéresser complètement de l'affaire, occupée qu'elle était à se lécher les pattes, délicatement. Je me résignai. Je défis les lacets de la grande toile, sorte de bâche qui enfermait mes dix sacs de matériel, et ouvris le traîneau.

Une vraie revue de détail dont je me serais bien passé : le sac rigide pour la cantine, un autre pour le matériel de secours, rechange et pharmacie, six semi-rigides pour la nourriture des chiens et la mienne. Et puis des souples pour la tente et les vêtements. Quand tout fut étalé sur la glace, je redressai le traîneau et je chargeai à nouveau. En temps normal, et sur une surface plane, il faut une heure pour cette opération. D'abord répartir les poids de façon à ce que le centre de gravité soit au niveau du tiers arrière. Et puis la finition surtout. Le plus important. Elle exige de recouvrir entièrement le matériel pour fermer la moindre prise au vent et à la neige. J'avais résolu ce problème par un savant ficelage : un système de rabats avec passants pour des lanières attachées en croisillons. Ces croisillons me permettaient en outre d'y glisser une carabine que j'avais juste à sortir de sa gaine, en cas d'urgence, comme un cow-boy tire son colt. Mon autre carabine était fixée sur le traîneau. Il me fallut une heure et demie pour tout remettre en ordre de route.

Le chaos de glace se passa plutôt bien. Je fus même surpris : il n'avait que cent cinquante mètres de large. En retrouvant un sol plus plat, les chiens parurent moins souffrir sous la charge. Pourtant, balayée par le vent depuis deux jours, la neige dure et croûteuse était inconsistante. Elle s'effondrait de quelques centimètres, par plaques, sous leurs pattes. Et l'effort était rendu plus pénible à chaque foulée par ces points d'appui qui se dérobaient. Mais j'étais content. D'abord parce qu'en atteignant la terre, le vent avait cessé. Et aussi avec lui ce balayage de la neige au ras du sol, et qui roulait indéfiniment dans un crissement de soie qu'on froisse. Et puis surtout parce que mon attelage allait bien, à une bonne vitesse, et qu'à cette allure, sauf imprévu, j'allais remplir le contrat maximal que je m'étais fixé pour cette journée : quatre-vingts kilomètres. Je n'avais pas à marcher beaucoup, me contentant d'aider mes chiens en pédalant comme sur une patinette. Ce n'était pas réellement indispensable, mais cela me dégourdissait. Je comptais jusqu'à vingt, et je changeais de pied, accompagnant le mouvement de ma jambe par un balancement du buste en avant. Je plongeais ainsi dans un désert blanc, nu, sans un arbre ni la moindre végétation, respirant ma solitude à grandes goulées de froid. Pas d'autre bruit que le halètement saccadé des chiens, la saignée grinçante des patins sur la croûte glacée, l'éclatement sourd des mottes de neige sous notre passage.

Je me défendais de regarder trop souvent le compteur kilométrique que j'avais fixé sur une roue de bicyclette elle-même amarrée, par une fourche, sur le patin droit. Un bricolage qui, s'il tenait, me serait précieux, parce qu'il me permettrait de faire le compte exact des kilomètres parcourus. En effet, je savais que j'avais des portions de trajets parfaitement plats à effectuer, et que sans points de repère, même avec la carte, il me serait impossible de préciser l'endroit où je me trouverais. A l'aide de cet appareil, en combinant mon cap et la distance couverte, je ne serais jamais perdu.

Agrippé à l'arceau arrière, les vibrations du traîneau m'arrivaient à travers mes moufles aussi distinctement que si j'avais eu les mains nues. Je le connaissais avec le bout de tous mes doigts, mon traîneau. Les yeux fermés, je pouvais apprécier sa vitesse et déceler si mes chiens baissaient leur régime; exactement comme si je menais un bateau à voile. Et c'était ce point précis, le « handle bow », comme le nomment les Canadiens, la barre de mon bateau.

Mon traîneau, je l'avais construit moi-même, en France. C'était une sorte de berceau en bois, posé sur une luge. Longueur hors-tout : quatre mètres. J'avais choisi moi-même les planches de frêne : plus de deux ans d'âge, avec des fibres longues, sans nœuds, régulières, homogènes et bien serrées pour qu'elles soient souples et qu'elles n'éclatent pas au froid. Je les avais travaillées, arrondies, collées, puis ligaturées. Pas un clou ni une vis. La partie avant avait une courbure d'un angle équivalant sensiblement à celui du bout d'un ski. Les flancs étaient délimités par huit montants de bois. Le tout reposait sur deux longs patins confortés par un plastique très dur d'un centimètre et demi d'épaisseur. Il m'avait fallu trois cents heures de travail. J'avais déterminé la largeur : soixante centimètres en fonction de ma taille : un mètre quatre-vingt-quatre pour avoir le meilleur confort, debout, compte tenu du compas de mes jambes. De plus, soixante centimètres correspondent à la largeur du modèle de skidoo le plus couramment employé dans l'Arctique. Et quand par bonheur je trouverais une trace, c'est-à-dire une neige déjà damée, je savais que la glisse serait considérablement facilitée.

Dès ce premier jour, j'étais persuadé d'avoir eu raison. Pourtant, à mon arrivée à Frobisher Bay, j'avais fait l'unanimité contre moi. Tout le monde me conseillait un traîneau groenlandais, plus massif, plus lourd aussi, le plus adapté, m'affirmait-on, à ce genre d'expédition. Moi je préférais le mien, plus léger, plus souple, que j'estimais plus conforme à tous les terrains. Et puis surtout, ce type de traîneau me permettait d'emporter une charge plus importante avec, en plus, des traverses de rechange et du matériel pour réparer.

Il glissait bien, mon bateau à chiens, fendant cette mauvaise neige, sans trop s'enfoncer, à travers le décor tourmenté de moraines glaciaires. Ces gros rochers sans neige avaient l'air pelé. Je les contournai aisément, en passant au large. J'hésitai un peu entre toutes ces petites vallées, essayant de deviner celle qui me conduirait au lac Sylvia Grinell, le premier repère que je m'étais fixé.

– Staaana... Staaana... Sta.

Les chiens firent plusieurs mètres avant de s'arrêter. Nous étions au sommet d'une colline. Encore essoufflé d'avoir couru derrière en poussant, je regardai. Impossible maintenant de se tromper : la vallée était à mes pieds, majestueuse. J'estimais ne plus être qu'à une dizaine de kilomètres du lac. D'après la carte, j'avais peu dérivé de ma route.

– Allez... Okay.

Les chiens bondirent, et le traîneau dévala. Je n'avais de vent que celui de la vitesse. Je criais toutes les dix secondes, alternativement :

– Gauche... puis, droite...

Et l'attelage dessinait des boucles amples, slalom géant

pour traîneau, qui atténuaient la pente. Le pied tendu sur le frein, j'entendais la dent d'acier mordre la neige, et je voyais en me retournant une longue gerbe de poudre blanche qui semblait nous poursuivre. Le soleil bas finissait tranquillement son tour de la Terre, et allumait la neige d'étincelles roses. Il allongeait les ombres des chiens jusqu'à leur donner la taille de chevaux.

Arrivés sur la glace, je les laissai courir à leur rythme, suivant les méandres de ce fleuve que j'entendais parfois rouler sous mes pieds. Enfin, une glisse idéale.

Quand j'arrêtai les chiens, ils fumaient.

Un coup d'œil à mon compteur; nous avions parcouru soixante-dix kilomètres. Un peu moins que ce que je souhaitais, mais pour le premier jour, je tenais à rester bien en deçà des possibilités des chiens, pour les ménager.

J'aime les beaux bivouacs. Des gestes précis qui, dans l'Arctique, sont autant de garanties de survie.

Les chiens d'abord. Deux lignes d'attache. Deux fils d'acier de douze mètres de long, avec tous les deux mètres une chaîne de quatre-vingts centimètres. En premier, allonger ces lignes sur le sol, puis les fixer solidement, avec des pieux. Enfin, un par un, détacher les chiens de la ligne de trait; les amener à la chaîne, les attacher et enlever leur harnais. Un cérémonial. Et toujours le même. En commençant par les plus proches du traîneau. Charlie le premier, qui estimait normale cette ordonnance et qui, une fois attaché, surveillait le clan, et ne perdait sa dignité de patriarche qu'à l'instant où je le caressais, lui parlais, le félicitais. Alors il me léchait, se rassurant de mon odeur. Mouluk ensuite, le noir, avec sa belle gueule, grande gueule aussi. Un sale caractère, mais un mouton à l'instant de mes caresses. Rosta la grise, une femelle grande comme un mâle, et son compère d'attelage, Nanuk, avec ses yeux jaunes. Puis Oukiok et Tajo, les deux blancs. Inok, le plus jeune, à peine plus de deux ans, et Tjockis la rousse. Lobo et Pirat, enfin, les jumeaux. Quant à Finskan... j'ai toujours dit que j'avais dix chiens... et Finskan.

Je l'attachai à part, au traîneau. Je pris bien soin de m'agenouiller près d'elle le dos tourné à Rosta, qui ne cessait de grogner de jalousie jusqu'à la fin de mon câlin, et je lui parlai. Pas seulement des « bravo, mon chien... beau... c'est bien » mais des phrases :

– Tu es belle ma Finskan... tu es la plus intelligente... je compte sur toi.

Elle, elle clignait des yeux, de plaisir.

La température était descendue à moins trente-cinq degrés. Je délaçai la toile du traîneau et sortis la tente. Une tente trois places, de type igloo. J'enfilai les deux arceaux en fibre de carbone dans leurs fourreaux. Et je plantai mes sardines (les piquets en aluminium) tout autour. Montée, le point le plus haut atteignait un mètre cinquante. Par précaution, avec la pelle, je couvris les bords (la toile à pourrir) de neige pour assurer une meilleure stabilité en cas de vent. La tente avait deux murs de toile, un extérieur en polyamide et un intérieur en coton. Ils étaient cousus ensemble avec, entre les deux, un espace de dix centimètres pour créer une isolation thermique. Puis je commençai à enfourner mon matériel : un sac de couchage en fibre synthétique, mon sac de vêtements de rechange, ma batterie de cuisine : une poêle, deux casseroles, une théière, cuillère et fourchette.

Je rangeai cet équipement au fond de la tente, dont il occupait la moitié de l'espace. Je n'avais pas cherché à m'alléger au maximum, parce que j'avais besoin de ce confort. Par terre, un tapis de sol que je recouvris de deux peaux de caribou. C'est la meilleure isolation possible. Et enfin, mon réchaud à essence pure et mon sac de nourriture.

Nous étions arrêtés depuis deux heures. C'est le temps nécessaire avant de donner à manger aux chiens. Si on les nourrissait immédiatement après l'effort, ils souffriraient de retournements d'estomac et pourraient en mourir. Je sortis.

La nuit montait doucement, traversée par une esquisse d'aurore boréale, pas très nette, mais elle était là, au-dessus de ma tête, sorte d'arc-en-ciel passé au hachoir.

Il faisait froid.

En me voyant, les chiens se levèrent, balançant la queue, hurlant et bondissant. J'ouvris le sac de nourriture et sortis mes « unisabi », c'est le nom que je donnais à ces boudins pour chiens, le nom aussi de la société française qui avait spécialement mis au point ce type d'aliments, sur mes conseils et ceux de l'École vétérinaire de Maisons-Alfort; une nourriture à haute teneur en graisses, indispensable pour résister aux grands froids et à l'effort prolongé. Des portions de cinq cents grammes que je portai une à une à chacun de mes fauves qui grognaient des avertissements, contre un chapardeur éventuel. De toute façon, l'espace entre eux était suffisamment grand pour leur interdire tout affrontement.

– Bonne nuit les chiens... Bonne nuit, Finskan.

Ils engloutissaient leur seul repas de la journée et ne m'écoutaient pas. Je m'agenouillai à l'entrée de la tente et attrapai la théière, puis je me relevai, fis quelques pas, la remplis de neige, et m'engouffrai sous mon abri. Je baissai la fermeture Éclair, allumai le réchaud, posai la théière dessus. Je mis des vêtements secs, en me contorsionnant, changeai de chaussettes et de bottes.

Je sentis la fatigue avec le commencement de chaleur qui envahissait la tente. Une dure première journée à cause de cette mauvaise neige croûteuse, et ces coups de reins que j'avais dû donner régulièrement. Et puis c'était la mise en train, et je sentais que mon corps n'était pas encore suffisamment endurci.

Je me fis un bon repas : des biscottes, du beurre, une boîte de nourriture lyophilisée à base de viande, du miel, du lait concentré. Je bus un litre de thé. Puis je déroulai mon sac de couchage, et les jambes croisées en tailleur, je dépliai ma carte au millionième. Alors, ce fut comme si je devenais malade subitement. Une envie de vomir et la tête qui tourne. Le vertige. Ma main tremblait en traçant au crayon les pauvres centimètres parcourus. Mes yeux divergeaient, indépendants l'un de l'autre, pour mesurer ce qui me restait à faire. Un centimètre sur la carte représentait dix kilomètres sur le terrain. Et ce trait que je devrais allonger chaque jour, grignotant cette surface bistrée, m'effraya à l'avance. Je compris soudainement que je n'avais encore rien vu, que je n'avais pas connu de vraies difficultés ni de drames peut-être.

Alors, je ne sais pas quelle lubie me prit. Je ne souhaitais pas me faire plus mal, plus peur. Pourtant, je fouillai à nouveau dans mon sac et sortis une autre carte. La carte générale du Canada. J'y reportai mes petits soixante-dix kilomètres. Le trait était plus minuscule que l'autre. De l'index, je traversai la Terre de Baffin, jusqu'à Arctic Bay à l'extrême pointe nord de l'île, et terme de la première partie de mon expédition, jusqu'au printemps. Et puis mon doigt redescendit sur Igloolik et de là traversa tout le Nord canadien de part en part jusqu'à l'Alaska. Ces quatre mille kilomètres à vol d'oiseau qui signifiaient pour moi le double, à pied. Et c'était cela le gros morceau de la deuxième partie du voyage. Pour l'hiver prochain.

Je sus que c'était fou, que cela non plus personne ne l'avait jamais réalisé. Cette perspective m'aida pourtant puisqu'elle me coupait définitivement de mes souvenirs tout chauds de Frobisher Bay, de mes amis et de leur confort que je venais de quitter.

J'étais fatigué. Je m'endormis.

CHAPITRE II

Ma conscience émergeait lentement, comme ces bûches arrachées aux rives des fleuves, et tellement roulées, tellement gorgées qu'elles sont à peine plus légères que l'eau. Ainsi ma conscience pointait à la surface, et replongeait, à la fois attirée par les profondeurs sombres, et repoussée vers la lumière que je devinais de l'autre côté de mes paupières. Et l'éveil l'emporta, mais je gardai les yeux fermés longtemps, pour profiter de cette fragile protection. Ce fut lorsque cette évidence du refus de la réalité m'apparut que je réagis. Je voulus m'extraire vivement de mon sac de couchage, mais mon corps répondit mal à mes ordres. Il y avait un défaut de transmission quelque part. Mon corps, lui, cet animal, refusait l'effort, par instinct, sorte de connaissance prémonitoire de ce qu'il aurait à endurer. Et au lieu de se plier, avec la joie dans ses muscles et dans ses membres, il se tortilla laborieusement comme un serpent fait sa mue au printemps.

Le jour m'arrivait à travers la toile couleur olive de la tente et me faisait une lumière verdâtre de moisissure.

Je m'étirai jusqu'à la fermeture Éclair de l'entrée, je l'abaissai à peine, et collai mon visage à l'ouverture. L'air me passa aussitôt une cagoule de froid. Il faisait un grand beau temps, bleu, sans nuage et sans vent. Finskan se dressa sur ses pattes et s'ébroua.

– Bonjour ma belle.

Elle tendit la chaîne qui l'attachait au traîneau, se souleva, et se mit à danser sur ses pattes arrière.

Quand je refermai la tente, je l'entendis s'affaisser et se recaler dans sa niche de neige. Je m'habillai, surpantalon, bottes et parka, et sortis remplir ma théière pour le petit déjeuner.

Avec les gestes précis de chargement du traîneau et du pliage de la tente, mon corps se dérouillait bien du repos de la nuit. Je déroulai ma ligne de trait et la tendis sur toute sa longueur. Un par un, je pris les harnais de nylon que j'assouplis en les frottant énergiquement entre mes moufles, et les posai à l'emplacement précis de chacun de mes chiens. Pour ne pas me tromper dans tous ces harnais fabriqués sur mesure, j'y avais imprimé le nom de leurs propriétaires. Je figurai ainsi l'attelage sur la neige et j'enfonçai mon ancre dans le sol à coups de hache. Une vraie ancre de marin, indispensable à ce stade de la préparation pour éviter que l'un de mes pur-sang n'embarquât le traîneau avant même que j'aie fini.

Mes pur-sang, ils étaient tous réveillés, boules de poils encore lovées dans leur propre chaleur. Leurs têtes seules dépassaient; et ils me regardaient faire, distants, jusqu'à ce que je me décide à les appeler chacun par leur nom. Alors ils dressèrent les oreilles mollement. Seul Charlie jugeait cette indifférence inconvenante. Après tout, c'était lui le chef. Assis, le buste tendu, bien droit, et la gueule menaçante, il grogna un rappel à l'ordre qui fit se lever aussitôt tous les autres. Il chercha mon regard, mon adjudant-de-compagnie-satisfait, et attendit. Attelé le dernier, il aimait à surveiller toute l'opération. Je commençai par Finskan, comme toujours. Je défis le mousqueton de sa chaîne; elle me suivit, sans que j'eus besoin de la tenir par le collier. Docile, elle montrait le bon exemple, ma chienne de tête. J'ôtai une moufle. Le froid, cette murène, me mordit la main. Il faisait encore moins trente-cinq degrés.

Finskan me donna, l'une après l'autre, ses pattes avant que j'enfilai dans le harnais. Pirat, Lobo, Inok, Tjockis se laissèrent mener docilement. Mais à peine avais-je libéré Rosta de sa chaîne qu'elle se démena. Elle avait l'énergie d'un fauve. Par précaution, heureusement, je la tenais fermement au collier, sinon, dans un démarrage fou, elle m'aurait échappé; et Dieu sait où j'aurais pu la récupérer. Elle eût été capable de s'enfuir, de se perdre et de disparaître. Les chiens de traîneau ont une puissance telle qu'ils peuvent embarquer un homme. Pour éviter cela, je la soulevai. Ainsi, avec ses seuls appuis arrière, elle était privée de la plus grande partie de ses forces. Alors, de ma main libre, je lui claquai le museau, violemment et à plusieurs reprises, tandis qu'elle gémissait, bondissant tel un kangourou.

Les derniers comprirent que je ne plaisantais pas. Et leur harnachement se passa sans autre difficulté.

Ils me réservaient pourtant, et tous ensemble, Finskan exceptée, la première grosse surprise de mon expédition. Et dans les minutes qui allaient suivre. Juste le temps d'arracher les piquets de la ligne d'attache, de les fourrer avec les chaînes dans un sac et de fermer la bâche principale. Accroché à la barre de mon traîneau, je criai l'habituel :

– Allez les chiens... Okay...

Les patins craquèrent, collés qu'ils étaient à la neige, par toute une nuit de froid. Quand la charge fut ébranlée, je montai derrière, l'œil fixé au loin sur une crête que j'avais prise pour cap. Soudain, je vis mon repère se déplacer vers ma droite, et mes chiens, comme un seul chien, entamer une large bande à gauche. Finskan, seule, luttait. Tant que je ne donnais pas d'ordre, elle tirait droit, toujours, mais les autres, cette fois, l'entraînaient malgré elle. Je la vis brasser le vide quelques secondes, puis se faire rouler. Je hurlai :

– Droite... à droite...

Les chiens ne m'obéissaient pas. Finskan se releva et tenta à nouveau de résister. Impossible de se battre contre dix molosses en action qui avaient décidé de faire demi-tour. J'avais beau brailler toutes les injures possibles que je connaissais en suédois, et en français, mes mules gardaient les oreilles droites, sourdes à tous mes ordres et finirent leur demi-tour, recoupant nos propres traces. Je m'époumonai...

– Gauche... gauche...

Le traîneau tourna, fit « gauche toute » mais tellement que, lorsque arrivé dans le bon axe, j'ordonnai :

– Tout droit...

les chiens continuèrent à virer, entamant une seconde boucle. Finskan flottait complètement, se contentant de suivre maintenant le mouvement général de la troupe. Comment arrêter un équipage qui se mutine? Lorsqu'un cheval s'emballe, on peut toujours tenter de tirer les rênes, pour que le mors reprenne sa place dans la bouche... Mais des chiens? Pas de mors, pas de guides, ni de fouet même comme en utilisent les Esquimaux. Les miens, ces « compagnons de l'homme », m'avaient habitué à n'obéir qu'au son de ma voix. Et là, ma voix ne servait à rien d'autre qu'à les faire tourner en rond, dans le Grand Nord, comme sur une banale piste de cirque.

Il fallut l'amorce d'un troisième tour pour qu'enfin mes intentions, traduites par ces rugissements qui m'éraillaient la gorge, entrassent dans la cervelle de Charlie. Il avait enfin compris. Non, nous ne rentrions pas à la maison. Non, cette petite balade d'hier n'en était pas une. Oui, le moment était arrivé, pour lequel je les avais préparés et entraînés.

Charlie résista sur sa gauche, de toutes ses forces. A côté de lui, Mouluk l'observa et fit de même. Déséquilibrés devant, Rosta et Nanuk redressèrent la ligne à leur tour. L'attelage, quelques mètres, parut brisé en deux. Finskan, sans jamais se retourner, sentit cette cassure et lutta à nouveau. Alors l'équipage tout entier cessa sa volte et recommença à m'écouter. De la voix, je corrigeai la trajectoire jusqu'à ce que mon repère fût en plein dans l'alignement du crâne de Finskan, de son échine et de moi. Le train des chiens se ralentit, prenant une allure de croisière. Je me retournai.

Sur la neige glacée, deux doubles ronds parfaits s'entrecroisaient, terminés par un S fourchu. Alors une boule se gonfla au fond de mon ventre. Elle creva dans ma gorge en un formidable éclat de rire. Et je ne me retins pas. Un rire de carnassier, toutes dents dehors, large comme un bâillement de loup. Un rire qu'aucun obstacle n'arrêtait. Un rire sans écho parce qu'épongé par l'espace. Je m'accroupis pour en profiter à l'aise, derrière mon traîneau... Ces ronds stupides sur ce désert, tracés par un Ben Hur de banquise, quelle explication eût pu en fournir un observateur soudain ? Quelles savantes déductions en seraient sorties ? Celles d'un fou qui a perdu son nord ? ou celles d'un homme qui ne se décidait pas à faire demi-tour ?

Quand je me relevai, je trouvai à Charlie la noblesse d'un sénateur offensé. Romain évidemment. Il grognait en haletant. Après les autres sans doute. Je le savais trop « chien de devoir » pour s'en prendre à moi. Et je compris que j'avais eu peur. Peur que tout soit déréglé subitement. Peur de ne plus être maître de mes chiens, du traîneau et de mon expédition. Peur que leur réaction ne soit celle du bon sens. Peur de leur intuition qui venait de leur commander d'abandonner ce projet insensé. En fait, par instinct, ils avaient réagi comme mon corps tout à l'heure qui rechignait à fonctionner. Et ce n'était que mon intelligence, ma volonté, confortées par ce que je croyais être une organisation irréprochable, qui m'avaient incité à continuer. Effet banal de l'esprit cartésien. Alors je les remerciai, mes chiens-censeurs, de cet avertissement. Et je me promettais à moi-même plus de sérieux encore dans tous mes gestes, dans le choix de mon cap, et dans le soin que j'aurais à ménager leurs propres forces, ainsi que leur vie. Je franchis tout à coup un degré supplémentaire dans l'affection que je leur portais. Je les aimai davantage.

Pendant des heures, je roulai dans mon esprit des idées de prudence. Je me méfiais de plus en plus de l'avenir. Tout le monde m'avait prévenu. Paul-Émile Victor lui-même qui m'avait fait compliment du sérieux de ma préparation et de mon organisation avait ajouté : « Ce que vous voulez faire est probablement impossible. » J'avais joué sur le « probablement ». J'estimais qu'il me laissait une chance.

Le traîneau avançait mal, à cause de cette neige profonde, inhabituelle pour la saison. Les pattes des chiens s'enfonçaient de plus en plus, accroissant considérablement leurs efforts. Et puis, nous avions atteint un passage au relief accidenté. Des moraines toujours, que je reconnaissais à ces blocs épars, mais de plus en plus nombreux. Et ces vallées aussi, aussi pentues à la montée qu'à la descente. Pousser, retenir, empêcher de basculer... nous étions loin des moyennes que j'avais établies. Le compteur kilométrique de ma roue ne signifiait plus grand-chose à cause des détours que nous devions effectuer. Même quand je pouvais couper tout droit, ces collines et ces vallées que nous franchissions nous obligeaient à parcourir une distance beaucoup plus longue pour atteindre ces amers (points de repère) que j'avais pointés sur la carte.

Un verrou glaciaire, c'est une barre rocheuse en travers de la vallée. En atteignant celui-ci, je marchai sur plusieurs centaines de mètres avant de trouver la percée. Les chiens l'affrontèrent sans réelle énergie. Je devais répéter dix fois les mêmes ordres pour être obéi. Et mon traîneau poussé, hissé, retenu, tanguait et roulait, la proue tantôt en l'air, tantôt piquée dans les congères. Et ce n'était qu'à la force des chiens, conjuguée à la mienne, qu'il devait de franchir ces vagues pétrifiées. Les chiens mollissaient à vue d'œil, à chaque difficulté, un peu plus rétifs aux ordres, désordonnés aussi quand il fallait reculer pour me permettre de dégager une entrave, ou à l'instant du coup de rein décisif. Alors je taillais à la pelle, comme un forcené, frappant sur ces angles de neige qui interdisaient notre avance. Quand une corniche s'effondra, le traîneau fit une chute de deux mètres et se planta bec en avant. J'étais épuisé.

Les chiens aussi refusaient de tirer. Quand ils me virent tourner autour d'eux pour les exciter, ils firent semblant de travailler, s'agitant en tous sens pour me faire croire qu'ils obéissaient. Mais je savais qu'ils ne forçaient pas. Je m'assis en face d'eux. Ils s'assirent aussi. Je me levai. Ils se levèrent. J'avais chaud, je transpirais. La température était remontée aux alentours de moins huit degrés. Le soleil me cuisait presque le visage depuis le départ ce matin. J'avais soif. Si soif que je décidai d'ouvrir le traîneau pour sortir le réchaud à essence et la théière. Et je fis du thé. Après chaque gorgée, je m'allongeai sur le dos et fermai les yeux. Le soleil dessinait des plages multicolores dans ma tête. Je me calmai, me reposai. Et mes chiens aussi. Je leur lâchai un petit discours :

– Mes bâtards, écoutez-moi bien. Vous m'avez eu. C'est votre deuxième connerie de la journée. Je jure que vous ne m'en ferez pas d'autres. Sinon, je vous casse le manche de pelle sur la truffe...

Ils devaient croire que je leur parlais d'amour. Avec un bel ensemble, ils me regardaient, parfaitement placides, en remuant la queue.

Quand j'eus refermé la toile de mon traîneau, ils étaient debout et attendaient. J'allai à l'avant, taillai judicieusement dans la congère. Puis je saisis la ligne de trait, l'amenai à moi d'un bon mètre, et je criai :

– Allez les chiens.

Ce mètre de ligne libre leur donna un élan, et le traîneau se redressa. Mes chiens avaient retrouvé leur « will go » et moi aussi. Notre halte avait duré une heure.

Je me demandais comment le lac Amadjuak pouvait être invisible. D'après ma carte, il s'étalait sur plusieurs centaines de kilomètres carrés. Et je ne devais pas en être loin, à en juger d'après ces vallées toutes orientées dans la même direction. Je savais qu'il devait être quelque part tout près. Mais tout se ressemblait. Après chaque colline, je croyais l'apercevoir. Chaque sommet était une espérance. Toujours déçue. Escalades, descentes : rien.

Le temps commençait à changer. L'air se chargeait de brouillard givrant dont les cristaux minuscules accrochaient le soleil et allumaient autant d'étoiles qui se substituaient à celles du ciel, pour me perdre.

Le soir, en atteignant une baraque de bois, probablement un abri de chasse esquimau, je décidai d'y passer la nuit. Pas de tente à monter, pas de bivouac précaire à installer...

Mais je ne savais pas où j'étais.

CHAPITRE III

Ces abrutis de chiens, qu'est-ce qu'ils avaient donc à hurler ? Ils m'empêchaient de dormir. Tous ensemble parfois, mais le plus souvent à deux ou trois entêtés. Je reconnaissais les voix de Pirat et de Nanuk surtout. Ils ne marquaient jamais de pause dans ce concert à la lune. Des notes pointues et sèches, pour Pirat, hargneuses et grondantes pour Nanuk. Tjockis, elle, émettait carrément des sons flûtés, c'était ma Callas. Et même Finskan s'en mêlait, geignarde comme je n'aimais pas, de cet air qu'elle avait de se plaindre. Il arrivait que le sage Charlie grognât, par autorité, mais rien n'y faisait; à peine arrêtait-il, pour quelques secondes, le cliquetis des maillons de leurs chaînes.

Pourtant, je les savais fatigués. Tout comme je l'étais. Sur ma carte, hier soir, j'avais allongé ma ligne d'un huitième trait. Des centimètres, durement gagnés, chèrement payés. La bêtise d'abord de cette première nuit dans ce que je croyais être un abri, la cabane de chasse esquimau. C'était à cause de la paresse. Je ne voulais pas établir de camp. J'avais simplement oublié de vérifier son étanchéité. Elle était inexistante. Et j'eus froid toute la nuit. Un vrai froid, un peu humide aussi et qui sifflait entre les planches mal jointes, pulsé par un petit vent aigre, méchant, sournois, impossible à contrer. Je passai la nuit à claquer des dents dans mon duvet, balançant entre l'envie de m'en extraire pour monter ma tente, et l'indolence qui m'engourdissait et m'interdisait tout effort supplémentaire.

Dans la journée qui suivit, j'appris l'immensité. L'immensité... c'est immense. On s'y sent infiniment plus petit qu'ailleurs. Des canyons grandioses au pied desquels je restais bouche bée. Et comme on pleure de joie, moi je pleurais de beauté...

Encore des vallées et ces maudites rivières à plusieurs bras, véritables pièges de neige profonde où nous nous engluions. Le traîneau glissait mal. Je marchais beaucoup, je pédalais beaucoup. Le soir, mes cuisses étaient douloureuses, et quand je me déshabillai, j'étais certain de les découvrir avec des muscles aussi noueux que des troncs d'oliviers.

Un autre jour, j'appris la tempête de l'Arctique. C'était dans une deuxième cabane, mais celle-ci parfaitement hermétique. Heureusement, car dehors le blizzard, à grands tourbillons, prenait possession du vide à des vitesses de quatre-vingt-dix à cent kilomètres-heure. Toute une nuit, puis tout un jour et une autre nuit encore. Et nous n'avions pas avancé. Au deuxième matin, la neige recouvrait tout, elle avait effacé nos traces, et le traîneau posé au milieu de cette étendue vierge semblait venu de nulle part, né de la nature même du sol. Les chiens s'étaient bien accommodés de ce vent en colère. Ils n'avaient pas bougé, se contentant, chaque heure environ, de se dresser sur leurs pattes, de secouer le dos; puis ils se recalaient derrière la butte de neige accumulée contre leurs corps. Ils se reposaient.

Ce fut ensuite le lac Amadjuak. Une glisse de rêve. La peur aussi à cause de cette incertitude sur la nature de la glace, et sa solidité. Il y a toujours des courants dessous. Et lorsque je plantai un pied à travers, trempant ma botte dans l'eau, je frissonnai rétrospectivement pendant des heures. Le traîneau était passé, grâce à son assise plus large et plus longue; mais moi, si au lieu de pousser d'une jambe, j'avais couru à côté ou derrière, comme souvent, c'est tout entier que je serais tombé. La glace se serait refermée instantanément, et j'aurais disparu, laissant mon équipage, sans pilote, errer sur la banquise.

Alors je fis confiance à mes chiens. A Finskan surtout, cette science-là était inscrite dans ses gènes, et je la laissai choisir ses passages en veillant seulement à ne pas nous dérouter.

Ce jour-là, j'appris aussi la « pressure ridge », la première de ma vie. C'est le lac solidifié qui se soulève, poussé par le formidable travail de la glace pour former un mur. Et le vent et le froid façonnent ces blocs, comme une éruption volcanique fabrique des montagnes. Cette compression-là, je la voyais avancer de l'horizon, menaçante. Le soleil toujours présent, flirtant avec l'horizon, étirait ses découpes. Celles-ci m'impressionnaient. A tort. Arrivé dessus, ce barrage que mon imagination avait grandi n'avait que deux mètres de haut. Un obstacle que les chiens aimèrent bien. Ils le franchirent aisément, mes athlètes.

J'avais deux carabines : une 300 Winchester magnum Tika, avec un chargeur de quatre balles, plus une autre engagée dans le canon. Une belle arme, puissante, capable d'arrêter un ours à soixante mètres quel que soit l'endroit de l'impact. Et puis une plus petite, une Marleen 30-30 Trappeur à sept coups. Espèces d'objets magiques qui rassurent. Les caresser le soir, faire jouer leur culasse, des gestes agréables qui refoulaient la peur. La peur de tout, de la solitude, du froid, de l'échec, et de la mort. Alors, je décidai de les faire fonctionner. La grosse d'abord. Un chargeur complet. J'armai, visai une crête de glace et tirai. Il y eut une détonation fêlée. Je venais de fendre le canon. Pourtant, juste avant, sous la tente, j'avais bien regardé. Il était net. Et je compris : le simple fait de la laisser à l'abri quelques instants, puis de la sortir au froid avait suffi. La différence de température avait subitement transformé l'humidité en infimes particules de glace. Et le canon avait éclaté. Ce soir-là, j'appris donc la condensation... j'étais très préoccupé, parce que j'approchais du territoire des ours.

Dehors, ils s'y mettaient tous maintenant. Charlie lui-même avait cessé d'intervenir.

– Vos gueules...

Ils devaient croire que mes cris s'ajoutaient à leur concert, pour mon propre plaisir. J'endossai ma parka, mes bottes et je sortis. Il faisait jour, avec ce soleil pas très loin, derrière le nord. Il y avait la lune aussi et mes imbéciles qui sautaient en tirant sur leurs chaînes. Des forcenés. Je pris ma hache sous la tente et revins vers eux. Je tapai à grands coups sur leurs pieux d'attache. Et eux, ils continuaient de plus belle, comme s'ils voulaient m'expliquer. J'inspectai longuement les alentours et ne vis rien. Je rentrai rassuré, en grognant des menaces inutiles.

Il était trois heures du matin. Je décidai de leur donner encore une chance de se reposer. Sinon, j'allais les trouver pour le départ dans un triste état. Et nous tous avions besoin du meilleur de nos forces. J'avais cru que sur ce lac, l'autre jour, la neige serait idéale. Ce fut vrai au début, plusieurs heures de suite. Puis il y eut cette alternance de bons et de mauvais passages. La progression avait été difficile. La neige lourde collait aux patins. Les chiens pataugeaient dans cette farine mouillée. Ils tiraient bien pourtant, et j'enrageais parce qu'avec une énergie pareille, sur une bonne surface, nous aurions pu réaliser des étapes de cent vingt kilomètres. Au lieu de cela, nous n'en faisions que soixante, alors que j'en avais prévu quatre-vingts par jour. J'étais loin du compte. Notre retard s'accumulait, d'autant qu'il y avait eu cet arrêt forcé de vingt-quatre heures, à cause de la tempête. En neuf jours, nous n'avions parcouru que cinq cents kilomètres, au lieu de sept cents. Et puis, je m'aperçus que mes estimations des distances portées sur la carte étaient fausses. Le relief et les difficultés nous imposaient des parcours beaucoup plus longs que la trajectoire idéale appréciée sur le papier. Au minimum, cela faisait vingt pour cent d'erreur. Cela me paraissait énorme. Mais comment faire autrement ? Les chiens travaillaient dix à douze heures par jour, sans s'arrêter. Je ne pouvais en exiger davantage. Je devais les ménager. Ils perdirent peu à peu leur « will go » sur la dernière partie du lac. Avec ce brouillard qui aplanissait le moindre relief, et le soleil qui, par instants, parvenait à passer, nous avancions au centre d'une bulle brillante qui se déplaçait avec nous. Cette monotonie les rendait tristes, mes âmes, mes moteurs. Et ils cafouillaient jusqu'à parfois perdre l'équilibre, et trébucher. Et moi, j'étais comme eux, maussade, avec en plus cette « gamberge », dans ma tête, sur le temps perdu. Elle ne cessa qu'avec la rive, la terre, et mes chiens aussi retrouvèrent leur énergie. Dès qu'ils croisèrent les premières traces de caribous, le traîneau sembla ne plus rien peser pour eux.

Une fête. Pour un attelage, cela se traduit par du désordre dans l'allure, des oreilles qui pivotent à la recherche du moindre bruit, des têtes qui perdent leur bel alignement avec le cou, qui se dressent et regardent partout, puis replongent le nez sur les pistes. Et ils en mangèrent tous, des crottes de caribou, mes chasseurs, tout en continuant à trotter, croquant avec avidité ces boulettes noirâtres qui sentaient si bon le gibier. Ils avalèrent aussi, sans les voir, des bosses et des collines, m'obligeant à freiner de tout mon poids dans les descentes. Ils ne renâclaient plus à la tâche. Je la laissai faire, cette pagaille, moi le « musher » si méticuleux, si attaché en d'autres heures à la discipline, parce qu'elle était cette fois une bonne récréation, et que moi aussi j'en avais besoin.

Je l'arrêtai quand Finskan eut assez fait la folle et nous eut plantés par deux fois dans des congères. Et par deux fois, emporté par l'élan, je faillis basculer par-dessus la barre du traîneau qui me fit mal au ventre. J'étais presque sonné, les chiens stoppés net, le poitrail étranglé, décollèrent leurs quatre pattes du sol en braillant.

Le lendemain fut pour moi le jour des loups, comme si ces dix heures de marche, passées à tenter de reconnaître les abords du lac Nettiling, ne se réduisaient qu'à cette minute où ils apparurent. Ils étaient deux, un couple probablement, l'un très grand et gris, l'autre plus fin et presque blanc. Debout, hiératiques, léchés par le soleil, ils composaient pour moi la carte postale impossible de l'Arctique. La plus belle aussi. Ils étaient à moins de cent mètres de nous.

J'étais ému par cette rencontre d'autres vies, par la majesté dont elles se paraient. Elles transpiraient la force, le calme. J'empoignai mes jumelles fourrées dans le sac accroché à l'arrière du traîneau. La glisse était plate et je les retrouvai aisément. Le mâle devait faire près de soixante-dix kilos. Tous deux nous avaient vus. J'eus l'impression un instant que leurs yeux croisèrent les miens à travers les lentilles, et crus même qu'ils me regardaient le fond de l'âme, sans agressivité, mais sans chaleur non plus, ni le moindre étonnement. J'aurais aimé qu'ils me reconnaissent du courage d'être là, sur leur territoire. Ils avaient vite mesuré l'adversaire, nous, pauvres hères harnachés, vêtus, lourds de notre matériel, et eux, princes nus, puissants et libres. Non, pour eux, nous ne représentions décidément aucun danger. Je songeai même qu'ils nous accordaient la permission de vivre, de traverser leur terre, pourvu qu'on fasse vite, qu'on disparaisse vite de leur vue comme nous étions venus. Et ils se mirent en marche, ces seigneurs du Grand Nord, dignes et hautains, portant avec grandeur la sauvage hérédité de toute la vie animale. Quand ils sortirent de mes jumelles, mes yeux fixèrent le vide, longuement... j'étais bouleversé...

Non, je n'arriverais certainement pas à dormir. Dehors, ma chambrée ne se calmait pas. Une ultime fois, depuis la tente, je les menaçai de toutes les galères. Et ils ne m'écoutaient pas. Drôle de nuit. Cocasse, pour le moins. Nous étions isolés, à des centaines de kilomètres de toute civilisation, de tout engin mécanique, de tout être humain vivant, et de mauvais coucheurs empêchaient mon sommeil. J'étais vaincu. Je consultai ma carte, me fis un petit déjeuner et sortis.

Le soleil avait commencé son numéro de funambule sur le fil d'horizon, et mes chiens manifestaient toujours la même énergie. En les harnachant, je regardai leurs pattes. Elles étaient abîmées à hauteur des poignets. C'était sans réelle gravité encore, mais elles ne pourraient pas guérir avec les longues courses qui nous restaient à faire sans repos prolongé. Les blessures se situaient un peu au-dessus des jointures. Le mouvement répété du pied à chaque foulée entraînait des particules de neige qui se collaient à la fourrure, puis gelaient. Les frottements finissaient par tailler le poil et parfois l'arracher. A cela, il fallait ajouter ces passages pénibles des premiers jours, où la neige croûteuse s'effondrait, agissant à chaque pas comme une râpe. J'étais soucieux.

Ce fut un calvaire pour les amener à la ligne de trait, tant ils gesticulaient d'impatience. Et je dus tous les soulever par le collier.

Avant de lever mon ancre, je regardai ce site très particulier au pied duquel j'avais planté mon campement, un plat parfait mourant aux abords d'un mamelon arrondi, galbé, moelleux comme un sein de femme. J'eus ainsi la curieuse sensation que pour la première fois depuis mon départ de Frobisher Bay, quelque chose dans le relief ne m'était pas hostile.

Nous avions démarré depuis moins d'un quart d'heure, et ce fut la grande chasse. C'était cela que mes chiens avaient senti toute la nuit : des caribous. D'abord une multitude de silhouettes sombres éparpillées, avec le gros de la troupe exactement dans le cap donné. Mes bêtes s'emballaient, donnant toutes leurs forces comme s'il s'était agi d'une course de vitesse sur quelques petits kilomètres. Ils couraient avec leurs tripes, et leur galop s'enfonça dans le front de l'adversaire, atteignant des pointes de vingt à l'heure. Les caribous s'ouvrirent devant nous... Je criai :

– Taïaut! Taïaut!

Des mots que mes chasseurs n'avaient probablement jamais entendus. Mais ils comprirent ainsi ma participation volontaire à la curée.

– Taïaut! Taïaut!

Ma tête résonnait de musique : la charge de la brigade légère, c'était de circonstance. Le son des trompettes m'étourdissait. Finskan, mon chef de meute, tenait le pied. Charlie, derrière, lui donnait son avis sur le choix des fuyards à coups de gueule secs. Les caribous affolés nous faisaient une escorte, courant dans le même sens que nous, au lieu de dégager. Trois d'entre eux galopaient droit devant, la tête renversée sur le cou, alourdis par leurs bois. Leurs moignons de queue étaient raidis par l'effort. Ils étaient efflanqués, osseux, commençant à perdre leur poil d'hiver par plaques, de longs crins blanchâtres effilochés à côté de taches de duvet brun, début de leur fourrure d'été. Il y avait des jeunes d'un an, et des femelles pleines. La mise bas allait bientôt commencer, dans un mois environ.

Les trois mâles, devant, comprirent enfin que sur cette surface plate, les chiens ne les lâcheraient jamais, alors, comme s'ils avaient convenu d'un signal, au même instant ils coupèrent à droite. Finskan suivit et je la laissai faire à cause de la musique que j'entendais toujours. C'était beau et féroce, et je retrouvais je ne sais quels instincts enfouis, de chasseur et de guerrier, qui m'excitaient.

– Allez, Finskan... yap... yay...

Finskan gueule ouverte happait le vide, de plaisir. Alors les caribous plaçaient des accélérations qui les mettaient hors de portée, jusqu'à plusieurs centaines de mètres, puis s'arrêtaient. Ils atteignirent un terrain rocailleux. Des bordillons sans neige à travers lesquels le traîneau se hissait, tiré par les chiens en rage. Et les patins fumaient. Lorsque, après une course folle de plusieurs kilomètres sur ces graviers roulants, je sentis l'odeur chaude du plastique, j'ordonnai de descendre dans la plaine, ma grande musique s'était arrêtée. Les chiens hésitèrent, et puis ils obéirent, pointant le museau sur d'autres traces. Il y en avait partout. Il était midi.

Dans la grande plaine de Koukdjuak, l'ennui revint avec la grisaille. Le temps changeait. Imperceptiblement, une boule de brume se déroulait, se dépliait, se défroissait et enveloppait lentement la terre, et puis subitement ce fut le blanc total, le « white out ». Plus aucun repère visible. Impossible de définir l'importance même de ces vaguelettes de neige taillées par le vent. Après des heures, les plus grosses d'entre elles prenaient à mes yeux une importance considérable, alors que le traîneau les effaçait sans une secousse. Je repensai à la comparaison de Paul-Émile Victor. En lisant ses récits, à l'époque, j'avais eu besoin de toute mon imagination pour y croire. Il disait que posée sur la neige, à deux mètres, une simple boîte d'allumettes pouvait faire le même effet qu'une voiture à plusieurs kilomètres.

Cette visibilité nulle me donnait le vertige. Les chiens étaient redevenus tristes. Ils avaient reperdu leur envie de tirer. J'aurais préféré des obstacles, une tempête, enfin des difficultés à vaincre. Rien. Aveugles, nous avancions vers l'inconnu. Je n'entendais que le clic... clic... de mon compteur kilométrique. C'était lancinant.

CHAPITRE IV

PREMIER mai. Je m'en serais bien passé, de ma grève sur mon tas de glace. Avant de partir, j'avais eu beau tourner et retourner tous les calculs de distance, de moyennes horaires, de temps de marche, je comprenais maintenant que l'Arctique, ça ne se planifie pas. J'étais bloqué par la tempête.

La veille, nous avions fait un mauvais parcours de seulement vingt kilomètres. Il faisait chaud, le soleil nous écrasait. Avec l'effet de la réverbération, il paraissait occuper toute l'étendue du ciel. J'étais vêtu d'une seule chemisette, et je cuisais. Les chiens souffraient, tirant la langue, et n'avançaient pas dans une neige épaisse et lourde, celle-là même qu'en France les skieurs appellent la « soupe ». Quand je décidai d'arrêter, il était midi. Je pensais avoir agi parce que je jugeais inutile de demander un effort stérile aux chiens, préférant les réserver pour une belle étape le lendemain. Et maintenant, coincé sous ma tente depuis plus de vingt-quatre heures, je me disais que c'était de l'intuition. Avec beaucoup de chance, quand même, puisque, à peine avais-je fini de monter mon camp avec un bon emplacement, solide pour planter mes sardines, solide pour ficher les pieux d'attache de mes compagnons, que le vent s'était levé, comme éclate un coup de feu. Je finissais à peine de refermer la toile du traîneau. Et le ciel s'était couvert aussitôt en même temps qu'arrivèrent des bourrasques de neige.

Je fus si surpris que je restai un instant dehors, debout,

le nez en l'air, cherchant à deviner l'emplacement même du soleil que ce blanc total venait de gommer. Je connaissais la soudaineté des variations météorologiques du Grand Nord, mais je venais là d'assister à une démonstration : ce fut aussi soudain que d'obéir à un claquement de doigts. Cette arrivée brutale du mauvais temps me conforta quelques heures dans la haute idée que je me faisais de mon intuition. Et je menai ma vie de bivouac, jusqu'au soir, plutôt content de moi. Je donnai à manger aux chiens, je me fis un dîner normal. Je ne mangeais jamais au milieu du jour. Puis je me couchai, ma tente était parfaitement montée, tendue droite, sans un faux pli, et je ne me souvenais pas qu'elle eût été mieux amarrée au sol. J'étais confiant.

Et puis voilà, la tempête avait duré toute la nuit, et tout le jour. Mentalement, je refusai d'inscrire ce retard supplémentaire de vingt-quatre heures dans mes prévisions, à cause de tout ce qu'il impliquait. Mais instinctivement, si je donnai l'intégralité de la portion de nourriture aux chiens, je réduisis par contre sensiblement la mienne. Très mauvaise nuit. Et si ce temps impossible allait durer trois, quatre, cinq jours ou une semaine même ? Sur cette partie du monde, on peut tout imaginer... Alors, qu'est-ce que je deviendrais avec mes douze estomacs ?

Au matin, j'hésitai à ouvrir les yeux. En quelques jours, j'avais appris à deviner, à travers la lumière neutre de la double toile de tente, le temps qu'il faisait dehors. Je serrai les paupières, me concentrant à toute volonté, comme si j'avais eu un pouvoir sur le ciel, et me décidai.

Je commençai par voir trouble, des lucioles d'éblouissement, et puis je sus que le vent s'était arrêté et la neige aussi. Je plongeai dehors, m'empêtrant un peu dans les fermetures Éclair. Mon enthousiasme se modéra : temps calme, mer de neige belle, mais le « white out » complet. Une journée de vertige en perspective.

Les chiens étaient bien reposés. Moi aussi. Beaucoup trop même. J'avais une fringale de kilomètres. Et quand je criai l'ordre de départ :

– O.K... les chiens, mes coéquipiers le sentirent, donnant le coup d'épaule juste ce qu'il fallait pour ébranler le traîneau, et se mettre en jambes, déliant leurs muscles en étirant les pattes comme des marathoniens. Ils prévoyaient une course prolongée, et économisaient leurs efforts, mais tiraient avec efficacité.

Savoir où j'étais était ma préoccupation première. Depuis trois jours, le terrain parfaitement plat m'empêchait de faire le point à partir d'un repère invisible. Mon problème était simple. La roue me donnait la distance exactement parcourue. Ma boussole la direction suivie. Espérant n'avoir pas trop dévié de ma route, j'en étais quand même réduit à de simples estimations. J'avais besoin d'une certitude. Un écart de quelques degrés pouvait m'amener à des erreurs importantes et me faire perdre même plusieurs journées. Cette éventualité m'obsédait.

Drôle d'oiseau, cet oiseau qui se leva d'entre les pattes des chiens. Vie minuscule qui trichait sur sa grosseur en gonflant ses plumes. Il n'était ni blanc, ni rouge, ni noir. Il n'avait pas de couleur autre qu'un gris de nos moineaux. Peut-être était-ce un moineau... Petite vie avec petits cris de grosse frayeur. Il n'eût fait qu'un faible craquement sous la mâchoire de Finskan. Que faisait-il donc là, tout seul ? Quel dérèglement migratoire l'avait conduit ici ? Rien moins que lui ne me parut adapté au froid, à ces débordements fracassants de l'Arctique, ni à l'immensité. Il voletait comme il pouvait, se posant après quelques mètres, sur la neige devant nous. Les chiens devenaient fous. Il recommença deux fois, trois fois. Et je l'imaginais épuisé par l'effort et par la peur. Je souhaitais le voir se percher sur le traîneau. Je lui voulais du bien, de la chaleur. J'aurais voulu aussi le rassasier, mais comment le lui dire, à lui qui était terrorisé ? Il piaillait. Il disparut, à côté de moi, éclaboussé par l'étrave du patin gauche, fragile esquif secoué par mon pétrolier, gigantesque pourfendeur de la vague glaciaire. Et je pensai à lui, mon moineau, pendant des kilomètres, et je m'apitoyai.

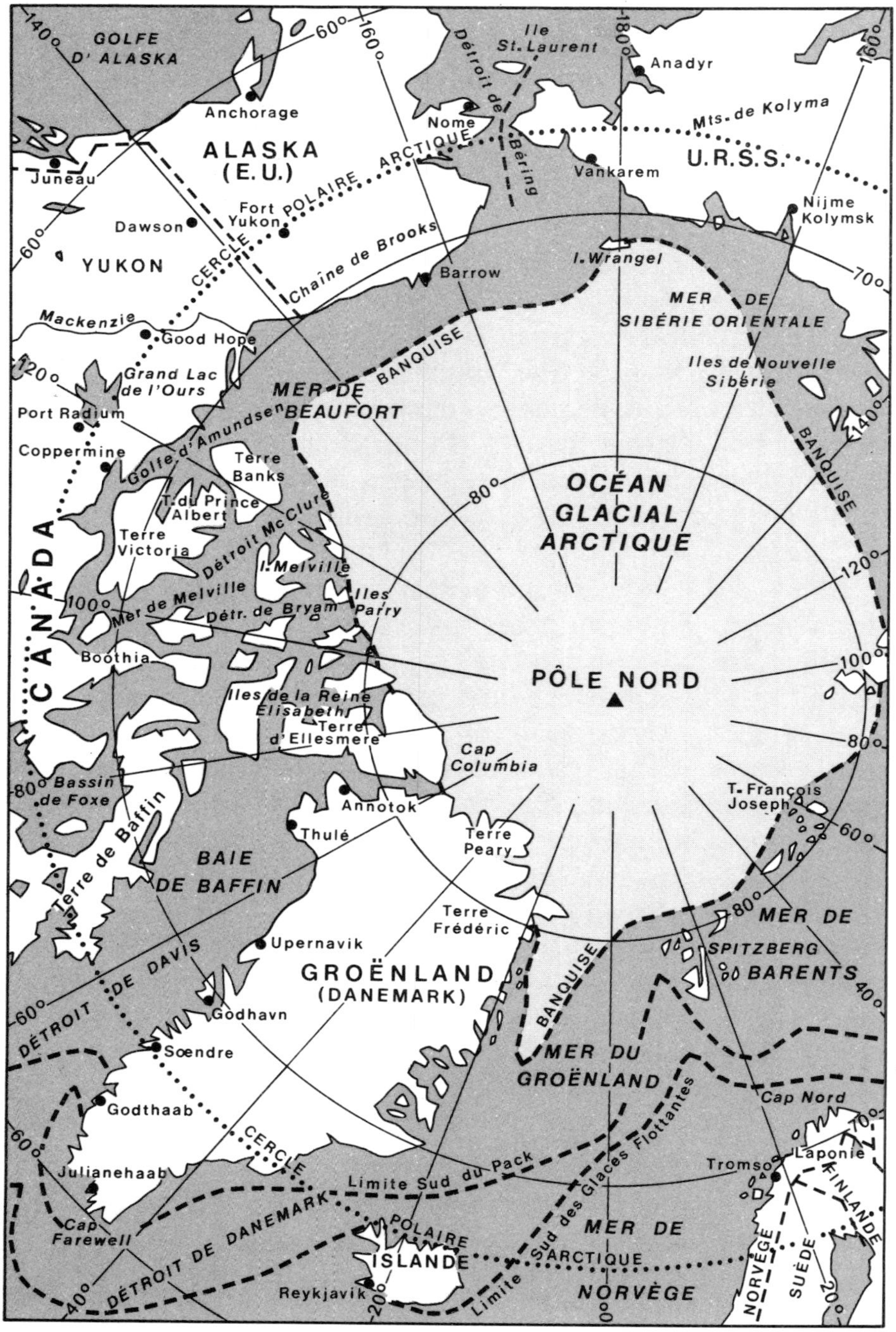
GOLFE D'ALASKA
Anchorage
ALASKA (E.U.)
Juneau
Dawson
Fort Yukon
YUKON
CERCLE POLAIRE ARCTIQUE
Chaîne de Brooks
Barrow
Mackenzie
Good Hope
Grand Lac de l'Ours
Port Radium
Coppermine
Golfe d'Amundsen
MER DE BEAUFORT
BANQUISE
Terre Banks
T. du Prince Albert
Terre Victoria
Détroit McClure
I. Melville
Mer de Melville
Iles Parry
Détr. de Bryam
Boothia
CANADA
Iles de la Reine Elisabeth
Terre d'Ellesmere
Bassin de Foxe
Terre de Baffin
BAIE DE BAFFIN
Annotok
Thulé
Cap Columbia
Terre Peary
Terre Frédéric
Upernavik
GROËNLAND (DANEMARK)
DÉTROIT DE DAVIS
Godhavn
Soendre
Godthaab
Julianehaab
Cap Farewell
DÉTROIT DE DANEMARK
ISLANDE
Reykjavik
Ile St. Laurent
Détroit de Béring
Nome
Anadyr
Mts. de Kolyma
Vankarem
U.R.S.S.
Nijme Kolymsk
I. Wrangel
MER DE SIBÉRIE ORIENTALE
Iles de Nouvelle Sibérie
OCÉAN GLACIAL ARCTIQUE
PÔLE NORD
T. François Joseph
MER DE BARENTS
SPITZBERG
MER DU GROËNLAND
Cap Nord
Limite Sud du Pack
Limite Sud des Glaces Flottantes
MER DE NORVÈGE
Tromso
Laponie
FINLANDE
NORVÈGE
SUÈDE
60°
70°
80°
0°
20°
40°
60°
80°
100°
120°
140°
160°
180°

Pas sur moi, mais sur lui, et il m'apprit beaucoup sur la solitude, m'insufflant même du courage.

Clic... clic, le compteur sur ma roue de bicyclette scandait la monotonie.

Je n'avais pas eu de chance avec les lacs. Pour les atteindre, il fallait toujours grimper et descendre. Les vallées étroites nous avalaient dans la neige profonde, les vallées larges nous égaraient dans leurs méandres. Entre elles, il avait fallu choisir. Une première qui semblait filer vers l'ouest, après de longues heures, remontait vers le nord, et quand je changeais pour une autre, elle me trompait aussi. Voilà pourquoi j'avais abandonné ce lac : le Nettilling. C'était ridicule pour un navigateur qui prétendait traverser la Terre de Baffin, atteindre Arctic Bay, ville grosse comme un pâté de maisons, et de rater un lac de cent cinquante kilomètres de long et autant de large. Mais tant pis. J'avais décidé de filer plus près de la côte.

Nous devions franchir une sorte de canal qui menait les eaux de ce lac à la mer. Je résumai de mémoire mes savants calculs de la veille, lesquels ne reposaient toujours sur rien de précis. J'arrivai à la conclusion formelle que nous devions couper ce canal bientôt. Je décidai que ce serait à treize heures.

A treize heures précises, nous étions dessus. Le doute n'était pas possible avec cette découpe régulière. J'exultai :

– On est bon, les chiens... on sait où on est.

Ils s'en fichaient. De même qu'ils avaient refusé le 1er mai de partager mon angoisse, de même aujourd'hui, visiblement, ils me laissaient tout seul avec ma fierté. Ils manifestèrent à peine une petite joie à cause de la glace du canal qu'il avait fallu atteindre d'un petit saut. Le traîneau bascula et fit une bonne réception.

– Staana...

Ils s'arrêtèrent. Je me méfiais tellement de tout. Je fis quelques pas devant eux, tapant la glace du talon pour m'assurer de son épaisseur. Et j'appelai :

– Allez... les chiens... venez...

Je marchai devant prudemment, inspectant la surface avec les rayons X que je me voulais dans les yeux. De l'autre côté, je ne pus m'empêcher de crier mon soulagement, imitant le boxeur Cassius Clay après chacune de ses victoires.

– Je suis le meilleur... le plus grand... le roi de Baffin.

Et pourquoi, mes chiens, ces étrangers, s'en foutaient-ils? J'aurais aimé les voir sourire, au moins remuer la queue, enfin... dire quelque chose... Au lieu de cela, j'aurais juré qu'ils me faisaient la gueule. A moins que ce ne soit à cause de cette montagnette qu'ils devinaient grâce au vent qui venait de se lever. Ils avaient eu raison de ne pas crier victoire avec moi, la rive du canal grimpait sec, une pente rude qui exigeait un gros travail. Pousser, dégager, décoincer, hurler. Je peinais comme dix chiens. Maintenant, en les harcelant, je les observais bien. Et ils me faisaient de la « belle ouvrage », comme on dit, exécutant mes ordres avec une précision presque mécanique. Ah! que quelqu'un à ces instants puisse les voir, puisse nous voir! Je regrettai vivement notre solitude à cause de l'absence de spectateurs.

Le vent commença à se charger de neige. Grasse, gorgée d'eau, elle se plaquait sur la fourrure des chiens. A moi, elle m'engluait la barbe. Elle venait du nord-est, presque de face. « Mes braves petits chevaux, par ce mauvais temps, avaient bien du courage », et ils baissaient la tête. Avec le relief à nouveau disparu, je faisais confiance à Finskan, tirant de temps en temps la boussole de ma poche. J'aurais voulu, ce soir, atteindre la mer. Depuis Frobisher Bay, je l'espérais tous les jours. Quand les patins du traîneau collaient à cette neige pourrie, je me disais : Vivement la mer! Quand nous naviguions sur des reliefs ravinés, je pensais : Vivement la mer! La mer, avec sa bonne glace que je supposais! Elle était mon seul recours contre le temps perdu. Une fois que nous l'aurions atteinte, j'étais persuadé d'avoir des étapes de promenade... Mais avec ce temps, la mer, je me résignai à ne la voir que le lendemain.

– Sta... les chiens. On arrête.

Nous avions parcouru soixante-cinq kilomètres.

Ils se couchèrent immédiatement sur place, pour s'abriter. Le vent poussait des pointes de quatre-vingts kilomètres-heure, et soulevait la neige, abaissant la visibilité à une vingtaine de mètres. C'était une sorte de nuit blanche où l'œil ne pouvait s'apaiser sur aucun point immobile. J'étais au centre d'un immense manège, et je devais me concentrer pour regarder l'emplacement où je posais mes pieds. Instinctivement, de la main, je fis le geste d'écarter ces barreaux de neige qui avançaient avec moi. Je fis quelques pas et testai le sol, je ne voulais pas trop m'éloigner du traîneau; avec le vertige qui me soulevait l'estomac, il suffisait de peu de chose pour perdre le sens de l'orientation. Et je m'imaginais tournant, seul dans la tempête, à la recherche de mon attelage que je savais pourtant à quelques mètres de moi, navigateur solitaire tombé de son bateau en plein océan.

Je mis les deux lignes d'attache bout à bout, les fixai profondément, et dételai les chiens. Ils se laissèrent faire tous docilement. Ce temps exécrable ne les incitait pas à la contestation : ils comprenaient que la nuit serait pénible. Ils se mirent en boule, mes hérissons, le dos au vent, la truffe bien au chaud sous la cuisse, et disparurent en quelques minutes, recouverts par la neige. Leurs fourrures faisaient des buissons blancs.

Je voulais monter un camp parfait. Ma façon de me battre contre un adversaire trop puissant : la tempête. Un camp comme il s'en monterait dans des écoles de coureurs des neiges, si ces écoles existaient. La tente adossée au vent. Des sardines enfoncées jusqu'au bec. Un terrain bien plat sur lequel j'étirai parfaitement le tapis de sol. Le traîneau à cinq mètres, et ma ligne de chiens de l'autre côté. Vanité de perfectionniste, mais ces contraintes seules me gardaient l'envie de me battre.

L'ennemi se déchaînait dès que j'ouvrais la bâche principale du traîneau. Et avec lui, la neige s'engouffrait. Je devais plaquer mon corps sur la toile à chaque fois que je sortais un sac. Je craignais qu'à force de fureur, le vent ne parvienne à l'arracher et à l'emporter.

J'enfilai les arceaux et plantai mes trois premiers piquets, à genoux sur ma tente qui se tortillait comme une truite sur l'herbe. Ses claquements faisaient un bruit de régates, quand les bateaux viennent virer à la bouée. Et les chiens se mirent à hurler tous ensemble, Finskan et Charlie aussi. Je levai la tête vers eux. Ils étaient debout, gueule ouverte et dents dehors. Ils secouaient leurs chaînes. Leurs hurlements devinrent subitement des grognements de tueurs. Je n'eus pas à réfléchir; à dix mètres d'eux, débonnaire, l'air fouineur, l'ours approchait. Cette masse d'un blanc jaunâtre à la forme allongée, furetant sur la neige en levant à chaque pas un museau noir, me paralysa quelques secondes. Je lâchai ma tente et sautai vers le traîneau d'où je dégainai ma carabine au canon fêlé. L'ours s'arrêta et nous regarda tous. Il y eut alors un violent claquement d'oriflamme, et les sardines s'arrachèrent ensemble. La tente gonflée par le vent sauta par-dessus les chiens et fila droit sur l'ours. Ce dernier, apeuré, fit une volte sur ses pattes arrière. Quelques bonds, et il disparut. Ma tente était partie avec lui.

Moi, mon arme à la main, je courus derrière, dix pas, le temps d'admettre l'invraisemblable. Mon corps refusait cette évidence parvenue pourtant immédiatement à mon cerveau : je n'avais plus de tente, plus d'abri, plus le commencement du moindre confort. Ma tente s'était enfoncée dans la nuit blanche à la poursuite d'un ours.

Je fermai les yeux, et un rugissement me monta des tripes. Raide sous l'ouragan, je hurlai par deux fois contre cette mort que je ne voulais pas. Mes chiens s'étaient tus. J'essayai de me calmer, me prenant la tête à deux mains pour m'obliger à réfléchir. La neige avait réussi à passer sous ma parka, et soudain j'eus froid. En titubant, j'allai vers le traîneau et m'assis. J'étais assommé.

J'en voulais à cet imbécile qui se prenait pour un champion du Grand Nord. Ce taré, ce minus. Moi. Moi, ce débile qui, par un inexplicable excès de confiance, avait commis la faute la plus élémentaire : ne pas attacher la tente au traîneau, avant toute opération. Pourquoi cette précaution que je prenais presque toujours, même lorsqu'elle ne se justifiait pas, ne l'avais-je pas prise cette fois-ci? Pourquoi? mais pourquoi? Tout m'indiquait pourtant que j'aurais dû le faire : la visibilité nulle, la tempête de neige, et le vent... Je pleurais de rage, des larmes inutiles qui gelaient le long de mon nez et me tiraient la peau. Oui, elle avait gagné, la tempête, et l'ours aussi. Ils s'étaient mis à deux pour m'avoir, mais c'était fait. Je me disais que ce n'était pas si simple de commencer à mourir, puisqu'il fallait d'abord continuer à vivre. Et j'étais vivant pour l'instant. Avec un traîneau, du matériel et des chiens, qui avaient tous compris que quelque chose se passait. Ils étaient tournés vers moi. Ils s'étaient recouchés, et je voyais leurs oreilles droites épier ma détresse. Je les engueulais d'avoir une fourrure et l'habitude de vivre dehors, toute l'année, par n'importe quel temps. Ma méditation leur fit assez peu d'effet. L'un après l'autre ils se recalèrent, dos au vent. Je devinai leur indifférence. Après tout, leur travail à eux consistait à tirer, à obéir, et non pas à élucubrer de savantes théories sur l'injustice de la nature.

Finskan, près du traîneau, se rapprocha de moi. Elle me regardait avec ses yeux en amande, des yeux marron, avec des cils de neige. Je me penchai vers elle et la caressai. Son museau tiède explorait mon visage. Elle m'embrassait à sa manière. Je lui pris les bajoues entre mes moufles :

– Qu'est-ce qu'on va faire maintenant?

Elle remua la queue.

– ... Vivre, évidemment.

La réponse semblait venir de l'haleine chaude exhalée de sa gueule.

– ... Il y a le traîneau.

Elle devait être touchante, notre scène d'amour. J'entendis Rosta la jalouse grogner sous son tas de neige. Charlie la fit taire avec un bruit de gorge. Finskan se coucha à mes pieds et ne bougea plus.

Vivre, c'est une habitude qu'on garde, tant que la mort ne vient pas s'en mêler. Je me levai, et empoignai ma pelle. Je ne savais pas ce que j'allais faire. Un igloo? J'en avais déjà bâti, mais jamais seul. Et puis, il m'aurait fallu au moins deux heures de travail : tailler des blocs du volume d'un parpaing, puis élever un mur, j'étais épuisé... je connaissais tous ces gestes, mais la neige était mauvaise, trop molle. J'aurais mis un temps infini à tasser chaque moellon que le vent aurait érodé aussitôt avant même que j'eusse le temps de le poser. Alors, je creusai une sorte de tombe au bord de laquelle j'élevai un monticule. Ces gestes dictés par un lent réveil de mon intelligence me réchauffèrent un peu.

Paupières mi-closes, Finskan m'observait. Je la sentais apprécier mon courage, et prête à intervenir avec sa tendresse, à ma première défaillance.

Vite, du feu... une flamme pour y chauffer ma vie, pour l'entretenir avant qu'elle ne s'éteigne... Je sortis mon réchaud à essence et le remplis laborieusement. Le briquet faisait des étincelles mais ne s'allumait pas. J'avais beau le protéger au fond de mes deux mains nues, jointes en creuset, le vent passait partout. Je prenais cette rage pour de la méchanceté. Je m'entêtai stupidement, jusqu'à user la pierre. Je le jetai. J'en avais d'autres, disséminés partout dans mes sacs avec des allumettes, par sécurité.

Je bâtis une cheminée, au fond de ma tombe, et j'y calai le réchaud. Il s'éclaira d'une flamme bleue, batailleuse, qui pliait sous les tourbillons du vent. Je plaçai vite ma casserole dessus, et y versai le contenu d'une boîte de viande en la saupoudrant de sauce lyophilisée, à laquelle j'ajoutai une poignée de neige. Alors, j'imposai les mains à mon fricot, et la vapeur coulant entre mes doigts me faisait du bonheur. Le temps d'atteindre mon visage, elle devenait glacée. Quand mes mains furent un peu amollies de tiédeur, j'enfilai mes moufles et me penchai. Ce fumet tiède me titilla les narines et m'ouvrit l'estomac. Je touillai longuement avec une cuillère, écrasant les morceaux de viande pour bien les imprégner.

Autour du réchaud, la neige commençait à fondre et se mit à suinter lentement, regelant sur le bas de ses parois de cuivre. Quand je commençai à goûter, le métal de la cuillère me brûla la langue de chaud; j'accueillis cette douleur comme une gourmandise. Mais aussitôt, le manche se glaça et me brûla les lèvres de froid. Il me fallait manger très vite, parce que mes bouchées glaçaient en quelques secondes. Je les saisissais avec mes dents, écartant les lèvres pour ne pas les arracher. J'étais prévenu, pourtant, mais le piège du froid se referma avec un tube de lait concentré que je commençai à téter. Quand je serrais la bouche pour respirer, j'étais pris. Le moindre mouvement m'arrachait les muqueuses. Je travaillai le métal avec ma langue. En vain. Je me sentais aussi ridicule qu'un clown qui ne parvient pas à sortir son doigt d'une bouteille. Mais mon gag à moi était tragique, et j'étais surtout le premier à ne pas pouvoir en rire. Je remplis à nouveau ma casserole de neige et plongeai ma tête dedans, immergeant mon biberon. J'aspirai son contenu et enroulai l'extrémité du tube au fur et à mesure. Mes lèvres touchaient l'eau qui commençait à tiédir. Lorsque je réussis à ouvrir la bouche, j'avais l'estomac lourd de tout ce lait concentré sucré que j'avais englouti. Par ailleurs, c'était un gâchis d'une nourriture qui me manquerait si j'avais encore à vivre.

Les chiens s'impatientaient, poussant de petits cris, polis comme des suppliques. Je regardai ma montre : nous étions arrêtés depuis trois heures. Ils avaient faim. Je me levai, empoignai la hache et frappai sur leurs pieux d'attache, pour les consolider. Je les caressai un à un, sans parler. Puis je revins les servir.

M'occuper de moi. Le repas ne m'avait pas redonné de vraies forces. Je serais bien resté dans ma tombe à attendre. Je me forçai à prévoir ma nuit, à la préparer. Le vent avec sa neige soufflée m'obligeait à me battre. Je vidai le chargement que j'entassai en une sorte de muret qui ne serait jamais assez haut pour me protéger. J'étalai comme je pus les peaux de caribou sous la bâche du traîneau, déroulai mon sac de couchage dans lequel je me glissai tout habillé, sans même retirer mes bottes. La tempête s'engouffrait partout, faisant claquer la toile qui m'étourdissait de gifles. Je ne parvenais pas à m'enfermer sous mon linceul. J'essayai des attaches savantes avec les lanières qui se dénouaient après quelques minutes. Comment fermer un tombeau de l'intérieur? J'essayai d'empoigner la bâche et de la garder tendue par-dessus ma tête. Mais mon avant-bras s'engourdissait et je devais lâcher. Alors le ciel s'ouvrait et mes yeux brûlaient sous la tempête. Le blanc total, avec ce jour qui ne tombe plus, c'est pire que l'obscurité, parce que c'est une nuit qui triche. Je voyais des ombres folles, des flèches de neige qui me perçaient le front. Je restai ainsi de longues minutes, vaincu jusqu'à ce que le froid devienne insupportable, coulant dans mon cou et me faisant mal à me guillotiner. Et je recommencai à lutter, m'entortillant dans mon sac.

Je finis par trouver une solution durable, un ficelage interminable qui semblait tenir. Il me laissait les mains libres et le visage protégé, seul un courant d'air me passait sur le sommet du crâne.

Avec ce répit, je pris conscience que j'étais trempé. La neige s'était accumulée partout dans mon sac et sur mes vêtements; à cela s'ajoutait la condensation, et l'humidité me collait à la peau. Instinctivement, tendant tous mes muscles, j'essayai de la repousser. En plus de l'inconfort de cette situation nouvelle, je paniquai. Cette eau qui me baignait le corps m'interdisait pratiquement de sortir avant le matin, avant que la température ne se soit doucement réchauffée. Sinon je risquais de geler sur place. Mes yeux me faisaient si mal que je dus retirer mes lentilles de contact. Un travail laborieux. J'en avais la migraine, avec l'envie de vomir.

Je voyais maintenant, au milieu de mes picotements de sang, un ours, mon ours, danseur pataud effrayé par une tente qui faisait des bonds. Oukiok et Tajo avaient essayé de la mordre au passage. Mais ils avaient eu peur eux aussi. La présence de cet ours, à cet endroit, était anormale. Selon ce qu'on m'avait dit, je n'aurais dû entrer dans leur territoire que dans trois ou quatre jours. L'ours est un animal dont tout le petit monde de l'Arctique se soucie beaucoup. On s'en méfie. Un animal dangereux. Et je me rappelais ce qu'on m'avait appris de lui : qu'il est capable de faire des centaines de kilomètres pour venir fouiller les dépôts d'ordures des villes... que ses attaques sont brutales et imprévisibles, que sa force est colossale... et puis aussi qu'un ours blanc est gaucher. C'est de cette façon qu'on explique la technique utilisée par les Esquimaux autrefois. L'ours debout, le chasseur se laissait alors embrasser par la patte gauche et tandis que la droite frappait le vide, il lui fouillait le cœur avec un long couteau. Il était même recommandé à l'homme d'être torse nu pour éviter toute prise grâce aux vêtements. Elle me revenait aussi, cette image que j'avais vue dans un livre de mon enfance : le héros portait une chemise à carreaux, des pantalons de cuir et des bottes à franges. Il était enfoui dans la poitrine du monstre. Son chapeau de trappeur était en train de tomber. Et l'ours avait de petits yeux cruels; il ouvrait une gueule immense. On voyait ses énormes crocs pointus. C'était du courage qu'on lisait sur le visage du chasseur et de l'intelligence aussi à cause de ce poignard qui allait s'enfoncer dans la poitrine de la bête. C'était pour moi à l'époque terrifiant et beau comme l'aventure. Cela avait un goût d'avenir. J'étais persuadé que des événements semblables devaient m'arriver et bien d'autres encore. Je les rêvais. Mieux, je les appelais de toutes mes forces. Au lieu de cela, je venais d'être le protagoniste d'une rencontre banale, idiote, avec un ours qui avait eu peur, aussi surpris que moi de nous trouver là.

Je grelottais. Le froid, ce n'est rien quand on sait qu'il va finir. Mais je savais que pour moi il ne finirait pas. Je n'avais rien pour lutter contre lui. La température extérieure était redescendue à moins trente-cinq degrés, et je mourais doucement.

Qui a dit que la mort blanche était la plus douce, parce qu'on s'endort progressivement, à mesure que les sensations tactiles disparaissent? Je pensais pour ma part qu'elle était la plus terrible, à cause de la lucidité que j'en avais. C'était un froid mouillé qui me glaçait les os. Et mes membres, je les sentais tous en m'obligeant à les faire fonctionner sans cesse. M'endormir ou mourir, cela signifiait la même chose, et j'avais peur de fermer les yeux. Je me rassurais en me persuadant qu'on ne meurt pas en pleine santé, parce que je me sentais quand même en vie.

Le vent fuyait sous le traîneau dans un bruit de tuyères. Mon lit craquait de toutes ses lattes. Il vibrait aussi et moi avec. Je m'acheminais vers la mort comme ces corbillards d'autrefois qui allaient cahotant sur le chemin pierreux du cimetière. Je pris la pose, naturellement, mains jointes sur le ventre.

Il m'arriva de très loin, ce bruit, cette respiration continue, sorte de froissement de ciel. Je retins mon souffle. C'était un avion. Je pensai au vol Air France Paris-Anchorage peut-être. Et je fermai les yeux. Je commandai un champagne. L'hôtesse souriait :

– Tout de suite, monsieur.

Elle revint avec un plateau. Elle était jolie comme la vie...

Et l'avion s'en alla avec son bruit de civilisation et de bien-être, avec aussi ses trois cents culs bien calés dans leur fauteuil. Ils ne sauraient jamais, là-haut, qu'à dix mille mètres d'altitude, entre apéritif et souper, ils venaient de survoler un gisant de l'Arctique.

CHAPITRE V

Au matin, j'étais fier d'être vivant. Parce que j'avais fini par m'assoupir, une heure peut-être, et que la mort n'avait pas profité de cette inattention.

Plus de vent. La tempête, tombée, laissait un grand silence derrière elle. Quand j'eus soulevé le drap de mon traîneau, il faisait beau dans ma chambre à coucher, la plus grande du monde. J'étais sur une scène blanche à l'infini. La lumière me crevait les yeux. Le soleil se hissait sur la terre.

Je fis quelques pas. Mes pieds me faisaient mal. Ils avaient gonflé dans mes bottes. La neige craquait. Le froid de la nuit avait formé un glacis total. Mon énergie revint avec la perspective d'une bonne glisse. J'avais hâte de quitter cet emplacement maudit.

Finskan se réveilla en m'entendant marcher. Elle se déroula, et se leva.

– Bonjour, la belle.

Elle se secoua et me tendit le dos, attendant la caresse. Je l'embrassai entre les yeux. Mais il fonctionna mal, mon baiser, et je portai les mains à mes lèvres; elles étaient enflées. J'essayai de les assouplir en exécutant quelques exercices de bouche. Elles me cuisaient. L'alternance du chaud et du froid, pendant mon dîner hier soir, les avait brûlées.

Mon réchaud s'alluma à la première flamme du briquet. Pendant que la neige fondait dans la théière, je fis quelques mouvements de gymnastique que mes chiens apprécièrent diversement. Finskan avait envie de jouer et Mouluk aussi. Les autres regardaient avec inquiétude leur « musher », cet énergumène, exécuter des pas de danse.

Lorsque j'ouvris mes sacs, ils étaient pleins de neige gelée. Je ne sais pas comment elle était entrée. Je la dégageai patiemment parce que le radoucissement de la température que le soleil annonçait aurait fini par la transformer en eau, et toutes mes provisions et mes vêtements auraient été trempés.

Je bus mon thé en serrant mon gobelet avec mes dents.

A coups de pelle, je brisai la glace qui emprisonnait les patins du traîneau. Et je levai l'ancre :

– Allez, les chiens.

La chaleur montait. Elle m'enveloppait et je me sentis fondre comme dans un bain de vapeur. Cap sur la mer. Le plat. La monotonie. Le ciel se chargea peu à peu de brume, et nous nous retrouvâmes sous une cloche grisâtre.

Quelle déception, la mer! J'en rêvais depuis mon départ. Depuis Frobisher Bay. Je l'imaginais plate et lisse, recouverte de neige, juste ce qu'il faut, et moi traçant mes sillons à des moyennes record, entre l'infini à ma gauche, et un relief grandiose à ma droite, la côte, qui me récompenserait d'être arrivé jusqu'ici.

D'abord, je la distinguai mal, elle était noyée dans ce blanc sale de l'air, et puis surtout, il y avait cette barrière qui me bouchait les jumelles, ces morceaux de glace brisée, dédale inextricable qu'il me fallait franchir, et après lequel j'espérais trouver une surface idéale. Je n'en voyais pas la fin. J'hésitai, ne sachant pas ce que j'allais trouver derrière. Et puis je m'entendis commander :

– On y va, les chiens.

L'assaut dura trois heures, pour sept kilomètres passés sans une halte. Des dalles de glace nous ballottaient contre des blocs. Les chiens perdaient l'équilibre. Je hissais le traîneau, le retenais, le dégageais, ou tombais avec lui. Je n'avais plus le temps de penser à ma fatigue, ni à mon manque de sommeil. Il fallait sortir de ce relief concassé. Je sentais que si j'arrêtais les chiens, rien ne pourrait les faire repartir. Je les empoignais un à un pour les jeter par-dessus l'obstacle, et le traîneau suivait. Je lui servais de vérin en me plaçant dessous, de treuil en le tirant à deux mains, de cale en le repoussant des deux pieds pendant que j'étais arc-bouté contre les blocs. Elle s'était beaucoup allégée, ma machine, depuis le départ. Elle avait maigri de presque cent cinquante kilos de notre nourriture à tous avec l'essence du réchaud. Heureusement.

De l'autre côté, la récompense fut bien mince : devant nous une bande de trois cents mètres de plat sur cent mètres de large. Et de nouveau cette carrière pour bagnards géants. C'était assez pour aujourd'hui. Le soleil déclinait. Je m'arrêtai.

Cette fois, je ne voulais pas courir le risque d'une mauvaise rencontre. Et j'installai un campement « spécial ours ». Je fixai mes deux lignes d'attache en V, avec le traîneau au milieu. Et Finskan à l'ouverture des deux branches. Je me sentis ainsi protégé comme un chef de guerre. Puis je taillai soigneusement des blocs de glace et montai un mur contre le traîneau. Il me protégerait du vent en cas de tempête. La perspective de passer une deuxième nuit dehors me nouait l'estomac, et j'essayais de me persuader qu'en aucun cas les conditions ne pourraient être plus pénibles que la veille. Le temps était calme, brumeux, mais très humide. Mon thermomètre descendait à toute vitesse, atteignant moins vingt-cinq degrés. Je me fis un thé brûlant, et suçai un morceau de beurre aussi dur qu'un caillou. Le pain était immangeable, il avait l'air de sortir d'un congélateur. Je n'avais pas très faim. De toute façon, je devais ménager mes provisions.

Depuis notre arrêt, je n'avais pas réellement observé le décor. C'était un soir blafard qui nous coupait du monde. Mais j'en avais l'habitude. Une sorte de clair-obscur à cause de ce brouillard qui me voilait le soleil de minuit. Je me levai, et fis quelques pas au-delà du traîneau. A peine une dizaine de mètres. Et mon cœur s'arrêta de battre : à mes pieds, l'eau ouverte, la mer libre, venait clapoter sur la banquise. Sans le savoir, je m'étais arrêté à l'extrême limite des glaces. Il s'en était fallu de quelques secondes. Si j'avais attendu deux respirations de plus pour donner mon ordre, Finskan, emportée par l'élan, aurait peut-être plongé, entraînant avec elle les chiens. Et puis cet horizon tout proche que j'avais pris pour un épaississement de brume bougeait.

Les mains derrière la nuque, je concentrai mon attention. Je vis, haut perchés sur la surface de la mer, des créneaux inégaux, blocs de glace énormes comme des vaisseaux, se déplacer lentement. Et tous dans la même direction. Je revins chercher mes jumelles et je fouillai l'espace. Une armada de bâtiments arrivait sur nous, longeant la côte dont certains s'en approchaient à quelques encablures, puis s'éloignaient vers le sud. Parfois des mottes, petits esquifs, nonchalants, venaient même s'appuyer contre la banquise en tournoyant.

Alors je commençai à entendre ces craquements que je n'avais pas remarqués. La mer était basse et je la dominais de deux bons mètres. Elle allait remonter cette nuit, soulevant avec elle une muraille qui ferait tout trembler. Que faire? Tout pouvait arriver à ce point de jonction de l'eau et de la banquise. Le sol pouvait se craquer derrière nous, et nous serions détachés de la terre; nous commencerions une errance, comme ces navires blancs que je regardais se déplacer à la vitesse de trois à quatre kilomètres à l'heure. Comme eux, les courants nous emporteraient, nous feraient tournoyer indéfiniment...

Je revins vers mes chiens. Ils étaient paisibles, finissant de lécher le sol où j'avais posé leurs boudins. Ils croquaient de la neige. Tout replier, recomposer l'attelage, et traverser ce territoire déchiqueté que nous venions de franchir... Je ne me sentais pas le courage de demander cela à ma fatigue ni à la leur. J'observai longuement la glace autour du bivouac. Elle paraissait épaisse et solide. Je décidai de dormir tout de suite, pour ne plus calculer, ne plus peser la malchance avec la chance. Je tirai péniblement mes bottes, m'enfilai dans mon sac de couchage sur le traîneau, et rabattis la bâche par-dessus. Je sombrai dans l'inconscience.

Au matin, j'avais gagné mon pari dangereux. Je ne m'étais relevé qu'une fois. La mer avait monté et la glace dominait maintenant la crevasse de trois mètres. Pas de tempête dans l'air, et toujours au loin la ronde incessante de ces immeubles flottants. La glace craquait, se fissurait, éclatait aussi par endroits, mais se ressoudait aussitôt sous l'effet du gel. C'était la vie normale de l'Arctique avec ce formidable travail de la banquise et de la mer.

Le froid était intense, et très humide. En soulevant la toile de mon traîneau, au matin, je tirai un coup de chapka en l'honneur de Samsonite qui avait fabriqué, spécialement pour moi, ce tissu si résistant et si parfaitement imperméable. Je lui dois sans doute la vie.

Je pliai le camp rapidement. Il était inutile de jouer plus longtemps avec le hasard. Je laissai dans mon dos les énormes fantômes mener leur éternel carrousel.

Dès les premiers mètres dans ces ruines de rocs de glace, Finskan rechigna. Elle refusait obstinément de reprendre nos traces de la veille. A croire que cette demoiselle n'aime que l'inconnu, la découverte, mais pas les demi-tours. J'eus beau la menacer, la gifler, elle menait le traîneau n'importe où. Elle faisait un caprice, ma chienne de tête. Alors je lui infligeai l'humiliation de sa vie. Je détachai Pirat et l'attelai à sa place. Pendant l'opération, elle me regardait, muette, avec dans les yeux la peur de comprendre. Et quand je la menai derrière, ce fut comme si elle n'existait plus. Elle marchait à son rythme, mais laissait sa ligne toujours détendue. Le nez bas, elle boudait. Pour Pirat, en revanche, ce fut le plus beau jour de sa vie de chien de traîneau.

Lui, d'habitude si sobre avec ses mouvements de queue, la redressait bien haut. Lui, si avare de gestes, parce qu'avec intelligence il s'économisait, fouillait la trace à larges mouvements de tête, appréciait à l'avance les obstacles, exigeait toujours des efforts supplémentaires. Il était admirable, mon Pirat. Il avait tout compris : que nous ne pouvions pas continuer par la mer, qu'il fallait donc regagner la côte et repasser par le chemin d'hier, que l'obéissance, ça ne se discute pas quand on aime son « musher », et que cette pute de Finskan, amoureuse comme elle était, aurait bien pu lui faire ce plaisir... Et moi, je murmurais entre mes lèvres boursouflées :

– Je t'aime, mon Pirat, tu es un grand chien, le meilleur de tout l'au-delà du cercle polaire.

Magnifique professionnel. Il n'avait pas ses humeurs, lui. Finskan, c'était la tendresse, mais Pirat, la raison. Pour un peu, j'aurais discuté avec lui du trajet à couvrir sur la carte.

Avec la terre ferme, je recomposai mon attelage comme avant. Pirat dignement reprit sa place. Pendant que je le caressais, ses yeux me disaient : « Quand tu voudras, pour la même chose... tu peux toujours compter sur moi. » Mais il baissait la queue légèrement, et je savais, moi, qu'il était un peu déçu. Il ne cessa pourtant de surveiller, discrètement, les choix de Finskan. Cette dernière se mit alors à travailler comme à l'exercice, me démontrant tout ce qu'elle savait faire. Et elle le faisait bien.

Nous avions atteint une surface de rêve, celle-là même que j'avais imaginée. Une bande de soixante mètres de large, entre la côte et la mer. A droite, les falaises, à gauche la mer et ses géants de glace. J'étais en pleine euphorie. L'attelage donnait sa pleine mesure, du quinze kilomètres à l'heure. Je calculai qu'en dix heures, cela nous ferait cent cinquante kilomètres dans la journée. Envolée l'inquiétude de la bouffe qui commençait à manquer, disparue l'appréhension chaque soir répétée de l'inconfort de mes nuits, effacées aussi les fatigues. J'étais heureux...

Soudain, le traîneau ralentit et glissa sur son seul élan comme un bateau meurt sur son erre. J'eus du mal à comprendre : mes trois chiens, devant, filaient seuls vers l'horizon brumeux. Je hurlai...

– Finskan.

Elle se retourna, étonnée de ne plus sentir de poids derrière elle, et revint avec ses deux compères, penaude. La ligne de trait avait cassé. Elle s'était usée sur les blocs de glace dans les passages difficiles d'hier et de ce matin.

Tous les chiens me regardèrent, attentifs aux foudres qu'ils croyaient devoir tomber sur eux, et je me mis à rire de leur air gêné, de leurs excuses muettes, de leur « c'est pas de notre faute, c'est pas nous ».

Et ils se détendirent, mes garnements injustement pris en faute. Et je leur parlai, à tous, mes enfants assis sur leur derrière. Je les caressai aussi. Ils étaient éberlués, comme traumatisés par l'événement.

Je fis un nœud grossier à la ligne, et l'équipage repartit, encore un peu saoul de cet événement imprévu.

Sur la banquise, le bonheur, ça ne dure jamais longtemps. Pour moi, ce fut à peine une demi-heure. L'horizon s'ouvrit sur l'embouchure d'un fleuve, avec son relief dangereux de blocs de glaces immenses. Il me fallait recouper à travers les terres. Collines grises, vallées grises. Escalader et descendre dans un univers de cailloux, de pavés mal enneigés qui entamaient mes patins.

Ma roue de bicyclette lâcha, et mon compteur kilométrique avec lui. Je l'examinai de longues minutes. Elle était brisée, et le compteur écrasé. Alors, je la saisis et la lançai de toutes mes forces au loin. De rage.

Bivouac. Froid de la nuit. Et pourtant, je dormis. Je commençais à m'habituer à mener cette vie de chien, dehors par tous les temps. Et ce matin-là, le temps était grandiose. Beau, bleu avec toutes les nuances de vert, et toutes les transparences. Il avait neigé pendant mon sommeil, et je ne m'en étais pas aperçu. La neige effrangeait les falaises. La mer brillait de ses esquifs de glace emportés toujours par les courants. C'était grandiose, plus qu'un rêve, plus que l'imaginaire, et mes oreilles composaient une musique solennelle, une symphonie sans air mais qui me transportait. C'était un générique de fin de film d'aventure. Un film épuisant, dangereux, ponctué de mille périls, mais qui se terminait bien. Allongé sur mon traîneau, les mains sous la tête, je me grisais de beau, de grandiose.

Au bout d'une heure de marche, mes chiens levèrent un régiment de perdrix. Des perdrix blanches des neiges, assommées de froid. Elles ne s'envolèrent même pas. Tous mes chasseurs en saisirent une et la déchiquetèrent entre leurs dents. Je sautai du traîneau pour les en empêcher. En plein effort, ils pouvaient se rendre malades de cette nourriture et risquaient d'étouffer de ces plumes collées avec le sang qui leur faisaient des barbiches de chèvres.

Plus loin, ce furent des lièvres. Blancs eux aussi. Ils attendaient tant de moi, mes chiens, que je me décidai à en tuer quelques-uns. Ils s'amusaient comme des fous, mes compères. Rien n'est plus difficile à discerner qu'un lièvre blanc sur la neige. Eux les voyaient très bien. Ils faisaient « tête droite », comme un régiment qui passe, saluant la tribune d'honneur; alors je pointais ma carabine dans la direction, je repérais ma victime et je tirais. Puis je sautais à bas du traîneau, allais récupérer l'animal et regagnais l'attelage, en brandissant mon trophée devant mes chiens qui exultaient.

Tête gauche... tête droite. Cinq détonations. J'arrêtai le traîneau, dépeçai mes lièvres, et les coupai en morceaux avant qu'ils durcissent de froid. La peau enlevée, il n'en restait pas grand-chose. Je les glissai dans une poche de plastique et les rangeai.

Ce fut aussi le jour des *Inoutchouks.* En langage esquimau, cela veut dire « qui ressemble à un homme ». Et elles ressemblaient bien à des hommes, ces sculptures de pierres entassées, bras écartés. Il y en avait trois, distantes de trois cents mètres l'une de l'autre. Les Inoutchouks appartiennent à la tradition esquimau. Selon les spécialistes, ils peuvent avoir plusieurs significations. Servir d'épouvantails aux caribous, lesquels, croyant voir des hommes, refluent vers les chasseurs qui les attendent. Remplir aussi tout bêtement la fonction de poteau indicateur : « Attention, hommes pas très loin, ou hommes passés ici... » Enfin, les Esquimaux pouvaient fabriquer des Inoutchouks simplement pour passer le temps, parce que c'était l'expression artistique traditionnelle. Personne aujourd'hui ne leur donne une explication mystique.

Ceux-ci étaient très beaux. Façonnés de pierres grises

1 - L'auteur et son équipage.

2

3

4

5

2 à 5 - Chasser dans la neige, ou comment attraper une souris.
6 - Mes molosses à l'entraînement.

6

veinées de rouge en raison de leur haute teneur en minerai de fer, ils ressemblaient vraiment à des hommes. Et je les saluai au passage tous les trois.

– Salut, hommes.

Ils devaient avoir plus d'une centaine d'années. Aujourd'hui, les Esquimaux ne fabriquent plus d'Inoutchouks, sauf en miniature pour les cheminées de salon des touristes.

Avec cette grande vallée qui s'ouvrit devant moi, je passai d'une immensité à l'autre. C'était ma première belle, très belle journée depuis mon départ : dix-sept jours. Un air si pur, si clair, que j'en perdais toute notion de distance : des falaises toujours, avec des plages de neige butant sur des dunes de glace, l'eau ouverte, bleue, et ces blocs qu'une petite brise poussait au large... J'étais si sûr de moi, si certain de n'être plus qu'à trois jours de mon but, que je fis repas double, et que je partageai mes morceaux de lièvre entre tous les chiens.

CHAPITRE VI

ELLE se mit en route, la mécanique du meurtre. Un peu grinçante, et tellement hésitante, tellement poussive, qu'elle me parut, au premier abord, incapable d'aller plus loin. Pourtant, au fil des jours, ses rouages se mirent en place, se trouvèrent l'un l'autre, se complétèrent et s'entraînèrent. Et subitement, tout devint logique. Aussi, lorsque apparut dans mon esprit la conclusion implacable, ma raison l'accepta : il faut tuer un chien.

Mon ordinateur de cerveau avait ingurgité des données mathématiques. Il les avait longuement mâchonnées, puis digérées, et me crachait maintenant sa réponse : il faut tuer un chien pour nourrir les autres et me nourrir moi-même. Version canine de l'anthropophagie. Moi, j'étais une sorte de Barbe-Bleue sacrifiant l'un des siens... Les chiffres au service de l'infanticide.

Je ne pouvais plus échapper à mes calculs. Ils m'obsédaient. Au départ, je pensais mettre quatorze jours, au plus, pour atteindre Igloolik, que je croyais distante de mille kilomètres. Et je m'étais trompé. L'étape Frobisher Bay-Igloolik faisait en réalité plus de mille quatre cents kilomètres. Et je n'étais même pas à la Dew Line, quatre cents kilomètres avant. Mon voyage durait depuis dix-neuf jours, et en réduisant les rations, je n'en avais plus que pour quarante-huit heures. Mais, toujours d'après mes calculs, je n'atteindrais pas le poste de la Dew Line avant quatre ou cinq jours, et encore seulement, si tout allait bien, s'il faisait beau, si le terrain était plat, si la neige était bonne, si la glisse était parfaite... Je savais par avance que toutes ces conditions ne seraient pas remplies. Alors, je devais tuer un chien. Pas tout de suite, mais je savais qu'il le faudrait.

Ce pas d'ogre franchi dans l'idée de l'assassinat, je me posai alors la deuxième question qui en découlait : lequel allais-je tuer ? De qui allais-je abréger la vie d'une balle derrière l'oreille, à bout portant ? Je n'allais quand même pas tirer au sort pour savoir qui... qui... qui serait mangé... Je jure que la comptine du petit navire me trotta dans la tête. Pendant des heures. J'avais beau la chasser, elle revenait, inexorablement. Et je m'en voulais. Mais si je ne laissais pas ce choix au hasard, alors ce serait moi qui déciderais la vie ou la mort ? Cela signifiait que j'avais à trier parmi les miens, et à désigner une victime qui me serait moins chère, que j'aimerais moins. Mais ce n'était pas possible. Je les aimais, tous mes êtres, je les avais tous choisis petits, encore chiots pour la plupart... pourtant, je devais en éliminer un.

Le plus jeune ? Le plus vieux ? Le moins beau ? Le moins fort ?

Avant l'arrêt forcé du 1er mai pour cause de tempête, j'avais déjà compris que je ne pouvais plus perdre une seule journée, que je devais aller au bout, sans repos. Je n'avais déjà plus le droit à l'erreur. Et je m'étais trompé sur le trajet, effectuant des crochets inutiles sur la mer et revenant à la côte. Le relief s'en était mêlé, accidenté, difficile. Il y avait eu cette euphorie ensuite. Cette visibilité exceptionnelle, cette surface plate. Mais le soir même, d'après ma carte, j'étais encore à cinquante kilomètres en deçà de ce que je pensais. Mirage du Grand Nord. Je croyais avancer plus vite que dans la réalité...

Tuer un chien... un seul, pour commencer, pour tenir... J'espérais ne pas avoir à décimer davantage mon attelage...

Ma journée de la veille avait été lamentable. Je marchai presque tout le long du trajet. Je m'emportai contre les chiens, je les frappai aussi. J'étais inquiet. Dans ce grand beau temps installé, je guettais fiévreusement le moindre indice annonciateur de brume. J'avais peur.

Tuer un de mes chers compagnons... Il n'y avait pas d'autre solution. Je me reprochais de tant les aimer. Cela rendait mon crime encore plus difficile.

L'échec. J'avais perdu. Je n'avais plus confiance en rien, ni surtout dans la « superbe organisation » que j'avais montée, avec cette nourriture déposée par avion à chaque étape! Et tous ces gens que j'avais convaincus et qui avaient travaillé pour ma réussite! En vain.

J'étais piégé par l'immensité de l'Arctique. L'horizon, parfaitement dégagé, portait jusqu'à deux cents kilomètres.

Je me sentais un minable, embarqué imprudemment dans une aventure trop grosse pour moi.

Pourquoi, avant le départ, étais-je persuadé d'abord de réussir, moi, là où tout le monde avait échoué? Et ensuite, pourquoi aurais-je réussi sans faire comme les autres? Oui, les autres, tous les autres ou presque, au cours d'expéditions de ce type, tuaient des chiens. C'était même prévu. Amundsen, le Norvégien, qui atteignit le premier le pôle Sud, en 1911, au cours d'une aventure de quatre-vingt-dix-neuf jours pour trois mille kilomètres, était parti avec cinquante-deux chiens. Au retour, il en restait un peu moins de la moitié. Ses chiens n'étaient pas morts de fatigue, ni de blessure, ni de froid. Leur mort avait été programmée. Encore un calcul meurtrier. Le système de la pyramide : cinquante-deux chiens au départ pour un chargement de quatre traîneaux tirant une quantité X de matériel dont beaucoup de nourriture. Au fur et à mesure de la progression, cette nourriture diminue, la charge aussi, et la nécessité de quelques chiens avec. Donc, on tue les chiens inutiles. On les dépèce et on fait des tas balisés, disséminés sur la neige pour les récupérer au retour afin de nourrir ceux des chiens qui reviendront. Et ainsi de suite. C'est l'élimination par le poids et les bouches inutiles. Les chiens servaient à la fois de bêtes de somme et de bêtes à viande. C.Q.F.D. Ce qu'il fallait démontrer. Les Esquimaux recouraient aussi à ces pratiques.

Et à leur exemple, bon nombre d'explorateurs blancs qui ne disposaient pas d'autres moyens pour parvenir à leurs fins...

Mais moi ? Pourquoi moi ? Puisque mes relais m'attendaient sur mon parcours... parce que j'étais trop nul, parce que j'avais eu le goût de l'aventure plus gros que ma tête ne pouvait l'organiser.

Oui, tuer un chien, un seul, j'en étais de plus en plus persuadé, nous sauverait la vie à tous.

J'avais accepté la première partie du scénario : le meurtre. Mais je me voyais mal jouer la seconde : dépecer un Charlie, un Pirat, une Rosta, un Tjockis, un Mouluk, un Tajo, un Lobo... et surtout pas une Finskan... puis tailler à la hache quand il serait gelé et en distribuer des morceaux aux autres, pendant que je mangerais moi-même une portion de râble. Les chiens, d'ailleurs, et c'est prouvé, n'aiment pas la viande des chiens, non plus que celle des loups. Un vieux réflexe d'anticannibalisme sans doute. C'est pour cette raison qu'il faut que ladite viande soit complètement gelée afin d'en effacer le goût.

Il faisait beau. Un ciel bleu de rêve sous un doux paysage de neige. J'avais chaud et je transpirais. Les chiens trottaient à peine plus vite qu'au pas. Ils avaient perdu leur volonté de tirer. Je marchais à côté d'eux. Ils allaient le front bas.

Je n'avais plus envie de rien. Je n'avais même pas faim. J'y pensais seulement pour plus tard. Je planifiais mon meurtre.

Il me fallait un nom. Un seul à mettre sur le dos de ma victime. Celle qui donnerait sa peau pour que les autres vivent.

Je regardai mes onze croupes se dandiner sans réelle énergie. Les onze queues battaient une mesure bien triste. Il m'était impossible de désigner l'une d'entre elles avec le doigt de la mort. Il me parut plus logique encore d'écarter ceux qui étaient indispensables à l'attelage. Alors, je commençai par l'arrière, par ceux qui étaient les plus proches de moi... De gauche à droite :

Charlie ? Pas question de sacrifier Charlie. D'abord parce

que c'est Charlie, et puis c'est le boss, le chef de meute. Et moi, le « musher », je n'ai rien à voir dans cette hiérarchie-là. Comme chez les loups ou chez les hommes, l'autorité naturelle, l'ascendant que peut avoir un individu sur les autres, ça ne s'apprend pas. C'est inné. D'abord, Charlie a l'air d'un loup. C'est sans doute important pour les autres, ces arrière-arrière-petits-fils de loups. Et puis, il est grand, soixante-six centimètres au garrot. Il est costaud et lourd aussi. Avec ses trente kilos de poids de corps, il est capable, à lui tout seul, de décoller une charge de huit cents kilos. Il n'est pas le plus âgé, malgré ses airs de sage, il n'a que trois ans et demi. Il est le pilier de la troupe. Quand il grogne, on se tait. Quand il commande, on obéit. Ce jeune chien ne supporte pas les enfantillages de ses congénères. Il est le contraire d'un galopin. Si moi je suis le P.-D. G. de notre petite société en marche, lui en est le directeur général... Vive Charlie.

Mouluk ? Certainement pas. D'abord... et enfin parce que Mouluk, c'est moi qui l'ai fait... ou presque. Il a eu beaucoup de malheurs... une enfance malheureuse, quoi. Il a mangé un jour de l'antichenilles et a failli en crever. Sa langue en est restée dentelée. Ça fait drôle dans la gueule d'un chien. Une autre fois, en se battant, il s'est cassé un doigt de la patte avant gauche. Et il n'a rien dit. Mais son doigt s'est ressoudé de travers, et aujourd'hui il ne porte plus sur ce doigt. C'est un handicap sérieux. Autrement dit, malgré sa belle gueule, il n'avait rien pour plaire, surtout que son sale caractère s'était affirmé tout jeune, bagarreur, agressif vis-à-vis des autres chiens, et sournois aussi puisqu'il préfère attaquer par-derrière. Mais je l'ai choisi. J'ai eu du mérite au début. Il refusait de tirer. Très mauvais pour un chien de traîneau. Il préférait se laisser rouler sur le dos et se faire traîner par le collier. Peu à peu, à force de travail, j'ai réussi à l'éduquer. Aujourd'hui, il est devenu un très bon chien... Vive Mouluk. Et puis Mouluk, ça veut dire « téton » en esquimau.

Rosta ? La femelle, la jalouse, ma guerrière, mon amazone ?

Non. Elle est grande comme les mâles et aussi besogneuse qu'eux. C'est une tueuse de gibier. En Norvège, elle a égorgé des moutons. Elle s'est introduite la nuit dans leur enclos, en creusant sous le grillage. Elle y a fait un carnage de loup. Trè-è-è-s intelligente Rosta! subtile aussi. Jalouse de Finskan bien sûr, à cause de moi; elle ferait aussi un excellent chien de tête. Mais elle est si forte, et si travailleuse, que je préfère la laisser derrière, puisqu'elle me fait le boulot d'un grand mâle.

Nanuk? « L'ours » en esquimau... Je préfère ne pas parler d'ours... Puisque moi, pour Rosta, je suis l'amour impossible, Nanuk pour Rosta c'est l'amour possible. Nanuk compagnon de trait de Rosta, et son amant aussi, si je n'y prenais garde. Jamais à l'attelage évidemment. Quant au bivouac, le soir, j'ai tout prévu en les espaçant tous de trois mètres. Nanuk adore Rosta et Rosta aime bien Nanuk. Elle lui passe tout, chemin faisant, quand le terrain le permet, câlins, baisers, coups de langue. Il n'a que trois ans, se fait un peu tirer l'oreille au départ, est aussi un peu irrégulier. Il sème souvent la perturbation dans la marche du traîneau quand il sent du gibier. Tout cela ne vaut pas la mort, d'autant qu'il fera un très bon chien. Et puis que ferait Juliette, si j'assassinais Roméo...? Vive Nanuk!

Oukiok! Bébé, je l'appelais « le petit cochon », il était aussi vilain qu'il est devenu beau, adulte. Trois ans. C'est un don Juan, un dragueur-né. Les femelles le lui rendent bien. Partout où nous sommes passés avant le départ, elles étaient folles de lui. A croire que Oukiok pour elles signifiait « beau ». Elles avaient tort. En esquimau, Oukiok veut dire « l'hiver ». Pas très intelligent, on ne peut pas tout avoir, il serait même un chasseur assez lamentable. J'ai vu un jour une souris lui sortir d'entre les pattes, et il a mis dix bonnes secondes avant de réagir. Comme Rantanplan, le chien stupide de Lucky Luke. Il était un peu paresseux au départ, mais il s'est considérablement amélioré. Dans un an, il sera parfait. En attendant, il tire avec tout son gros cœur de beau mec... Vive Oukiok!

Tajo? « Le besogneux » en finlandais. Chien modèle. Prix d'honneur du premier degré. Discipline irréprochable. Conduite parfaite. Tajo est sans doute le meilleur de mes soldats. Et affectueux avec ça, mais sans esbroufe. Il est heureux d'être avec moi, me manifeste toute sa joie quand je le caresse et lui parle le soir, à son tour. Mais quand le temps des câlins est fini, c'est fini... militaire, militaire. Il ne se battra jamais le premier, ni jamais non plus s'il peut s'en tirer autrement. Pas très beau, lui, mais un extraordinaire chien de trait... Vive Tajo...

... Mes lèvres me faisaient mal, et je me rendais compte que je pensais tout haut. Insensiblement, à mesure que je me parlais d'un de mes chiens, je montais à sa hauteur et marchais près de lui. J'étais déjà à plus de la moitié de mon attelage et j'avais décidé que le futur assassiné ne figurait pas dans cette première partie. J'hésitai à poursuivre mon raisonnement, parce que j'acquis la certitude de m'arrêter sur l'un des noms qui allaient suivre...

Inok? Impossible. Il a toutes les qualités d'un chien : beau et discipliné. Et toutes les qualités d'un chien de traîneau en plus : rapide et travailleur. Inok est même bagnard par vocation. Tirer, il adore ça. Il a commencé à l'âge de six mois, et continue aujourd'hui, sans jamais se plaindre, jusqu'à épuisement, jusqu'à ce que je commande, le soir, d'arrêter; alors, il s'effondre dans la neige. Il est le plus jeune de tous, juste deux ans. Et, fait exceptionnel pour un chien de cet âge, je n'ai jamais de remontrances à lui faire. Inok! En esquimau cela signifie « l'homme »... C'est une raison de plus. Tuer un chien s'il le faut, passe encore, mais un chien qui s'appelle « l'homme »... Vive Inok!

Tjockis? « La grosse » en scandinave. Grosse, elle l'était, ma troisième chienne; quand je l'ai rencontrée, elle avait sept kilos en trop. C'était une dondon. Mais elle me plaisait. Elle se déplaçait bien surtout, déroulant ses antérieurs, comme un pur-sang galope. Voilà pourquoi je l'ai prise. Avec sa tête de grosse maman nounours, elle est un peu renfrognée. Je l'appelle « La Callas » par dérision, à cause de sa voix couinarde et des mauvais trémolos qu'elle y met. Son embonpoint, cette maladie des divas, elle l'a perdu aujourd'hui. Elle marche bien, trop bien même pour songer à... Vive Tjockis!

Lobo? « Le loup » en espagnol. Très long en pattes, résultat probable d'un croisement avec un chien sibérien, remontant à trois ou quatre générations. Vif, nerveux même, Lobo éprouve les plus grandes difficultés à se reposer et à dormir. Très prodigue de ses efforts. Léger, vingt-quatre kilos, et pas très grand non plus, mais il est capable, en cas d'accident, de travailler en double et en tête, avec Pirat son frère jumeau. Ses yeux jaune clair lui donnent un inquiétant regard de loup. Lobo est beau. Et futé aussi. Le jour où il comprit que Finskan s'arrêtait à l'instant où il donnait une secousse sur son collier, il se mit, tout le jour, à tirer des coups secs, en douce, et me stoppait l'attelage. Moi, j'ai mis des heures à le comprendre, le truc de Lobo... Vive Lobo!

Pirat alors? C'est non, tout de suite. Dé-fi-ni-ti-ve-ment! Pirat? Mon Pirat. Il a les yeux les plus étranges que j'aie jamais vus. La moitié supérieure de l'œil gauche est bleue, et l'inférieure marron. A l'œil droit, c'est l'inverse, bleu en bas et marron en haut. Étrange caprice des gènes. Cela lui fait un regard impossible... Très intelligent, Pirat. Calme, observateur, il se déplace comme un chat quand il débarque quelque part. D'instinct, il mesure la distance qui le sépare de l'issue. Moins rapide que Finskan en vitesse pure, il l'est plus en revanche quand je l'ai essayé en chien de tête. Il sera d'ailleurs chien de tête un jour... Comment imaginer me débarrasser de Pirat? Qu'il vive cent ans, mon Pirat!... D'ailleurs, j'en ferai le père des enfants de Finskan...

Reste Finskan... Autant me tirer une balle dans la tête, et tout de suite encore... Je lui passai la main sur le dos, pendant qu'elle était en plein effort. Gestes pourtant interdits par mon règlement personnel... jamais pendant le travail. Et elle réussit l'exploit d'arrondir son dos pour profiter pleinement de ma caresse... En marchant.

Je me laissai dépasser et sautai sur l'arrière du traîneau,

empoignant solidement la barre. En quelques foulées, gênés par mon poids, mes chiens baissèrent tous la queue. Je restai accroché quand même, j'étais trop fatigué.

Même triste, il était toujours magnifique mon attelage. Les couleurs mêmes étaient belles. Le marron du dos de Charlie que les rayons du soleil piquaient de roux, près du noir Mouluk. La grise Rosta et son Nanuk marron clair. Oukiok et Tajo, les deux pur-blanc, aussi difficiles à distinguer que les Dupont-Dupond, Tjockis, tache rousse au côté d'Inuk le blanc et noir. Pirat et Lobo, la cendre et le pain. Et Finskan, cette flèche argentée de mon équipage...

Tout cela était balancé, équilibré. Je le trouvais parfait, mon agencement. Les lourds et les forts derrière, les souples et les fins devant. Comment tailler dans cet ensemble? Une pièce manquante et l'harmonie chavirerait. J'en venais à l'idée qu'il eût été préférable de supprimer une paire d'un coup...

Je restai accroché tout le jour à ma barre. Frustré, abattu, je n'intervenais que pour confirmer le cap à Finskan. J'entendais ma voix blanche rectifier :

– Droite... à droite.

Et je retombai dans le néant. Il allait tout seul, mon navire, le commandant avait perdu tout sens commun. Je haïssais la neige, je haïssais la glace, je haïssais l'Arctique. Je me demandais ce que j'y faisais. Quel orgueil m'avait donc poussé à en faire le territoire de mes piètres exploits?

Je laissai même un moment le hasard décider à ma place. Je me dis que celui de mes chiens qui ferait l'objet de ma première remontrance se condamnerait lui-même à mort. Et puis c'était Lobo. Alors je me disais non, pas Lobo, le frère de Pirat. C'était ensuite Nanuk, et je refusais à cause de Rosta; puis Tjockis, puis Pirat lui-même, et tous les uns après les autres.

Tous rechignaient maintenant. Tous étaient fatigués. Ils en avaient assez de ma folie. J'avais envie de pleurer. J'exigeais d'eux l'impossible, et en plus, je songeais à supprimer l'un d'entre eux. C'était de l'abus de pouvoir... ils m'avaient conduit jusqu'ici, ils avaient tiré sans renâcler, m'obéissant toujours... ils me faisaient une confiance absolue et moi, j'étais en train d'échouer. Toutes ces journées ne serviraient à rien... Pas un caribou à l'horizon, ni même une seule trace; plus de lièvres ni de perdrix; pas même un oiseau minuscule. Le hasard, quand il s'en mêle, fait bien mal les choses.

Je passai ma journée du lendemain à démonter mon raisonnement de la veille. Ce fut au matin, je crois, que je trouvai l'extrémité de cette pelote trop bien ficelée. Les caresses à mes chiens, les gestes habituels pour les amener à l'attelage, sans doute... Un contact, l'espoir qu'ils mettaient dans leurs yeux, en me regardant, que cette étape finirait bientôt. Et le refus naquit. Il grandit quand je donnai l'ordre du départ, quand je les vis tous obéir, prêts à aller avec moi au bout du monde. La preuve j'y étais. J'entendis alors la mécanique du meurtre se désarticuler dans ma tête. Elle brinquebalait dans mon cerveau dans un bruit de ferraille. Et je perdis ses rouages un à un sur la neige luisante de soleil, jusqu'à cette évidence :

– Mais je suis une ordure... et un imbécile en plus... il me reste deux jours de nourriture pour mes chiens, d'accord. Si je leur donne seulement la moitié de leur ration, ils peuvent encore travailler presque normalement pendant quatre jours. Et après, si nous ne sommes pas encore arrivés à la Dew Line, ce qui m'étonnerait puisque selon mes calculs, elle ne devait pas être à beaucoup plus de deux cents kilomètres, je sais que les chiens de traîneau peuvent tenir encore près de dix jours sans manger, avalant seulement de la neige. Avec une marge pareille, ou j'atteindrai mon but, ou je serai mort. Quant à moi, en me rationnant, il me restait également deux jours de provisions... après... je jure que ce n'est pas moi qui craquerai le premier...

Et voilà. Tout devenait lumineux. Le grand beau temps m'entrait dans le cœur avec des palpitations de joie. Je secouai la tête : mais quelle stupidité m'avait abruti à ce point ? Je n'étais pas encore dans le réel besoin de nourriture et j'avais choisi comme inéluctable la décision la plus imbécile. J'avais planifié, comme un énarque, sans attendre la réalité. J'avais trop raisonné sur l'avenir.

– C'est bon les chiens... on va y arriver.

Ils sentirent mon énergie revenue, mes équipiers, qui se mirent à tirer comme de solides chiens de traîneau, tous, sans défaillir.

Je ne quittai plus mes jumelles. Et quand le soir, sur la plus haute crête de l'horizon, j'aperçus deux billes métalliques, aberration du relief, je compris que nous avions gagné. C'étaient les antennes de transmission de la Dew Line. Avec cette visibilité exceptionnelle, je les estimai à cent vingt kilomètres. Et nous tiendrions jusque-là.

CHAPITRE VII

PENDANT deux jours, je ne cessai de la regarder, cette Dew Line. Mes yeux pleuraient, fatigués de discerner cette architecture métallique qui grossissait imperceptiblement. Ces billes d'acier terni que j'avais aperçues la première fois étaient devenues de gros ronds noirs qui semblaient donner des oreilles à la crête. Une paire tournée vers l'ouest, une paire vers l'est. Et ce but que je savais maintenant à ma portée avait aplani toutes les difficultés du parcours. Il y en eut une, pourtant, qu'en d'autres temps, j'aurais estimée insurmontable : un mur de deux mètres, vertical, obstacle infranchissable, à moins de faire un détour pour trouver la passe. Mais la force m'était revenue avec la confiance, et j'empoignai Finskan, Lobo et Pirat, un à un, par la peau du dos, et les lançai au-dessus. Les premiers tirèrent les autres et l'ensemble hissa le traîneau qui se retrouva complètement pendu dans le vide, puis passa en me tirant aussi, comme un guide de montagne aide le reste de sa cordée.

Mes chiens n'avaient jamais vu de Dew Line, ils n'avaient jamais travaillé non plus dans cette partie de l'Arctique, et pourtant ils comprenaient que je savais maintenant où nous allions, et que la fin de la première épreuve était proche. Inconsciemment, je leur transmettais ma certitude.

Au soir, je la regardai encore cette crête qui nous sauvait la vie. On aurait dit des oreilles de Mickey. Mes chiens s'étaient fait une niche dans la neige. Finskan s'était collée naturellement entre mes jambes. J'étais assis sur le traîneau et j'attendais que cuise sur le réchaud ma dernière ration de nourriture.

J'étais heureux. Il faisait beau, j'allais vivre mon dernier bivouac à la belle étoile, et je m'y étais bien habitué. La folie me traversa un instant l'esprit, avec l'idée que je regrettais que cette expérience-là finisse. J'étais tellement fier d'avoir dormi dehors, d'avoir tenu, d'avoir mené la vie de mes compagnons! Pensée idiote, mais là, à cinquante kilomètres de la chaleur et d'un lit, je me faisais plaisir à retarder l'instant du repos.

Mes chiens troublèrent ma rêverie en braillant. Ils avaient faim. J'avalai le contenu de ma casserole et me levai. Il restait exactement onze boudins « unisabi ». On ne pouvait calculer plus juste.

Je fis la nuit en rabattant la bâche du traîneau sur mon visage, et m'endormis, aussi paisible qu'un enfant...

Il fut agréable, ce lever difficile dans le froid, parce que je savais que c'était le dernier. En revanche, je ne pouvais plus enfiler mes bottes, l'humidité des derniers jours et le gel les avaient durcies. Je marchai une heure avant de pouvoir enfin poser mon talon au fond.

Bien qu'ils fussent épuisés, mes chiens avaient un air tout neuf pour attaquer cette dernière demi-étape. La grisaille s'était installée, suffisamment pour me voiler notre objectif.

Ma troupe trottait depuis trois heures quand Finskan s'excita inexplicablement. Elle fouillait la neige de son museau. Derrière elle, tous les autres en firent autant. Ils avaient les oreilles droites et la queue raide comme des chiens d'arrêt. Nous venions de couper des traces : des empreintes de pattes d'ours, larges comme deux mains réunies. Je dégainai ma carabine, la grosse. Je me disais que même fêlée, elle ferait à dix mètres l'effet d'un super-tromblon; et je m'assis sur la bâche, aux aguets. Les chiens avançaient fébrilement. Je le sentais là, quelque part, tout près, l'ennemi. Je me retournais toutes les dix secondes, par crainte qu'il ne nous suive et ne nous attaque par-derrière.

Il pouvait être camouflé, en embuscade dans ce jour blanc, derrière chaque dalle de glace. Mon cerveau fonctionnait à cent à l'heure : et si ma carabine ne tenait pas le choc... fébrilement je dégageai la petite de dessous la bâche, et vérifiai le chargeur... me faire déchiqueter si près du but... j'avais des oreilles et des yeux partout... et puis insensiblement les chiens se détendirent, ils reprirent une foulée plus ample, une respiration plus régulière, et j'acquis la certitude que le danger était passé. Il avait duré trois minutes.

La banquise était tachetée de noir. Des phoques pointaient le nez, signe d'un printemps avancé. Effrayés par le halètement des chiens, ils disparaissaient à notre approche. Mes chasseurs les délaissèrent. Ils flairaient autre chose, d'autres vies, celles des hommes. L'attelage buta presque contre l'immense falaise. Je l'arrêtai si près qu'elle me masquait le site de la Dew Line. Un camion descendit sur la piste au-dessus de nous. Les chiens attendirent mon ordre, ils partirent sur la droite en galopant et redressèrent pour piquer directement sur les glaces de pression qui nous séparaient de la route. Le traîneau sautait d'un bloc à l'autre. Je m'agrippais solidement à la barre pour ne pas me faire larguer. Les chiens maintenant n'écoutaient plus mes ordres de prudence. Un second camion montait, croisant le premier. Je criai en tentant de lui faire de grands signes d'une main. Il s'arrêta net. Le traîneau emporté fit un saut sur la route, puis une glissade sur la neige et s'immobilisa devant lui après un dérapage que j'eus beaucoup de mal à contrôler.

Le chauffeur descendit. Mon premier homme était petit, massif, dans sa tenue kaki, il portait un bonnet. Je n'arrivais pas à sourire, mes lèvres brûlées, depuis dix jours, avaient éclaté; en y passant la langue, je sentis du sang. L'homme s'avança vers moi, d'un pas pesant et tranquille. Pendant des jours, auparavant, j'avais pensé à cet instant et je m'imaginais alors, criant et sautant de joie en recevant de larges embrassades. Il me tendit simplement la main :

– T'es en retard, le Français...

Il avait un terrible accent français du Québec. Je refermai

mes deux mains sur la sienne, et je balbutiai entre mes dents :

– ... Je croyais que je ne verrais plus jamais personne...

Il me passa un bras sur l'épaule :

– ... Viens, on t'attend là-haut...

Il avait une petite lueur d'amitié dans ses yeux bleus. Il précisa :

– ... Tout le monde t'attend.

Il comprenait que je n'avais encore rien à dire, ou trop de choses, plutôt, pour me questionner tout de suite.

– Allez, suis-moi...

Puis il regarda les chiens en se hissant dans son camion :

– Je vais aller doucement, ça monte dur, et je sais pas s'ils vont pouvoir me suivre...

Je l'interrompis d'un geste de moufle, pour lui faire signe de s'asseoir à son volant. Je murmurai pour moi :

– ... T'inquiète pas. Ils pourront...

Il démarra. A la première reprise d'accélération du camion, les chiens se lancèrent sur la route bien damée, formant une piste comme s'ils n'en avaient pas vu depuis près de trois semaines. Malgré la pente très accentuée, c'était pour eux un simple exercice de style, Finskan obéissait parfaitement, s'écartant de la route à mon ordre, pour éviter les plaques sans neige. Elle sautait les congères, et revenait en piste. Ils étaient très heureux de ce dernier coup de collier, de cette fin en beauté. Ils humaient à pleine truffe les relents des gaz d'échappement qui fumaient du camion, devant nous. Cela sentait bon la vie, la civilisation, le repos. Moi, j'étais comblé de les voir faire, mes marathoniens qui se défonçaient pour un seul spectateur, lequel sortait une tête admirative de sa portière, et nous regardait en levant un pouce, signe qu'il appréciait. Ils auraient bien voulu dépasser la machine, mes athlètes, pour arriver avant le camion. Mais sur le plateau, l'engin se mit hors de portée. Il dépassa l'entrée d'un bâtiment tout en long, et s'arrêta.

– Stana...

Le traîneau mourut doucement sur sa vitesse.

7

8

7 - Quelques marques de tendresse !
8 - Il faut bien s'exprimer !
9 - La Vénus au miroir.

9

10

10 - Première pause. **11 -** Premier bivouac.

11

Des fenêtres s'ouvrirent.

– Salut, le Français.

Je descendis et caressai mes fourrures une à une.

– Bravo... bravo... bravo...

Je restai un genou à terre, accroché au cou de Finskan.

Des hommes sortirent et vinrent me serrer la main. Leur cercle se referma autour de moi, et m'aspira à l'intérieur. Je me retournai pour regarder mes chiens encore attelés. Ils s'étaient couchés.

– Tu t'occuperas d'eux tout à l'heure..., me dit doucement mon premier hôte.

Ils m'entraînèrent à travers des couloirs, jusqu'à une petite salle de réfectoire. Sur le sol plat, je me rendis compte que mes pieds me faisaient mal. Je boitais. On m'assit sur une chaise.

– Qu'est-ce que tu veux manger ?

Le cuistot était un géant, costaud, il avait sa toque et sa tenue blanches.

– Alors, le Français reprit-il, avec lui aussi un fort accent québécois, dis-moi ce que tu veux et je te sers...

Bras écartés, mains ouvertes, il m'offrait les friandises du monde entier.

Je n'avais pas réellement souffert de la faim, seulement de l'idée que je m'en faisais. Je cherchais ce qui me ferait plaisir, en me raclant la gorge, mais aucun son n'en sortait...

Le cuistot jouait l'impatience...

– Tu veux du poisson, du poulet, du foie gras, un steak avec des frites, le Français ?

Je pensai aussitôt à de la viande rouge, une énorme tranche.

– Si vous avez... une côte de bœuf...

– Bien sûr qu'on a. Qu'est-ce que tu veux boire avec ça ? Du vin de Californie, du bordeaux, du champagne, du bourgogne ?...

J'avais tant crié après mes chiens que ma voix était à peine perceptible. Ils faisaient tous silence pour m'écouter.

– D'abord du lait, s'il vous plaît, du lait chaud, et puis après, je prendrais bien du bordeaux.

Le chef se retourna en répétant tout haut ma commande.

– ... Un lait chaud, une côte de bœuf, un bordeaux...

Un autre cuisinier entra. Il était plus petit, plus rond :

– O.K. chef.

Et il disparut en chantonnant. Je me croyais dans une brasserie parisienne.

Il faisait chaud. J'avais perdu l'habitude de la tiédeur des maisons des hommes. A peine commençai-je à faire le geste d'enlever ma parka que deux paires de bras me dépouillèrent.

– Merci... si vous permettez, je voudrais bien aussi enlever mes bottes.

Ils se mirent à deux, un pour chaque pied, et je décollai avec ma chaise.

– Dis donc, remarqua l'un, c'est plus des bottes, c'est du bois.

Un colosse s'assit sur mes genoux en riant, s'agrippa à la table et ordonna :

– Go...

Je crus qu'on m'arrachait les jambes. J'expliquai :

– Elles sont gelées, vous comprenez, ça fait dix jours que je couche dehors... je n'ai plus de tente... le vent l'a emportée... à cause d'un ours.

– Tu l'as tué ?

– Non... il s'est enfui...

Un bol de lait fumant m'arriva sous le nez, porté en relais par trois bras. Tant pis pour mes lèvres, je le pris à deux mains et le bus d'un trait. Mes goulées faisaient du bruit, mais je ne m'en souciai pas.

Quand je reposai mon bol vide, la chaleur me picota la peau, sur tout le corps. Je me débarrassais du froid, comme d'un vêtement raide. Je sentis mes membres s'amollir. C'était délicieux.

Un bouchon explosa, et une bouteille de bordeaux arriva sur la table avec un verre.

– Vous ne buvez pas avec moi ?

– Vas-y, le Français, tout est pour toi...

Je vis la bouteille emplir mon verre, et je bus lentement. A chaque gorgée, je claquais ma langue de plaisir.

Ils parlaient presque tous français, ces hommes qui me regardaient. Et je me laissai aller, je racontai tout. Par bribes d'abord, puis avec ce vin qui me grisait légèrement, les phrases se délièrent et j'expliquai plus longuement mon itinéraire, mes chiens, mes traversées de lacs, mes frayeurs. Et j'avalai la côte de bœuf entière. Le chef l'avait accommodée de moelle brûlante. Et je rongeai l'os en le prenant avec mes mains. Je ne mangeais pas par faim, mais par plaisir vorace.

– Tu vois, il y a aussi des pâtisseries...

Le chef posa sous mon nez un gâteau magnifique, sorte de brioche avec des fruits et de la chantilly, chapeautée par trois cerises confites. Je l'engloutis.

Mes hôtes se présentèrent, ils étaient tous canadiens, travaillant pour une société au service de l'U.S. Air Force, sentinelles du froid sur tout le front de l'Arctique.

Et soudain, je pensai à mes chiens. J'étais si occupé à me bâfrer que je les avais oubliés.

– Et le ravitaillement pour mes chiens, vous l'avez reçu?

– Viens avec moi, me dit l'homme du camion.

– Attends, enfile mes bottes, m'arrêta l'aide cuistot, un Canadien d'origine italienne.

Il se déchaussa et me les tendit. Elles étaient un peu larges pour moi, mais je les gardai parce que j'avais les pieds à l'aise.

Pendant que je suivais mon guide vers une sorte de remise, il m'expliqua :

– Tu sais, si tu n'étais pas arrivé ce soir, demain on aurait commencé les recherches aériennes... tiens... on y est...

Ils étaient là, mes paquets, bien fermés, bien conditionnés. Je remerciai mentalement John Sleeth, mon hôte de Frobisher Bay. J'en ouvris un, je pris onze boudins et me fis conduire à la sortie. Je me sentais lourd et hoqueteux. Lait, vin, café, et toute cette mangeaille se mélangeaient désagréablement. J'eus grand mal à me concentrer pour détacher mes chiens. Je voyais mes gestes s'effectuer au ralenti. Je mis plus d'une heure à les dételer et à les installer sur leurs attaches que je fixai à des piliers métalliques. Je leur donnai leur ration, et rentrai. J'étais incapable de leur parler. Je crois que j'étais un peu ivre.

– Tu veux te reposer, le Français? Je t'emmène à ta chambre, tu pourras te laver.

La chambre était petite mais confortable comme celle d'un grand hôtel. Enfin seul, je me déshabillai entièrement et me mis sous la douche. Je n'eus même pas le courage de me savonner. Je laissai courir l'eau brûlante sur ma tête, mon visage et mon corps. Je dormais debout. Je fermai le robinet, empoignai une serviette, me frictionnai et me glissai dans les draps.

Quand je me réveillai, il était onze heures, le lendemain matin. J'avais dormi dix-huit heures.

***

Je n'étais pas satisfait de ma conversation téléphonique avec ma femme, en France. Non pas parce qu'elle me croyait déjà arrivé à Artic Bay, à la fin de la première partie de mon expédition, mais parce que je n'avais pas réussi à lui parler vraiment, à lui raconter, lui expliquer. J'avais tant à dire que rien ne sortait. Je n'énonçais que des phrases que je chargeais de sens, mais qui pour elle devaient être à peu près incompréhensibles. Alors, je ne lui parlai plus que de matériel qu'il fallait m'expédier, une autre tente, le plus tôt possible, à Igloolik, une autre carabine aussi. Et je préparai avec elle les points où je voulais faire envoyer la nourriture des chiens et la mienne pour ma grande traversée de l'hiver... Mais quand je raccrochai, j'étais déçu.

Michel Lafrance, à Frobisher Bay, m'a tout de suite proposé sa tente que je laisserais à Igloolik en attendant l'autre. Ils semblaient tous heureux de mon succès, là-bas.

J'entendais leur soulagement. Ils trinquaient beaucoup à ma réussite et à mon succès, à l'autre bout du fil.

Elle était belle, cette tempête, dehors, et qui dura trois jours. Moi, j'étais au sec, au chaud, je mangeais et me prélassais toute la journée devant les programmes vidéo que je me choisissais : des westerns surtout, parce que j'avais envie de chevaux, de paysages arides et de poussière. Mes yeux me cuisaient moins. Mes lèvres dégonflaient. Les blessures sur les pattes de mes chiens se stabilisaient rapidement. Le seul inconfort qui m'importunait : l'insomnie. Depuis ce premier jour où je m'étais effondré, je ne dormais plus que par brèves tranches d'une heure. Autre inconvénient : le prix de la pension. Il était fixé à cent cinquante dollars par jour. Règlement! règlement! je ne pouvais pas y échapper. Cela avalait presque en entier la provision d'argent liquide que je portais sur moi. Je me consolais parce que je recouvrais la vie et que cela n'avait pas de prix.

Un poste de Dew Line c'est, avant tout, ces quatre énormes disques à l'écoute de l'est et de l'ouest. Des appareils de transmission. Et aussi un radôme, demi-sphère protégeant un puissant radar. Dessous, une longue bâtisse verte en éléments préfabriqués. Une douzaine d'hommes y vivent toute l'année. Trois seulement ont accès à la salle de radar, les autres assurent la maintenance, ravitaillement, entretien du matériel, des camions et du fonctionnement de l'aéroport situé en contrebas. Le tout forme un univers carcéral étrange où des hommes vivent hors du monde, guettant l'ennemi indéfiniment sur ce désert blanc.

CHAPITRE VIII

Je quittai la Dew Line au bout de cinq jours. Après avoir payé le montant de l'ardoise. Le comptable était désolé. Mais moins que moi.

Les chiens avaient retrouvé une belle santé. Je n'eus même pas à donner l'ordre de départ. A peine le temps de lever l'ancre, et ils étaient partis, bousculant un peu les gestes d'adieux solennels que je voulais adresser à mes hôtes.

La tempête avait cessé. Le ciel gris se crevait de grandes plages bleues.

Igloolik était distante de quatre cents kilomètres. Je comptais l'atteindre en sept jours, en longeant l'arrondi du bassin de Fox. J'espérais pour cela rester le plus longtemps possible sur la banquise.

J'avais fait le plus difficile pour arriver à la Dew Line. Je voulais que cette deuxième étape fût celle du plaisir.

Elle le fut. Mais avec un condensé de toutes les difficultés techniques de l'Arctique. Ni terribles, ni immenses, ni insurmontables, mais un échantillon miniaturisé, sorte de parcours du combattant pour coureur des glaces.

D'abord, la banquise se déroba. Je sentis le traîneau nettement balancé par la vague marine. Les pieds des chiens clapotaient dans l'eau. Ces plaques mouvantes peuvent avoir une surface de plusieurs kilomètres carrés, et parfois seulement de quelques dizaines de mètres. Détachées de la terre et de la mer, elles travaillent sous l'action des courants, et l'eau, par endroits, les submerge. Ces immenses barges flottantes sont très dangereuses. Elles se forment généralement à l'embouchure des rivières. Je quittai ce secteur incertain et remis le cap sur la côte.

Compressions de glace, barrières, blocs monumentaux, rochers et vallées. A chaque nouvel obstacle, les chiens donnaient de vaillants coups de collier. Ils aimaient cette variété du relief. Dès que je le jugeais possible, après avoir étudié le terrain avec mes jumelles, nous replongions vers la mer. Alors, je pilotais mon traîneau, mon bel engin de course, allégeant le patin intérieur à la pente en balançant mon corps à l'extérieur, comme on fait du rappel. La lumière était belle. Avec ce soleil qui ne se couchait jamais, elle jouait avec la glace de toutes les nuances de bleu et de vert, et faisait valser leurs ombres. Il faisait chaud.

Lobo boita pendant trois jours, sans raison apparente. Il n'avait pas de blessure. Je pensai à une légère foulure qui disparut comme elle était venue.

Des traces de vie surgissaient partout. Des colonies de caribous excitèrent beaucoup les chiens, comme toujours. Je passai aussi devant un igloo vide, au dôme érodé par le vent. C'est rare aujourd'hui. Il avait dû servir d'abri de chasse. Il y avait aussi des cabanes de planches. Je traversai même un vieux village abandonné. Enfin et surtout, je suivis longtemps des sillons de skidoo, et c'était, pour nous, la sécurité.

Je préférais les heures du soir, plus fraîches, où nous voguions sur la banquise, à la poursuite du soleil. Et je chantais à tue-tête, au milieu de phoques curieux et reniflants qui nous regardaient passer paisiblement. Deux cygnes blancs fendirent le ciel juste au-dessus de ma tête. Leur vol faisait un sifflement. Ils se fondirent sur l'horizon.

Pour me faire parvenir une tente, Michel Lafrance avait fait dérouter un avion sur la Dew Line. Elle était si incommode à monter, avec son double toit indépendant de la toile principale, que je songeai à ne pas l'utiliser. Mais les heures de nuit blanche étaient froides, et mon corps avait encore, sur la peau et dans mes membres, le souvenir tout chaud du bien-être.

L'arrivée sur Igloolik est plate. J'avais tenu mes moyennes. Je l'aperçus au milieu du septième jour, au fond d'une baie. Igloolik, c'est « la ville des igloos ». Il n'y a plus d'igloos aujourd'hui. Et je gage que beaucoup de petits Esquimaux n'en ont même jamais vu. Ils s'étonnèrent beaucoup de mon arrivée, les enfants : un Blanc, grand, avec son pantalon rouge, des chiens et un drôle d'attelage.

Ils m'entouraient, comme les gosses des petites villes d'autrefois accueillaient la caravane du cirque. Je demandai en anglais :

– Est-ce que quelqu'un parle français ici ?

En réponse, dix doigts de dix mains m'indiquèrent la maison devant laquelle je m'étais arrêté.

– C'est toi, le Français ?

– Oui...

Une femme se leva. Elle était belle, athlétique :

– On a entendu parler de toi à la radio... Viens...

Elle me désigna une chaise.

– Je vais te faire du thé... De quelle région de France es-tu ?

– Des Pyrénées...

– Je connais. J'y suis allée. Je suis canadienne, de Montréal.

Pendant qu'elle s'affairait dans la cuisine, je voyais les enfants dehors, le nez collé à la vitre, qui me regardaient. Et derrière eux, des hommes étaient arrivés et s'agglutinaient autour de mon traîneau, mes chiens surtout les intriguaient.

Mon hôtesse revint avec un plateau. D'un signe du menton, elle me désigna la fenêtre.

– Tu les étonnes, hein... Tu as vu ?

Mon hôtesse était directe, simple, énergique. Elle s'appelait Mireille Matthieu, elle vivait à Igloolik depuis onze ans. Française de Québec, elle avait épousé Bryan, un Anglais, professeur à l'école d'Igloolik depuis quatorze ans. Ils étaient parmi les rares Blancs de la ville.

Et le défilé commença dans la maison de Mireille. Les enfants d'abord, bientôt suivis par les pères, qui me saluaient d'un petit sourire. Ils avaient des questions plein leurs yeux. Et repartaient en silence.

Mireille me proposa un bain. Le premier depuis plus d'un mois. Et ce furent de nouvelles présentations. Chacun me déclinant, en esquimau, un nom que je ne retenais pas. Tout le monde était le cousin de tout le monde. Ce tourbillon dura jusqu'au soir. Il ne cessa que contre la promesse de partir avec mon attelage en pique-nique organisé le lendemain, dimanche. Ce sont là les week-ends de l'Arctique, au printemps.

Elle était encombrée, la piste qui menait à la péninsule de Melville. Une demi-douzaine de skidoos pétaradaient, tirant des traîneaux surchargés de familles. Femmes, enfants et amis. Et moi avec mon attelage à chiens, j'étais l'anachronisme au milieu de ces moteurs et de ces carrosseries rutilantes. Je pris des passagers, bien sûr. Les yeux des gosses brillaient d'envie d'aller avec le Blanc. On se chamaillait gentiment son tour dans mon escorte. Au bout d'une heure et demie, la tête de la colonne s'arrêta. Nous surplombions une vallée magnifique. Ample dune blanche mourant sur la banquise que nous venions de quitter, puisque Igloolik est sur une île. Arrêt arbitraire, parce qu'il y avait le choix dans ces sites magnifiques. Les femmes « dressèrent la table » et préparèrent la collation. Le soleil avait de la tendresse pour tout ce petit monde exilé du grand monde, perdu aux confins des glaces, et qui avait plaisir à vivre. Et moi, je m'enivrais avec eux de cette grandeur de la nature que je partageais enfin avec d'autres êtres. Ils racontaient des histoires auxquelles je ne comprenais rien mais qui les faisaient beaucoup rire. Des petits rires aigus qu'ils interrompaient pour m'observer du coin de l'œil, furtivement.

Il date de ce jour-là, mon coup de foudre pour Igloolik. Et j'eus soudain l'envie d'y rester toujours.

Après le repas, sur le chemin du retour, Mireille m'expliqua que tout le monde aimerait bien voir manœuvrer mes chiens.

– ... Allez les petits, vous allez montrer ce que vous savez faire. Et pas de bêtises, s'il vous plaît...

Ils me comprirent, mes enfants, qui se dressèrent et piétinèrent pour se chauffer les muscles. Ils prirent un garde-à-vous impeccable qui me surprit moi-même. Ces chiens-là sont les plus cabots que je connaisse.

Subitement, la troupe se regroupa et s'arrêta.

Le silence était total, comme avant un concert, quand le chef d'orchestre va lever sa baguette. On nous observait. Je jugeai du regard le parcours que j'allais effectuer.

– Allez, les chiens...

Le traîneau sans charge prit un départ de tapis volant. Je décollai avec lui sur deux bons mètres. Charlie flaira la faute. Il coupa son élan, appuyant sur ses pattes avant et leva le cou, pour freiner ainsi l'attelage. Tous les autres comprirent. Ils déroulèrent leur trot progressivement, mesurant leurs forces au poids exact du traîneau, jusqu'à rendre la tension des traits parfaite. Petite ligne droite pour la mise en jambes, et puis cap sur un rocher. Finskan, Pirat et Lobo avaient les oreilles tournées vers moi. En voyant s'approcher l'obstacle, ils savaient que j'allais bientôt donner un ordre pour le contourner, mais ils attendaient, tirant tout droit, attentifs.

– Gauche...

Les oreilles de Finskan firent un petit mouvement sec, et le traîneau tourna, effectuant une boucle parfaite autour du rocher. Je ne dis rien. L'attelage fit un second tour que j'interrompis à l'instant de le refermer :

– Gauche...

Ils m'obéissaient tous. J'avais l'impression d'être tiré par onze chiens de tête. Et je fis des huit entre les bosses, des triangles, des carrés aux angles arrondis. Un passage plein galop devant mes spectateurs. Les chiens deux par deux battaient la neige au même tempo, bien en ligne, se répartissant également l'effort. Je les fis ralentir doucement, et exécuter un demi-tour. Parfait. C'étaient des exercices de haute école pour chiens de traîneau. Lorsque je m'arrêtai, mon public était debout, silencieux. Mes chevaux en rajoutèrent, attendant un ordre pour rompre leur garde-à-vous.

– Assis.

Ils obéirent. Seul, je les aurais embrassés. Au lieu de cela, j'affectai un air naturel, plantai mon ancre et allai m'asseoir.

Mireille et son mari Bryan souriaient de l'étonnement des convives :

– Je crois qu'ils vont te nommer Esquimau d'honneur! dit-elle.

Un vieil homme hochait la tête, admiratif. Ses yeux brûlés par la lumière avaient des contours dorés. Il ne parlait pas.

Notre retour au village aussi fut silencieux. Nous étions guettés de loin. Des silhouettes s'animèrent à notre arrivée et nous accompagnèrent en courant dans le village. Devant la maison de Mireille, je leur offris, dans la rue étroite, un demi-tour parfait.

Une heure plus tard, alors que nous étions assis en train de dîner, Bryan interrompit notre conversation et tendit l'oreille. Mireille reconnut une voix à la radio. Elle me traduisit :

– Vous me connaissez tous, disait l'homme. Je suis Idjaniak. Vous savez que j'aime les chiens. Que j'ai des chiens, que parmi vous, je suis l'un de ceux qui ont le plus d'expérience des attelages. Eh bien... je peux vous dire que le Blanc arrivé hier a des chiens comme je n'en ai jamais vu...

– Il raconte ce que tu as fait cet après-midi, résuma Mireille... Il est très impressionné... surtout par ton demi-tour devant la maison... il pensait que c'était impossible à réussir dans un couloir aussi étroit... d'ailleurs, tu verras des attelages esquimaux si on veut bien t'en montrer. C'est autre chose...

J'eus l'honneur d'une démonstration. Le lendemain. Des enfants vinrent me chercher et me conduisirent à la sortie du village. L'attelage s'annonça à grand vacarme de hurlements d'animaux et de braillements d'hommes. L'attroupement s'écarta devant moi et je découvris une pagaille inimaginable. Le « musher » finissait d'atteler ses chiens, et ceux-ci se battaient joyeusement. L'homme, sans s'énerver, leur donnait des coups de botte mais ne parvenait pas à les calmer. Apparemment, ce cérémonial désordonné était normal. Puis il se leva. Quelqu'un lui tendit un fouet dont la lanière d'une quinzaine de mètres se terminait par une langue de cuir fine, comme une soie de pêcheur de truites. Et l'homme la fit cingler au-dessus de nos têtes et l'allongea vers les chiens. Elle claqua sèchement. Le traîneau démarra.

C'était un attelage en éventail; tous à la même hauteur, ils étaient quinze chiens reliés à la ligne de trait. Ils se gênaient, finissant leur querelle en mordant les flancs du voisin. C'étaient de gros chiens, courts sur pattes et certainement plus puissants que les miens, mais tellement indisciplinés; ils s'enjambaient maintenant les uns les autres, emmêlant la ligne. Et je me demandai comment on pouvait les mener. Le « musher » répondit à ma question à coups de fouet. C'était un virtuose. Sous les coups de poignet, la langue de cuir mordait les chiens, exactement à l'endroit visé : un museau qui s'ouvrait pour mordre un congénère, une croupe qui refusait de tirer droit, même la petite surface d'une oreille.

A Frobisher Bay, on m'avait beaucoup parlé des Esquimaux et de leur manière de mener les chiens. Il y avait dans cette conduite de l'attelage une violence à laquelle je n'étais pas habitué. Au fond de moi, je la désapprouvais. Je préférais tellement traiter les chiens comme des alliés, des complices et des amis. Et je les aimais. Ils devaient le sentir puisque j'exigeais d'eux des efforts exceptionnels et qu'ils se livraient sans retenue. Je les injuriais souvent, les corrigeais quelquefois, mais j'essayais de le faire avec discernement. On m'avait raconté à ce sujet des gestes cruels de certains Esquimaux. Par exemple que l'un d'entre eux, lassé de voir un chien mâle essayer en courant de couvrir une femelle, lui avait tranché le pénis, d'un coup de fouet. D'autres aussi qui leur tailladaient la langue, toujours avec le fouet.

L'attelage fit un large tour pour revenir vers nous. Ce type de placement des chiens en éventail, s'il y gagnait en puissance pure, me paraissait moins efficace que le mien. Il était pourtant plus sûr dans des portions de glace irrégulières, puisque si un chien tombait à l'eau il n'entraînait pas les autres. Avec une ordonnance en ligne, deux par deux, comme je l'utilisais, il me fallait par contre d'excellents chiens de tête, pour éviter ce genre d'accident. Mais je jugeais mon système beaucoup plus polyvalent.

Le « musher » nous gratifia d'un passage au grand galop, sans jamais cesser de redresser avec de petits coups de fouet. Puis il revint après une deuxième boucle et mit cinquante mètres pour s'arrêter bien au-delà de notre groupe. Je me déplaçai vers lui, suivi de tous les autres Esquimaux ravis, et je tendis la main au conducteur qui retira ses moufles et me tapota vigoureusement les épaules. Je le remerciai en dodelinant de la tête des compliments muets. Il était fier.

J'aimais bien Igloolik et cette ambiance de fête dont j'étais un peu le héros. Je me déplaçais au milieu d'une cour d'enfants. Le printemps avançait vite. Le temps se radoucissait. Et le ciel était pur.

Je songeai à passer l'été ici, jusqu'à l'hiver. On m'avait tellement dit que les derniers six cents kilomètres qui nous séparaient d'Arctic Bay, pointe ultime de la Terre de Baffin, étaient comme une autoroute, que je me satisfaisais de la réussite de cette première partie de l'expédition. Et je voulais l'arrêter là. Mais un soir, le vieil Idjaniak me prit à part, et j'appelai Mireille au secours.

En commentant mon trajet sur les cartes dépliées, il pesait ses silences, laissant à mon interprète le temps de traduire.

– ... D'abord, jusqu'à Arctic Bay c'est assez facile, disait-il.

Puis il insista :

– Personne n'a jamais traversé Baffin du sud au nord en une seule expédition, seul avec des chiens. C'est bien de montrer à tous ce qu'on peut faire, sans les mécaniques d'aujourd'hui.

Il m'avait piqué où il fallait, le vieil Idjaniak : à l'orgueil.

CHAPITRE IX

– Vous verrez, je mettrai sept jours.

Je me vantais devant tout le village assemblé autour de mon attelage. Les spectateurs regardaient mes préparatifs avec la plus grande attention. Mais quand on leur traduisit ma certitude, le doute les parcourut, et ils levèrent les bras au ciel en riant, incrédules.

– C'est une énormité, expliqua Mireille. Ils disent que si tu mets quinze jours pour faire six cents kilomètres, ce sera déjà formidable.

Ils étaient affûtés, mes champions. Devant le public, ils jouaient aux chiens savants. Durant cette halte de six jours, ils avaient pris l'habitude d'être admirés, adulés. Finskan, la star, lissait ses pattes avec sa langue. Rosta clignait des yeux dans le soleil; Charlie avait, comme toujours, la fierté discrète du chef de meute. Il surveillait les écarts.

Les gamins coururent derrière le traîneau. Je saluai longtemps ce village massé au fond d'une baie. Et je vis longtemps aussi des bras levés qui me répondaient.

C'était le 1er juin au soir. Je préférais naviguer le soir, j'augmentais ainsi mes chances d'aller vite. Aux heures normales de jour, le soleil chauffait trop fort. La glace risquait de rompre sur des secteurs délicats. Et la neige commençait à fondre. Idjaniak m'avait prévenu que je disposais maintenant de seulement deux semaines pour cette dernière traversée. Après, il serait trop tard, à cause du dégel général. Aux heures de nuit, la terre se refroidissait un peu, et regelait.

Cette étape ne me plaisait pas. Ce n'était pas de l'aventure. C'était un record. Sorte d'épreuve ne servant à rien d'autre qu'à inscrire un nom sur le registre de l'inutile. Pourtant, au départ de Frobisher Bay, j'avais bien eu l'intention d'aller jusqu'à Arctic Bay, de violer cette île de Baffin, de la percer de part en part. Mais je n'avais pas imaginé tout ce temps nécessaire à la première partie, la plus difficile, la plus dangereuse. Maintenant, j'aurais préféré entamer tout de suite ma course vers l'ouest, ce grand galop vers l'Alaska. Avancer le plus possible avant l'arrivée définitive de l'été. Parce que je savais aussi que les mille premiers kilomètres, depuis Igloolik à travers la terre de Melville, étaient très difficiles et très dangereux. Je sentais qu'il aurait mieux valu les affronter en ce début de printemps, profiter du jour perpétuel et de sa glace encore au maximum de son épaisseur.

Dans l'Arctique, la glace est l'alliée du voyageur. Elle seule permet les bons déplacements, quand elle est lisse, épaisse et solide. Elle est aussi son pire ennemi lorsqu'elle est friable, tourmentée, fragile, sournoise.

Je sentais que je n'aurais pas dû me laisser entraîner. A quoi me servirait ce trajet facile ? A entrer dans la légende du Grand Nord avec la mémoire des Esquimaux ? Et puis Arctic Bay, dernière ville à l'extrême nord de Baffin, était pour moi un cul-de-sac. Le printemps allait fondre les neiges et les glaces derrière moi. Donc, je ne pourrais plus revenir par mes propres moyens, et je devrais attendre que passe l'été pour continuer ma route à travers le Canada.

Mais Idjaniak avait été si persuasif, avec ses silences, et si flatteur aussi avec son admiration pour ce que je venais de réussir avec mes chiens.

– Si tu ne le fais pas maintenant, personne ne le fera jamais. Et ce serait dommage pour la victoire de l'homme... Tu sais, la nature ici est difficile. Elle a fait beaucoup pour notre réputation à nous, les Esquimaux. Autrefois, nous étions des hommes forts, résistants, habiles. Nous savions survivre sous toutes les conditions. Aujourd'hui...

Voilà ce que j'aurais aimé lui entendre dire. Au lieu de

cela, il s'était tu. Son visage, seulement, s'était creusé d'amertume.

En quelques phrases, il m'aurait investi clairement d'une mission quasi sacrée.

Ce n'était pas tout à fait cela que j'avais envisagé au départ de mon expédition. J'avais maintenant le sentiment de ne plus m'appartenir. Et je n'étais pas à l'aise. Ce pincement que je sentais au cœur m'agaçait, comme un pressentiment. Mauvais évidemment.

Mes chiens n'avaient pas ce type de problèmes. Leur forme parfaite et leur énergie joyeuse à tirer me soulagèrent un peu, puisque je savais que leur pressentiment à eux, c'était le flair, l'intuition, et que ce jour-là, ils ne sentaient rien d'inquiétant. Pour l'avenir immédiat tout au moins. Cette précision m'assombrit à nouveau : les chiens ne pensent pas plus loin que le bout de leur truffe. Donc, ma gamberge à moi portait sur un avenir lointain, pour l'hiver prochain probablement. Et j'eus peur à l'avance.

Au fil des kilomètres, il m'apparut évident que ce pincement au cœur était aussi un retournement d'estomac, lequel me noua bientôt les tripes, lesquelles me flanquèrent des maux de ventre qui m'anéantirent complètement.

Nous marchions jusqu'à onze heures du matin, et je montais la tente, aux heures chaudes. Nous repartions le soir. J'économisais mes gestes au maximum. Je me forçais à avaler du thé.

Nous faisions d'excellentes moyennes. Le plus fort de mon énergie me servait à étudier la carte, et à faire le point. Pour le reste, je sombrais dans une demi-inconscience. Et la position debout sur les patins arrière du traîneau me devint si pénible, que le troisième jour je m'allongeai devant, sur la bâche. Et je fermai les yeux. Dommage, parce que le paysage était grandiose, sorte de résumé de toutes les magnificences de l'Arctique. Je le sais parce que parfois, à travers la fente la plus minuscule que je pouvais ouvrir à travers mes cils, j'apercevais des falaises sculptées admirables, des vallées belles comme le paradis que j'imagine, des glaces dont les angles s'amollissant faisaient des éclairs de soleil sur notre passage, et par-dessus tout ça, une lumière nichée partout, aveuglante comme la splendeur de Dieu... et moi j'étais malade.

J'entendais les patins écraser la neige. Au seul bruit qu'ils faisaient, je savais sur quels terrains nous glissions. Et puis Finskan ne pouvait pas se tromper, puisque nous suivions le plus souvent des traces de skidoos. Alors, à l'abri de mes paupières, je disparaissais de l'Arctique. Marin ivre allongé sur le dos, bras et jambes écartés, je tanguais sur une mer sans fin.

La respiration régulière des chiens, c'était ma conscience en veilleuse, la petite alarme de sécurité à laquelle je savais pouvoir me fier. Depuis longtemps déjà, j'avais l'impression qu'ils possédaient une âme, mes chiens. Mais ce jour-là, j'en acquis la certitude. Une âme, avec de la responsabilité. Elles avaient vite compris, mes âmes, que le « musher » n'allait pas bien, avec sa mine pas brillante, ses gestes imprécis et lents, et puis surtout cette position de pacha. Pas le style habituel du patron... Alors, ils s'occupaient de tout avec Charlie, le boss, qui prenait la relève, imposant le rythme. Et ils m'emmenaient; moi, le ventre à l'air et la chemise ouverte, je bronzais comme un estivant. J'étais plutôt un noyé.

Peut-être étais-je fait pour l'absence de confort, la vie solitaire, la vie dehors, et l'alimentation frugale? J'avais sans doute été trop fêté à Igloolik.

Elle vira au rouge, mon alarme, et se mit même à clignoter. Les vibrations du traîneau m'arrivaient sans coordination. J'ouvris péniblement les yeux, et aperçus, entre mes bottes, mes oreilles de chiens pivoter en même temps que nous avancions vers un troupeau de plusieurs milliers de caribous. Je me relevai sur les coudes. Il y en avait partout autour de nous... Les plus proches se dégageaient à coups de reins, exécutant des bonds spectaculaires. Et mes chiens ne tiraient plus en ligne droite, chacun forçant de son côté pour essayer d'aller vers le gibier le plus proche. Mon premier mouvement fut de les engueuler... mais je n'insistai pas. Je n'allais tout de même pas les priver de ce plaisir! Je n'avais jamais tant vu de caribous à la fois. Ils avaient presque complètement perdu leur claire fourrure d'hiver, ils étaient bruns. Je sautai péniblement du traîneau en marche et me retrouvai à plat ventre, le visage plaqué au sol, une main crispée sur un montant. La vitesse m'entrait dans la tête à coups de mottes de neige qui éclataient contre mon visage. J'essayai de hurler :

– Staana... staana...

Le froid, par poignées, m'entrait dans la gorge. C'est à peine si les chiens ralentirent. Je parvins pourtant à agripper ma barre, à me hisser et à caler mes pieds sur les patins. J'étais essoufflé. La tête me tournait de fatigue, et je sentais mon cœur battre les veines de mon cou.

La scène qui suivit fut gracieuse à souhait. Un jeune caribou essayait ses jambes noueuses dans une course avec nous. Il devait avoir à peine un an, son front ne portait pas encore de bois. Il était maladroit comme un jeune poulain. Il galopa longtemps, juste ce qu'il fallait pour rester hors de portée des chiens, puis s'écarta, se laissant remonter par tout l'attelage. Il passa ensuite derrière moi, et je le regardais allonger le cou à chaque foulée. Son nez soufflait deux petits nuages pommelés, à chaque respiration. Parfois, il ouvrait la bouche et avalait le vent de sa vitesse en secouant la tête. Quand il accéléra pour se remettre devant mes chiens, passant trop près d'eux, j'entendis les claquements des mâchoires de mes monstres, jusqu'à Finskan. Il coupa une première fois la piste devant elle, puis une seconde et recommença à ralentir en s'écartant, mais pas assez en passant près de Lobo. Alors je vis mon loup, lequel avait sciemment relâché sa ligne, faire un écart magnifique en refermant ses crocs sur une des pattes de l'imprudent. Lobo, par la vitesse, fut un instant soulevé de terre, pendant que le jeune caribou mugit comme une vache en s'éloignant sur le côté. Il s'en léchait les babines, Lobo. Le jeune caribou, lui, venait d'apprendre le danger.

J'étais si mal le lendemain, que je crois bien avoir dormi la plus grande partie du parcours, ouvrant les yeux de temps en temps pour surveiller si Finskan ne sortait pas des traces de skidoo. Quand je regardai ma montre, au réveil, je restai quelques secondes hébété. Il était six heures du matin, et mes chiens avaient trotté pendant vingt heures d'affilée. Ils avaient l'air tout à fait en forme. Quand je portai mes repères sur la carte, je comptai qu'ils avaient couru, ce jour-là, sur cent cinquante kilomètres. Ils m'étonnaient. Une ration et demie de nourriture en récompense.

Le jour suivant, je les ménageai un peu. D'ailleurs, j'allais mieux. Nous ne fîmes que quatre-vingts kilomètres. Un trajet au milieu de phoques qui plongeaient dans leurs trous, lorsque nous approchions trop près. J'admirai leur vivacité. Ils ressortaient la tête presque aussitôt, curieux, et nous regardaient nous éloigner.

La banquise qui commençait à se disloquer suintait par endroits de larges flaques d'eau où pataugeaient les chiens. Les fissures qui béaient sur plusieurs mètres de large nous contraignaient à de longs détours de plusieurs kilomètres. Quand je ne trouvais pas de passage, je devais forcer les chiens en les poussant à l'eau. Et les premiers arrivés de l'autre côté, sur la glace, tiraient les autres. Je les aidais en poussant, jusqu'au dernier moment, et prenais appui sur le traîneau pour franchir les crevasses. Heureusement, celles-ci n'ont jamais dépassé la longueur des patins.

La glace devenait mauvaise pour les pattes, le printemps taillait sa surface en milliers de lames de rasoir.

Quand je croisai enfin mes premiers habitants, c'était le matin du septième jour à huit heures. Des Esquimaux partaient à la chasse, en skidoos.

J'eus un peu froid en arrivant. Je ne m'étais sans doute pas assez alimenté pendant mon trajet. J'eus une pensée pour Idjaniak : mission accomplie.

Mais en dehors de l'admiration que je vouais à mes chiens pour leur exploit, je n'étais pas très content. Surtout qu'à Arctic Bay, la population se montrait plutôt méfiante. Qu'est-ce qu'il venait faire ici, ce Blanc, avec sa réussite, son air de donner des leçons de courage et d'endurance ? Et avec ses chiens qui battaient des records ?

Et lorsqu'un jour j'allai à la chasse avec eux, et que je leur prouvai que je savais aussi tirer, je devins rapidement interdit de séjour. Pour cause de jalousie.

J'implorai alors, par téléphone, John Sleeth, à Frobisher Bay.

– Ramène-moi à Igloolik, avec tout mon équipage... s'il te plaît.

Il me fit patienter deux mois.

CHAPITRE X

L'ÉTÉ, c'est la caresse de l'Arctique. La terre devient douce et tiède. Elle perd pour trois mois son masque uniforme de neige et de glace. La mer reprend sa place de lécheuse de rives. Les vallées se couvrent d'herbes, de mousses et de fleurs. Les rivières ont des chants d'oiseaux; et les lacs ridés par la brise font frissonner les nuages. L'été est un bonheur qui vaut qu'on le mérite.

Et moi, je pensais l'avoir mérité. Tout comme je me croyais un peu esquimau, grâce au vieil Idjaniak, mon ami. Il me faisait participer à toutes les activités du village. J'étais convié dans presque toutes les familles, à partager la viande de phoque et de caribou. Ils m'emmenaient pêcher et chasser aussi. Les Esquimaux, comme les Indiens, sont les seuls habitants du Canada à jouir des privilèges de la chasse et de la pêche, en toutes saisons, pour n'importe quel gibier. Quant aux Blancs, ils doivent observer un règlement très strict, le nombre de pièces chassées étant limité, et la période d'ouverture très courte.

J'appris à chasser à partir d'un kayak. La technique est particulière, car les embarcations à une place sont si effilées, si étroites, que le simple recul du coup de fusil suffit à les faire chavirer. Autrefois, les Esquimaux chassaient à l'arc. Des arcs en os de phoque ou de baleine. Ils ne le faisaient que pour se nourrir ou se vêtir. Aujourd'hui, avec des carabines à répétition, ils se livrent souvent à des carnages inutiles que les anciens eux-mêmes déplorent.

Je les voyais souvent les sages, chez Idjaniak. Et nous veillions tard le soir. Mireille me traduisait. Ils me parlaient de la vie d'autrefois. J'étais passionné par les observations qu'ils faisaient des chiens. J'appris ainsi que ces derniers avaient des comportements et des particularités liés à la couleur de leur poil; que les roux par exemple sont ombrageux et sentent fort; que les noirs sont plus agressifs, voire méchants. Ils m'affirmèrent que les chiens blancs gardaient rarement leur forme tout l'hiver. La fourrure blanche en effet conserve mal la température de leur corps. Je pensai à Oukiok et Tajo, mes deux « pur-blanc » et souhaitai que mes amis se trompent.

On me prévenait beaucoup, surtout, des difficultés et des dangers qui m'attendaient. Ils étaient unanimes à affirmer que mon projet était insensé et que je ne réussirais pas. Alors je leur opposais un optimisme forcené, affectant d'ignorer leurs avertissements. Et je les rassurais. En réalité, j'étais très inquiet et ne voulais pas le laisser paraître. Ce petit jeu m'épuisait. Aussi avais-je hâte de partir, de me lancer dans l'aventure.

Et le froid arriva. La neige était tombée depuis les derniers jours de septembre. J'attendis que la glace fût devenue assez épaisse, et je me lançai. C'était le 15 novembre.

Mon matériel était comme neuf. J'avais changé quelques lattes, recousu des harnais, astiqué même mes réchauds. Je ne supporte pas le moindre point de rouille. C'est un peu excessif, sans doute, mais ce sont pour moi des détails qui comptent. L'Arctique est déjà assez prodigue en hasards, sans que j'y ajoute, par ma faute, la moindre négligence.

Et devant quelques badauds assemblés, je démarrai, comme à la parade, comme si j'allais faire le tour du pâté de maisons.

La lumière déclinait rapidement. Le soleil n'apparaissait plus que quatre heures par jour. Hall Beach est le quartier général de toutes les Dew Lines. Son bicône est surmonté par une balise tournante que je repérai vingt-cinq kilomètres à l'avance. C'était mon phare. Le cap était aisé à prendre, d'ailleurs les traces de skidoos m'y conduisirent tout droit, en huit heures. Il y avait, autour du site, un petit village esquimau de cent cinquante habitants. On m'avait recommandé d'aller chez le père Van de Velde, un missionnaire hollandais, de soixante-quinze ans, qui vit dans l'Arctique depuis trente-cinq ans.

Il m'accueillit sur le pas de la porte.

– Bon attelage, bonne moyenne! dit-il simplement.

C'était un colosse : barbe blanche, grosse voix et grand cœur. Il connaissait parfaitement la région.

J'hésitais. Il m'affirmait qu'il était absolument impossible de traverser la « baie Commitee », au fond du golfe de Boothia. Pour la simple raison que cette partie-là ne gelait jamais à cause de courants trop violents.

Je regardai la carte pendant des heures. La seule solution était de descendre plein sud, en contournant la péninsule de Melville, et de remonter sur Pelly Bay. Un détour de plus de huit cents kilomètres. C'était absolument exclu. D'autant plus que durant l'été, j'avais projeté d'atteindre Dawson, à la frontière de l'Alaska, à la fin février, pour participer à la plus célèbre course de traîneaux de l'Arctique : la Iditarod. Mille huit cents kilomètres d'un trajet sinueux à travers la forêt boréale. Une épreuve réservée à des professionnels auxquels je voulais me mesurer. Mais ce large crochet me ferait perdre au moins quinze jours, et encore dans les meilleures conditions. Et puis dans mon esprit, je ne voulais rien contourner du tout... je voulais couper droit... le plus directement possible... pour arriver de l'autre côté.

– Mon petit ami, il ne reste qu'une solution, décréta le père Van de Velde. Vous rejoignez la Dew Line de Mackar Inlet et de là, vous prenez un avion qui vous passera par-dessus la baie jusqu'à l'autre Dew Line. Un petit saut de cent kilomètres, puis vous repartez... mon petit ami, c'est ça ou bien huit cents kilomètres de plus. Vous comprenez, il y a des choses impossibles mais qu'on peut faire parce qu'on est plus obstiné, plus courageux, qu'on a un meilleur attelage que les autres, et il y a des choses impossibles, parce qu'elles le sont réellement. A moins que vous et vos chiens ne marchiez sur les eaux...

Je m'inclinai devant cette formidable certitude. Mais la solution était coûteuse et il me fallut une semaine après de nombreux appels au secours auprès de mes « sponsors » français pour obtenir l'argent nécessaire à mon saut de puce en avion.

Dehors, c'était la tempête et mes journées se passèrent à jouer aux échecs avec mon hôte...

***

Beau temps bleu. Il fallait les viser, les petites heures de jour. Deux heures et demie seulement. En deux semaines, la nuit en avait gagné deux. Et moi, ce jour-là, j'en perdis une à cause de mes préparatifs.

Le père Van de Velde était confiant :

– Mon pt'it ami, téléphonez-moi en arrivant à la Dew Line. Vous y serez dans quatre jours.

Il m'engouffra dans sa parka et me tapota le dos avec ses mains gantées de moufles. J'avais l'impression qu'Hercule me serrait le cœur dans ses bras. La fourrure de sa chapka me fit une caresse d'adieu. J'étais ému de quitter cet homme solide, chaleureux et vrai. Mais content aussi de prendre pour la première fois un cap plein ouest. Ma ruée, mon western, commençait enfin.

A peine la silhouette du vieil homme eut-elle disparu, que Finskan s'arrêta. Elle était ainsi, ma belle. Elle ne supportait pas de faire sa crotte en marchant. Curieusement, elle agissait ainsi avant les grandes étapes, sorte de version canine de la trouille du combattant. Tout le monde attendit. Et elle repartit. Cela donna des idées à quelques autres. A Charlie et Pirat que le mouvement ne dérangeait nullement pendant une telle opération. Mais Mouluk et Rosta se laissèrent traîner sur les pattes arrière. Je souriai de leur position inconfortable. Ces deux-là n'avaient jamais pu s'exécuter autrement.

Lumière minuscule, soleil lointain qui ne luttait même

plus. J'appréhendais beaucoup l'arrivée galopante de cette nuit totale. La traversée de la Terre de Baffin m'apparut soudain comme une expédition, un exploit raisonnable, et celle qui m'attendait comme une opération de survie. Je pensai à Alain Bombard, ce magnifique navigateur solitaire qui s'était lancé sur l'océan avec son canot. Moi, je me jetais aussi sur un océan de solitude. Il y avait dans son expédition plus de passivité que dans la mienne, puisqu'il laissait les courants décider pour lui. Moi, je devais me battre pour avancer, ou c'était le naufrage.

La nuit tombée, je compris que je n'atteindrais pas mon objectif en quatre jours. La neige était trop jeune, trop légère. Soufflée par le vent, elle n'avait pas encore durci, à l'exception de quelques parties plates non abritées où elle formait une croûte blessante pour les pattes des chiens. Et quand je les examinai à la lueur de ma lampe frontale, je constatai qu'elles commençaient à s'abîmer. J'espérais que cela n'allait pas s'aggraver. Il y avait encore six mille kilomètres à faire.

Cette arrivée de la grande nuit polaire m'angoissait. Et malgré un froid de moins trente-cinq degrés, des bouffées de chaleur m'oppressaient la poitrine. Tout n'était qu'ombre sur cette surface blanche. Ombres menaçantes pour ces rochers croulant sous la neige fraîche, terrifiantes même pour cet horizon confus que je distinguais mal et que mon imagination chargeait de tous les dangers du monde. Seules, mes boules de poils, qui trottaient devant moi, avaient des formes rassurantes.

Je plantai mon premier camp sur le Hall Lake. Ils me réconfortaient, ces gestes précis de notre installation. Coups de hache pour planter les pieux d'attache des chiens. Dépliage de ma tente, que malgré l'absence évidente d'un risque de coup de vent, je me forçai à amarrer au traîneau. C'était une tente type tunnel plus facile à monter, par grand vent, justement, puisqu'elle se mettait immédiatement dans le bon sens, gonflée comme une manche à air. La doublure intérieure était d'un orange très clair. J'aimais bien cette couleur. Elle me revigorait.

Copieux repas bien au chaud à l'intérieur. La « pâtée » de mes chiens. Repérage sur la carte : mon appréhension du matin se confirma. Le trait figurant mon parcours ne faisait que soixante kilomètres. Mais le baromètre restait optimiste. Alors, moi aussi.

Pourtant, je cherchai longtemps le sommeil. Ce roulis que je sentais sous mon dos, accompagné de craquements interminables, était trop appuyé. Et j'avais beau me persuader que c'était cela le travail de l'hiver, qu'il s'effectuait à mon avantage, que le gel qu'il fabriquait ajoutait à ma sécurité, je ne pouvais m'empêcher de faire taire une peur animale. Je le sentais et l'entendais forger ses soudures, s'approcher, m'entourer, s'éloigner puis revenir. Il était présent partout, ce monstre besogneux, l'hiver, qui me fouissait les entrailles.

– Mon pt'it ami, m'avait prévenu le père Van de Velde, il n'y a qu'un chemin possible pour atteindre la Dew Line, c'est une rivière, et elle vous y conduira tout droit. Mais vous devrez d'abord franchir d'autres rivières au fond de gorges très dangereuses. Vous ne pouvez pas passer ailleurs...

Il avait raison. Elles étaient très dangereuses. La première après le lac servit de hors-d'œuvre. Rive douce pour la montée mais très escarpée pour la descente : un véritable piège. Une fois dans son lit, je la suivis plusieurs kilomètres en cherchant une voie accessible pour passer de l'autre côté. Les rivières sont très sournoises au début de l'hiver. Elles gèlent plus tard que les lacs. Et les importantes chutes de neige les camouflent, obligeant à avancer prudemment pour ne pas passer à travers. Parfois, je voyais l'eau courir au fond des crevasses. Les chiens sentaient le danger. Je les contraignais à longer le plus possible le bord de la rive, là où le courant moins fort n'a pas retardé la glaciation. Sous mes pieds, j'entendais partout l'eau fuir l'étreinte du froid. Et puis, il fut absolument impossible de continuer, nous butions sur une cascade. Une succession de rapides où la glace n'avait même pas réussi à figer les bords.

– Staana...

J'ordonnai l'arrêt par simple réflexe, puisque les chiens

s'étaient immobilisés d'eux-mêmes. Il faisait encore un peu jour, et j'inspectai les abords. Trop dangereux de faire marche arrière. Et puis, jusqu'à présent, je n'avais pas repéré de remontée possible. La seule solution était sur notre gauche, une sorte de toboggan abrupt dont l'arche enjambait le verrou glaciaire. L'étroit morceau de ciel aperçu du fond de cette gorge était peu engageant. L'air se chargeait d'une sorte de nuit blanche, avant l'heure. Des langues de brume s'agglutinaient. Cela sentait la tempête proche. Il fallait sortir au plus tôt.

– Par là, Finskan.

Je lui désignai cette mauvaise rampe. Et elle s'engagea. Après quelques mètres, le traîneau dérapa et se retourna aux trois quarts au-dessus de la rivière. Je restai un moment sans réagir. Mes chiens arc-boutés dans la neige, le poitrail scié par le harnais, ne bougeaient plus. C'était leur force contre celle du traîneau. Au-dessous, le vide. L'image me passa devant les yeux, de tout mon équipage basculant, se désarticulant sur les rochers, et disparaissant en quelques secondes, avalé. Mes chiens tremblaient de tout leur corps. Je me précipitai, me jetai sur la neige et agrippai un patin. Je ramenai mes jambes sous moi, et calai solidement mes pieds. J'ordonnai, entre mes dents serrées :

– Doucement les chiens, doucement.

Le traîneau monta vers moi de quelques centimètres dont mes chiens profitèrent pour reprendre appui. Avec un trop bel ensemble, malheureusement, puisqu'il recula à nouveau au-delà de sa trace précédente. Je me sentis perdu. Nous étions là, sur cette rive, chiens et homme, muscles bandés à craquer, parfaitement immobiles, luttant contre une charge qui nous échappait. Que faire? sinon tenter d'être plus forts encore, plus nerveux? Et combien de temps allions-nous tenir? Je n'arrivais pas à réfléchir. Et s'il fallait tout lâcher, qu'au moins je puisse sauver mes chiens. Mais comment? Ramper, sans lâcher prise vers l'avant du traîneau, et trancher la ligne des chiens. J'avais mon poignard à la ceinture. Je ne disposerais que de quelques dixièmes de seconde. Le temps que Charlie et Mouluk, les plus près de moi, soient arrachés sur les deux mètres qui les séparaient du traîneau. Et si je ratais les premiers, qu'au moins je puisse sauver les autres. Deux mètres cinquante d'espace entre chaque paire... et si par maladresse, au passage, je poignardais le ventre de l'un de mes chiens... décider vite... vite... mes bras allaient craquer. Je respirai goulûment cinq ou six ventrées et je prévins mes compagnons :

– On va encore essayer... attendez... quand je crierai.

J'emprisonnai l'air dans ma poitrine et je rugis :

– Allez... go... go...

Je continuai à hurler quand le traîneau avança de quelques centimètres...

– Allez... allez... c'est bon. C'est bon...

Je sentais les veines de mon cou gonfler à m'étrangler, pendant que les patins du traîneau s'enfonçaient dans la neige. Il décolla soudainement, et les chiens continuèrent leur effort sans souffler. Je me levai, m'accrochai à la barre que je poussai en courant jusqu'au sommet de ce pont de neige où le chargement s'immobilisa à peine, le temps pour moi de basculer par-dessus. Je terminai la glissade allongé sur ma bâche, les quatre fers en l'air. Les chiens arrêtèrent leur course, en contrebas.

Je restai de longues minutes le nez au ciel à contrôler les battements de mon cœur. Ils descendirent de ma gorge, pour revenir dans ma poitrine. Quand je m'appuyai sur les coudes, tous mes chiens tremblaient comme des caniches en hiver.

Je descendis et allai vers eux. Mes jambes cotonneuses ne me portaient plus. Elles se dérobèrent à l'instant où j'allongeai les bras pour caresser Charlie et Mouluk, et je tombai. Après un instant de surprise, mes deux molosses ensemble se mirent à me lécher, et je vis arriver aussi Rosta qui d'un bond fut sur moi, entraînant Nanuk. Oukiok et Tajo suivirent, et Inok et Tjockis, Pirat et Lobo, et Finskan aussi. Quarante-quatre pattes me piétinaient le ventre, onze museaux me fouillaient le visage. Je ne parvenais plus à me protéger. Je croulais sous un tas de chiens, un tas de tendresse, un tas d'amour.

Et j'étais heureux de cette solitude à douze. Je naissais une deuxième fois de la chaleur de ces cous, de ces ventres, de ces fourrures, qui découpaient le ciel en forme de chiens.

Et puis Rosta mordit Finskan, qui mordit Rosta, que Charlie voulut calmer, que Nanuk défendit, à qui Lobo entama la cuisse, auquel Pirat fit un sermon, sans résultat. Puis Inok, Tjockis, Oukiok et Tajo entrèrent aussi dans la bagarre. Alors je me dégageai de mes combattants et attrapai Finskan par le harnais, la soulevai et la traînai à l'avant. Miracle, la pelote de fauves se déroula sans un vrai nœud et mes équipes reprirent leur place, deux par deux. Leur querelle mourut en quelques secondes. Ils me regardèrent. Ils étaient prêts à nouveau.

– Allez, les chats...

Seul le ton était important. Mes chiens ne comprenaient jamais l'injure. D'ailleurs, ce n'en était pas une. J'étais soulagé.

Un plateau. Puis une autre vallée, un peu plus large que la précédente. J'hésitai à m'y engager. Mais la voix du père Van de Velde tonnait dans mes oreilles, formelle : Atteindre le dernier bras de rivière, c'est le bon, le seul qui vous conduira directement à la Dew Line!

La nuit était arrivée. La glace au fond de ce ravin était plutôt bonne. Mais par endroits, la neige s'était tant accumulée que les chiens enfonçaient à mi-pattes. Finskan redoutait cette surface qu'elle jugeait peu sûre, et refusait mes ordres, préférant brasser en profonde... Coups de reins pour sortir en plongée vers une autre vallée.

Mon retard s'accumulait, mais je ne m'inquiétais pas. J'avais pris dix jours de nourriture. Le temps de voir venir.

En débouchant sur un lac, je plantai le camp. J'estimai n'être plus qu'à dix kilomètres de cette « autoroute » dont parlait le père Van de Velde. La carte mentionnait une quantité impressionnante d'autres petits canyons. Pour demain. Je l'espérais du moins, parce que le mauvais temps s'annonçait, précédé de courtes rafales, sortes de vocalises avant le grand concert, dont ce lac encaissé au milieu de la vallée contrariait un peu les accents. Le vent commença à m'arriver en désordre, en petits tourbillons d'abord, puis de plus en plus rapprochés et de plus en plus rageurs. Et sous ma tente, dans la nuit, je sus qu'elle était là, pour de bon, la tempête!

Elles sont les plus féroces, les tempêtes du début de l'hiver. Nées du grand choc des masses d'air encore chaudes venues du sud et des courants froids soufflant du nord. Je restai allongé sans parvenir à me reposer. J'écoutais la colère de la terre. La tente vibrait. Je lui sentais des envies de décoller. Je sortis précipitamment. Les bourrasques de neige m'aveuglèrent aussitôt. Je ne voyais pas à un mètre, à peine la lumière fragile de ma lampe frontale me permettait-elle de deviner où je frappais pour enfoncer jusqu'à les faire disparaître dans la glace, les sardines qui amarraient la toile. Quand je rentrai à l'abri, j'étais assommé. Et impressionné. Déjà une tempête, si près du départ. Une tempête comme je n'en avais jamais connu. Je n'imaginais pas plus de force, ni plus de violence que celle qui soulevait mon océan. Et j'hésitai un peu avant que ne m'apparaisse l'évidence que c'était terrifiant.

Mon baromètre chutait inexorablement. Cela représentait pour moi un danger considérable. Les paquets de neige fraîche qui semblaient mettre d'interminables minutes avant de toucher le sol tant ils tournoyaient allaient tout recouvrir, uniformément, et semer sur la piste de véritables trappes. Tout obstacle aplani, toute crevasse recouverte, toute eau courante traversée d'un pont de neige. Je me sentis soudain condamné à l'immobilité totale, parce que le froid n'était pas assez vif pour accentuer la glaciation. Nous étions pris dans un piège que j'entendais dehors se refermer sur nous, à grandes bourrasques.

Je réfléchissais : avec cette visibilité nulle, il est impossible de mettre le nez dehors. Tout à l'heure, je n'ai même pas aperçu les chiens. Continuer avec ce temps, c'est courir le risque de disparaître dans un trou. Et si je réussis à passer, je ne saurai jamais si je suis dans la bonne vallée. Rester ici plusieurs jours est également impensable. Je raterai même l'avion qui m'attend à la Dew Line dans quatre jours, au plus tard. Et avec ce rendez-vous manqué, toute ma traversée serait compromise... En revanche, si je revenais, l'avion étant basé à Hall Beach, je pourrais le prendre... et au lieu de cent kilomètres, il m'en ferait parcourir deux cent cinquante.

Il me fallait décider et assez vite. Attendre même était dangereux. A cette période de l'année, ce type de perturbation météorologique peut durer une semaine. Il me parut déraisonnable de me mettre dans une situation telle que je n'aurais même plus le choix de revenir à Hall Beach. Pourtant, revenir, cela signifiait que je devais redescendre cette rivière barrée par la cascade d'hier... que pour l'atteindre, il me faudrait glisser sur cette rampe de neige où mon équipage, en entier, avait failli disparaître... et si à nouveau nous nous faisions embarquer dans une chute de dix mètres... Je repoussai les problèmes au lendemain, et m'endormis, avec la résolution de faire demi-tour.

***

– Allez, la belle, on rentre.

Finskan cligna des yeux dans le faisceau de ma lampe électrique. Entre elle et moi, deux mètres de tempête, arabesques brouillonnes de neige, griffonnées par le vent. Au-delà, la violence invisible, floue, indiscernable, mélange d'obscurité et de blanc. J'allai réveiller mes chiens, un à un. Ma lumière les entourait d'un halo. Ils me regardèrent et se levèrent, secouèrent leur fourrure sans un gémissement.

Lorsque je levai l'ancre et fis faire un demi-tour au traîneau, ils comprirent que nous renoncions et tendirent les épaules avec un surcroît d'énergie. La glisse sur la rivière que nous avions remontée pour venir était assez bonne. Et nous retrouvions nos traces. Pas de vrais sillons, mais une sorte de tassement de neige assez prononcé pour être remarquable. Et quand moi je ne les voyais pas, les chiens les repéraient.

Au bout d'une heure, la vallée s'évasa; et dans cette aube sans lumière, je ne reconnaissais plus rien. Impossible de savoir laquelle était-ce de ces deux voies qui se présentèrent bientôt, celle que nous avions prise à l'aller. Deux vallées se rencontraient, formant une patte d'oie. Je ne parvenais même pas à me rendre compte si nous montions ou descendions. J'optai pour celle de l'ouest.

Je souhaitais avoir eu la bonne intuition, et le redoutais à la fois, à cause de la cascade. Ne pas l'apercevoir à temps, c'était se faire déchiqueter avant même d'arriver en bas, et être découpés par des lames de glace tranchantes comme mon poignard. Brusquement, l'idée de mourir en pleine tornade dans cette nuit polaire me parut intolérable. Mais comment prévoir, comment deviner le relief devant moi? J'avais beau me frotter les yeux, les flocons de neige réduisaient mon horizon aux seuls culs de Charlie et de Mouluk, les deux premiers chiens. Le reste de l'attelage était totalement effacé dans cette obscurité blanche. Ils voyaient eux, devant, ce que je ne voyais pas encore. Mon problème était insoluble. Et je sentis que faute de pouvoir prendre une décision, ce n'était plus moi qui dirigeais le traîneau.

Alors... alors il se passa cet événement inexplicable, quasi surnaturel, que seuls les conducteurs de chiens de traîneau pourront croire... C'était exactement comme si mes mains sur ma barre, à travers la charpente, puis la ligne de trait, et jusqu'aux chiens de tête, avaient transmis ma démission dans la conduite de l'attelage... et comme si mes trois pisteurs, Finskan en tête, avec Pirat et Lobo, avaient, en cet instant, perçu le message muet, et assumé immédiatement la suppléance. Sans les voir, je les sentis tous les trois, intelligences et instincts conjugués, endosser la responsabilité du groupe... Se sont-ils concertés au moyen d'un code mystérieux? Y avait-il eu unanimité dans la décision à prendre? L'un a-t-il forcé les autres à obéir? Brusquement, en tout cas, le traîneau fit un écart à droite et escalada la rive. Je ne réagis même pas, me bornant à pousser et à encourager la tire :

– Ya... ya... ya...

Sans marquer de temps d'arrêt au sommet, le traîneau longea le bord quelques dizaines de mètres. J'eus le temps de sauter sur les patins, pour plonger à nouveau. En retrouvant la rivière, je compris que nous venions de contourner la cascade et de redescendre de l'autre côté par ce toboggan qui avait failli nous coûter la vie.

– Staana...

Sur le sol, encore visible, il y avait l'affaissement de notre passage précédent. Mes chiens de tête venaient de réaliser le plus extraordinaire parcours qu'on puisse imaginer, en évitant d'eux-mêmes un obstacle extrêmement dangereux... Flair ? Intelligence ? Science de la piste ? Conscience du danger ? Instinct de vie ? J'étais stupéfait.

Mais eux ne se vantaient pas. Ils ne claironnaient pas leur victoire non plus ; ils étaient seulement impatients de repartir.

– Allez...

Je sentis le même bonheur que si j'avais bu en cet instant une tasse de thé brûlant. Une ondée de chaleur m'emplit le corps, et je me moquais de la tempête avec ses bourrasques qui n'arriveraient pas à m'entamer la vie, puisque j'avais de tels chiens. Finskan, Lobo, Pirat... je les associais tous trois dans une louange murmurée en crachotant leurs noms à travers la neige qui m'arrivait sur la bouche.

Mon euphorie dura une dizaine de kilomètres, jusqu'à l'instant précis où la rivière s'ouvrit sur le lac Hall Beach. Le vent se mit alors à me bourrer de coups de poing sur tout le corps, et j'avais du mal à rester accroché à ma barre. A croire que ce que nous avions reçu jusqu'à présent n'était qu'un aimable préambule. Et aussitôt arrivés sur la glace, le traîneau, soufflé, se mit en travers, et les chiens luttèrent quelques instants, marchant en crabe. Puis tous renoncèrent. Je les injuriai quand ils décidèrent de fuir pour avoir les rafales dans le dos. Ils refusaient d'avancer le nez dans ce blizzard qui les empêchait de respirer.

On m'avait dit que le lac Hall Beach était parsemé de cabanes d'Esquimaux. Ces derniers venant l'été pêcher l'omble chevalier, poisson royal au goût encore plus fin que celui du saumon auquel il s'apparente. Mais je n'allais pas entamer un tour de lac pour en repérer une, alors je piquai au hasard.

Le dos au vent, mes chiens étaient entraînés. Ils ne pouvaient plus freiner leur galop. Derrière eux, la charge de trois cent cinquante kilos de matériel ne pesait plus rien. Je les entendais s'essouffler de ne plus pouvoir ralentir. J'étais incapable même de couper au plus court, la violence du vent nous interdisant toute autre direction que la sienne. Le calvaire dura quinze bonnes minutes. En atteignant la rive et ses bordillons de neige, je crus que mes chiens allaient mourir d'épuisement. Ils trébuchaient. Je les poussai pour nous engager un peu plus à l'intérieur des terres, à la recherche d'un abri naturel, et renonçai au bout d'un kilomètre.

Il était ici, à coup sûr, le berceau des tempêtes. C'était ici le creuset où elles se forgeaient, se fortifiaient pour s'aller répandre sur toute la Terre. Oui, ici, sur les bords du lac Hall Beach, et moi, j'assistais à leur naissance dans l'utérus du vent.

A peine arrêtés, les chiens s'affaissèrent sur la neige et se mirent en boule.

Installer le bivouac fut une épreuve démentielle. Pour les deux lignes d'attache, j'avais prévu des croisillons en bois, puisqu'il m'était impossible d'enfoncer solidement des piquets dans une neige encore molle. Je creusai et les recouvris en tassant par-dessus à coups de botte. Par sécurité, j'aurais dû faire fondre de la neige dans une casserole et verser l'eau ensuite à l'emplacement de ces amarres. Le gel, instantanément, les aurait solidement fixées. Mais j'étais trop secoué, et puis il aurait fallu des heures pour faire fondre assez d'eau. Et surtout, il aurait fallu monter d'abord la tente.

Mes pauvres chiens, encore à la ligne, attendaient gémissants, complètement effondrés. Un par un, je les détachai. Je ne pus même pas leur ôter leurs harnais. Ils étaient soudés à la fourrure. La transpiration ajoutée à l'évaporation et au froid avait formé des entraves de glace qui s'incrustaient à leur peau. J'ôtai mes moufles par intermittence, quelques secondes, le temps d'accrocher les chaînes des colliers aux mousquetons des lignes. A chaque fois, le froid me cinglait les mains.

Ils ne parvenaient pas à se caler, mes pauvres amis, dans cette tourmente. Je creusai à la hâte de vagues niches de neige et revins au traîneau.

La bâche éclata et se mit en drapeau. Je la refermai en luttant, après avoir déchargé les sacs. La carabine dans son étui, par terre, était soulevée par les rafales et roulait. J'enfonçai l'ancre et constituai une butte autour du traîneau pour éviter qu'il ne soit emporté. J'accrochai l'attache de la tente à la barre. La toile se débattait sous mon ventre pendant que j'essayais d'enfiler les arceaux. Je dus encore ôter mes moufles. Réussir à fixer ces tubes de fibres de carbone dans leurs fourreaux me paraissait aussi improbable que de passer un câble par le chas d'une aiguille. Et je mordais mes doigts, les frictionnais à l'intérieur de ma parka pour les réchauffer. Lorsque je parvins à placer deux des arceaux, la tente s'était gonflée et tournoyait en me tordant les poignets. Trois quarts d'heure pour trois petits gestes simples qui en temps normal demandent seulement quelques secondes. Je tendis la toile au maximum, la plaquai à terre et cognai sur les sardines que je tassai chacune sous un monticule de neige. Puis, à la pelle, je recouvris les bords de la « toile à pourrir » et m'empressai de rentrer le matériel.

Lorsque je levai la tête en direction des chiens, ces derniers étaient en train de s'enfuir. Le dos au vent, ils rampaient. Ne parvenant pas à s'abriter, certains avaient arraché les bois des lignes d'attache, et entraînaient les autres. Je courus derrière eux et les ramenai. Je retendis les lignes et recommençai à les fixer. Puis je sortis les unisabis du sac et leur donnai à manger. Cela les calma quelques minutes. Quand je revins près de Finskan, elle gémissait et se cognait le museau au traîneau en sautillant. Je lui pris la tête entre mes mains :

– Du calme... ma belle... du calme.

Ses paupières étaient collées par le gel. Elle ne parvenait plus à ouvrir les yeux. Elle se frottait avec sa patte.

J'ôtai encore mes moufles et la massai doucement avec mes pouces. Malgré le froid, je sentais une chaleur battre de l'autre côté de mes doigts. La glace ne fondait pas, mais elle s'émiettait, et ma Finskan peu à peu recouvrait la vue. Elle se laissait faire. Elle émettait des petits cris qui me remerciaient en me priant de continuer. Et je continuai à lui donner la vie. Quand j'entrai sous la tente, mes doigts avaient la couleur de l'ivoire. Je ne sentis même pas le contact du réchaud ni celui de la molette du briquet. Mais quand je les plaçai au-dessus de la flamme, j'eus l'impression qu'on me les écrasait.

J'ôtai ma parka. La neige était entrée partout, jusque dans mes poches pourtant soigneusement fermées avec un rabat. Je la sortis et la plaçai dans une casserole que je mis à chauffer pour le thé. Je plongeai les mains dans l'eau. J'avais mal à en crier. La douleur remontait jusqu'à mes épaules. Je serrais les dents.

Les ranimer vite... c'était la seule solution... je faisais craquer mes phalanges avec vigueur... je frottais les extrémités, j'essayais de pianoter... et pourtant... ils raidissaient comme des griffes... j'avais peur d'une mutilation définitive. Je refusais d'admettre qu'ils fussent condamnés. Je ne cessai d'ouvrir et de refermer les mains. Les muscles de mes avant-bras se tétanisaient, fatigués par cet exercice permanent. Je me forçai à manger et à boire.

Dehors, les chiens hurlaient. Des hurlements de tragédie, des hurlements de vie qui s'écoule par une blessure. Cris des combattants vaincus par un destin contraire que rien ne pourrait plus arrêter. C'était insoutenable. Je sortis en attrapant ma parka.

La bourrasque m'étreignit la gorge et chassa en une seconde la chaleur que j'avais accumulée sous la tente. La neige, butant sur le dos des chiens, élevait des monticules au-dessus de leurs corps. Tajo et Oukiok avaient réussi, une fois encore, à arracher leurs attaches et s'étaient rapprochés pour se protéger mutuellement. Mouluk avait tellement gesticulé pour se dégager, qu'il avait entortillé la chaîne autour de son cou et ne pouvait même plus bouger. Il avait la joue plaquée au sol, il s'étranglait. Alors je fouillai avec mes mains, et dégageai les deux lignes d'attache sur toute leur longueur. Le contact du métal me brûla comme la langue d'un fouet. Et je retendis les deux lignes et enfonçai les pieux, à nouveau, que je recouvris de neige, et que je tassai encore à coups de botte, et m'enfuis sous la tente.

Quand j'ouvris les mains, l'empreinte de la chaîne me barrait les paumes : cela faisait une brûlure enfoncée comme un tatouage. Cette fois, mes doigts étaient complètement gelés. J'en étais certain.

Faire fonctionner mes mains... encore... et encore. Mes doigts, ces morceaux de moi-même, avaient perdu toute sensibilité. Ils ne m'appartenaient plus.

J'éprouvais une sensation d'étouffement, comme si mon espace rétrécissait. D'ailleurs, la flamme du réchaud que je savais avoir placé juste au milieu de la tente, sous la partie la plus haute des arceaux, menaçait maintenant de lécher la toile. Je me retournai.

La tente prenait du ventre sur toute la longueur du côté gauche. Un ventre bombé à craquer qui pesait sur la paroi. Il s'enflait au niveau du sol et s'arrondissait déjà sur une hauteur de quatre-vingts centimètres. C'était la neige qui, soufflée par le vent, s'accumulait à la base et montait inexorablement.

Avec mes mains, que je ne pouvais plus refermer, je donnai des coups de paume dans cette bedaine rebondie qui résistait. La neige lourde collait au toit extérieur et gelait presque aussitôt, créant une sorte de vulcanisation naturelle impossible à dessouder. Il m'aurait fallu sortir. Mais je ne voulais plus du froid, je ne voulais plus du vent, ni de ces paquets gluants qui me crevaient les yeux. Lorsque enfin la partie supérieure se relâcha, j'étais essoufflé comme un boxeur après une séance de sac de sable.

Je me glissai tout habillé dans mon sac de couchage.

Dehors, mes chiens hurlaient toujours. Je les imaginais tournant sur eux-mêmes, à la recherche d'une position moins inconfortable. Seule Finskan, adossée au traîneau, pouvait sans doute s'abriter, glissant son museau bien au chaud sous sa cuisse. J'avoue que je ne pensais plus qu'à moi, à ma fatigue, à mes mains avec cette douleur insupportable. Mon sang, à chaque pulsation, donnait des coups de boutoir sur mes mains gelées. Épuisé, j'entrai en léthargie, ne réagissant plus que pour cogner cette panse monstrueuse qui continuait à dévorer mon univers. Mes efforts devenaient vains. Le gel gagnait à chaque fois quelques centimètres supplémentaires que je ne pouvais enlever. Et elle enflait, cette cloque, bien assise sur sa base de plusieurs centaines de kilos. Écrasé... j'allais être écrasé. De tous les dangers de l'Arctique, jamais je n'avais imaginé celui-là. J'étais sous une tente minuscule, plantée dans l'immensité du Grand Nord, et la tempête me forçait encore dans mon abri, elle voulait encore gagner cet espace-là, le mien, celui qui était indispensable à ma vie.

Je m'allongeai en travers de mes peaux de caribou, levai mes jambes et les maintins tendues, en appuyant contre la paroi. Je gagnai ainsi un terrain appréciable. Alors je fermai les yeux, à demi rassuré, tout en gardant cette position.

L'enfer, ça fait mal au dos. C'est d'abord une douleur qui égrène chaque vertèbre, puis les additionne toutes en raidissant la colonne vertébrale qu'on sent empalée sur le fil tranchant d'un sabre. Puis ça explore le cou, fouille la nuque, fait battre comme timbales les veines des tempes. Et les yeux piquent de sang, et les dents se serrent. Les cuisses et les jambes deviennent de pierre, avec de la vie qui fait souffrir à l'intérieur.

Mon corps entier était un étai, et moi, pauvre Atlas, je soutenais mon petit monde. Je percevais presque le poids supplémentaire de chaque nouveau flocon. Et mon recul progressif se mesurait en dixièmes de millimètres. Mais il s'accentuait. Ma volonté résistait, mais les genoux pliaient. Mes sursauts étaient de moins en moins vifs, et c'est à peine s'ils me soulageaient durant quelques minutes. Les arceaux ployaient souplement.

La neige avait contourné mon obstacle. Négligeant la pointe formée par l'extrémité de mes pieds, elle s'accumulait maintenant au-delà. Et le ventre de la toile se divisait en deux, la dernière partie exactement au-dessus de ma poitrine. J'en arrivai ainsi au point de non-retour. Même si j'en avais eu la force, il m'était impossible maintenant de relâcher pour sortir, sinon j'allais être réduit en bouillie par ces blocs de glace. A moins que l'élasticité du tissu et celle des arceaux ne me laissent les quelques secondes nécessaires à rouler sur le côté. De ma main droite, j'écartai le réchaud. De toute façon, je ne voulais pas finir ainsi, ni écrasé, ni par le froid après que ma tente eût brûlé. Pourtant, je voulais bien mourir. Il me semblait cette fois que j'étais allé au bout vraiment, et au bout de tout. De l'hiver, de l'Arctique, de la tempête, de la fatigue, de moi-même... non, pas comme cela...

Mes chiens s'étaient tous tus. Je songeai que nombre d'entre eux avaient cessé de vivre. Les derniers hurlements ressemblaient à des râles d'agonisants. Les chiens de traîneau sont capables de supporter des températures de moins soixante degrés. Mais, avec cette tempête-là, le « wind chill factor » devait l'abaisser aux environs de moins soixante-quinze degrés. Et cela, sans le moindre monticule d'abri, les chiens ne pouvaient pas le supporter.

Le corps brisé, mes jambes maintenant presque complètement repliées sur ma poitrine me coupaient le souffle. J'attendis jusqu'au matin pour être bien certain de ma décision. J'avais passé la dernière partie de la nuit à pourchasser à travers mon ventre, mes bras, mes épaules et mon cerveau, la moindre parcelle de vie pour l'expédier en renfort dans les muscles de mes cuisses et de mes mollets. Et voilà plusieurs fois que je revenais bredouille. J'étais vidé.

Je calculai comment j'allais pouvoir me dégager avant que la tente s'effondre sur moi. Les arceaux allaient-ils tenir? La toile allait-elle se déchirer? Je transpirais d'une sorte de mort dont je ne voulais pas, parce qu'elle me ferait souffrir.

Je relâchai progressivement mes jambes. La toile descendit doucement. Et quand mes genoux touchèrent ma poitrine, je roulai sur le côté; elle s'arrêta suspendue à quelques centimètres au-dessus du sol. Je me risquai à me faufiler dessous, à quatre pattes, et à lever mon dos. Un gros paquet de neige glissa, les arceaux vibrèrent en remontant et je conquis assez d'espace pour réfléchir.

Je m'allongeai et respirai profondément. Une infinité de points douloureux me martelèrent le corps. Ma main droite reposait sur ma grosse carabine dans sa gaine. J'attendis de longues minutes, cherchant dans mes souvenirs une raison pour continuer à vivre. Trop de solitude pour qu'un visage familier m'empêche d'en finir. Ma femme elle-même, Martine, venue passer avec moi les deux mois d'été à Igloolik, me paraissait trop lointaine, trop en Europe aujourd'hui. Et puis nous nous étions disputés avant son retour pour la France. Elle m'avait admirablement aidé dans ma préparation et par la suite aussi, se démenant pour me faire envoyer du matériel, de l'argent et la nourriture pour les chiens. Mais moi, j'exigeais toujours plus, avec mes rêves égoïstes et fous, je ne pensais qu'à mon idée fixe et ne réalisais pas que je piétinais sa vie... échec... échec... échec...

Des amis? Depuis des années, je me sentais si seul avec mes projets d'aventure dans la tête...

Alors voilà, il y aurait une détonation qui me ferait un bruit d'éternité, et je partirais, évadé de la tempête, vainqueur de l'Arctique, à ma manière.

Je feignais d'ignorer les gestes de ma main droite. Mais je savais que c'était mon cerveau qui commandait. Et elle était malhabile, mes doigts gelés ne parvenant pas à saisir la glissière de la fermeture Éclair. Cela m'agaçait. J'aurais souhaité en finir comme dans un rêve, sans un accroc dans la succession des mouvements. Je m'assis. Mes deux mains ensemble ne m'étaient d'aucun secours. Alors, je passai les bras sous ma carabine, comme on porte un enfant, je serrai la glissière entre mes dents et tirai en tordant le cou. Je saisis l'arme dans mes paumes, fis jouer la culasse en engageant une balle dans le canon. Rien ne me pressait d'autre que l'envie d'en finir. La tente avait pourtant profité de ce répit pour s'affaisser encore. Plus rien ne m'était agréable. Pas même respirer, ni regarder mon univers rétréci. Mes objets : mon réchaud à essence avec sa flamme bleue nerveuse, mon sac de couchage, mes sacs de matériel, ma pelle, ma hache, ma parka. Étrange existence des objets liés à l'usage qu'on en fait... Quelles interrogations muettes leur poseraient les hommes s'ils me découvraient un jour? Tout cela ne m'appartenait plus. Instinctivement, je regardai ma montre : il était onze heures du matin.

Je me mis à genoux. Le canon du fusil était tiède dans ma bouche. J'en fus surpris, parce que je l'avais imaginé froid. Les yeux baissés, je tendis le bras vers le pontet. Mon pouce accrocha la détente et je m'immobilisai totalement. Je pris mon souffle à trois reprises comme un plongeur, basculai la tête le plus possible en arrière pour que l'effet fût instantané, je fermai les yeux... maintenant...

Un hurlement. Un seul. J'arrêtai mon geste. J'ôtai le canon de ma bouche et avalai ma salive. J'étais incapable de reconnaître la voix... Mouluk peut-être.

Il n'y eut pas d'autre cri. Mes chiens...

En disparaissant ici, je les condamnais. Je m'écroulai. Cette idée de mort surpassée, je revenais au vrai calme, je retrouvais le contrôle de moi-même. Pour extirper ce qui me restait de folie, je donnai des coups de pied sur cette boursouflure de la toile de tente qui approchait du sol. Et j'écoutai... rien. La tempête elle-même paraissait avoir pris un souffle de croisière. Ses accès de rage s'intercalaient de périodes plus calmes. La nuance à peine perceptible au début s'accentua pour devenir évidente. Je caressai le phoque en dent de morse que m'avait offert l'un des fils d'Idjaniak, à Igloolik. Avant de me le passer autour du cou, il m'avait dit :

– Regarde. Ce phoque, tu vois, je lui ai sculpté un ventre bien rond; c'est son estomac. Il est plein parce qu'il a avalé toutes les mauvaises choses. Garde-le toujours, ça te portera chance.

Le contact de l'ivoire lisse et tiède me fit réaliser que certaines phalanges de mes doigts retrouvaient un début de sensibilité, les extrémités exceptées. Elles avaient aussi repris de la couleur.

Je continuai à tripoter mon phoque pendant des heures.

J'entendis les plages de silence s'élargir entre les rafales de vent. Le calme s'installait. Mon baromètre montait. Progressivement, l'Arctique reprenait une respiration normale. Le vent rugit soudain d'un dernier sursaut comme j'imagine trépassent les monstres, et ce fut la paix. J'attendis quelques minutes, puis je revêtis ma parka et sortis. Il était quatre heures de l'après-midi.

Je ne voyais rien. Seul un monticule de neige m'indiquait l'emplacement du traîneau. Le blanc, uniforme, abolissait le relief. Un grattement derrière moi, je me retournai : Finskan vrillait un trou avec son museau. Je me précipitai vers elle et lui dégageai la tête. Elle paraissait en pleine forme, un peu étonnée, même, de mon empressement.

– Et les autres... où sont-ils ?

Elle se leva en s'étirant largement puis s'ébroua.

J'appelai :

– Charlie... Pirat... Lobo... Oukiok... Tajo... Rosta...

Pas de mouvements.

– Qu'est-ce que vous foutez ?... Debout... debout les chiens.

Des têtes émergèrent du sol, coiffées de calots de neige, ce qui donnait à Charlie un air de comique troupier. Elles sortaient de partout, très éloignées des emplacements où j'avais fixé les lignes d'attache. Ils avaient tant tiré sur leurs chaînes qu'ils avaient réussi à arracher les croisillons de bois. Je les embrassai une à une, mes merveilles, admirables organismes qui s'étaient accommodés des pires conditions climatiques qu'on puisse imaginer. Et moi qui les avais condamnés... moi qui étais en train de les abandonner.

– Lequel d'entre vous a hurlé ce matin ? Lequel m'a empêché de mourir ? Lequel m'a sauvé la vie ?

Merci les chiens... merci.

Je m'assis et les regardai s'extraire de leurs niches. Et puis j'eus la révélation du nombre. Je n'avais pas compté, mais je savais qu'il en manquait... deux.

– Nanuk... où est Nanuk ? et Mouluk... Mouluk ?

J'attrapai la ligne d'attache, et la suivis. Elle disparaissait sous une légère bosse de neige. Je grattai fébrilement avec mes mains. Dessous, il y avait une fourrure marron : Nanuk. A cause de sa chaîne entortillée, il n'avait pu se mettre en boule pour se protéger. Le cou tendu, la nuque renversée, la joue plaquée au sol, incapable de retenir la moindre chaleur de son corps, il mourait. Il ouvrit les yeux. Une petite flamme vacilla au fond de ses prunelles jaunes. Je le dégageai, le frottai, lui ôtai sa chaîne et le mis sur ses pattes. Il s'écroula, puis se releva, fit quelques pas, hésitant tel un vieillard perclus de rhumatismes. Rosta son amie l'observait; elle émettait de petits cris qui ressemblaient à des encouragements.

– Et Mouluk?

Un contact mou sous mes bottes. Je marchais dessus sans le voir. Je déblayai la croûte de neige. Mouluk le noir avait la même position que Nanuk, le cou raide et le corps étiré. Mais son urine et ses excréments avaient gelé sous lui, l'emprisonnant dans une gangue de glace impossible à briser. Soudé au sol, Mouluk était incapable du moindre mouvement. Il avait les yeux fermés, son flanc ne battait plus d'aucune respiration visible. Je courus à la tente chercher la hache et revins vers lui. Je taillai autour de son corps, prenant soin de ne pas le blesser. Et c'est un Mouluk emprisonné dans un bloc que je portai inerte sous la tente. Je collai mon oreille sur sa poitrine. Je n'entendis que les battements de mon propre cœur.

– Je l'ai tué... je l'ai tué...

A genoux, j'ôtai mes moufles, le calai entre mes cuisses, et commençai à le masser...

– Il est mort...

J'en étais certain. La neige et la glace fondaient lentement à la chaleur du réchaud que j'avais poussé au maximum. Mais son corps restait raide. Je caressais un cadavre. Je m'obstinai contre toute raison. Mouluk mon bagarreur, Mouluk avec sa langue en dentelle, Mouluk avec ses doigts de travers à sa patte avant gauche. Lui que j'ai élevé complètement et qui malgré l'avis de tous était devenu un bon chien de traîneau, je l'ai amené à la mort... Je pleurais d'impuissance. Je soufflais en rythme comme je savais faire la respiration artificielle. Je lui massai le cœur. Je lui soufflai dans la gueule, lui frottai les yeux. J'attrapai ma boussole et plaçai le miroir devant sa truffe. A travers mes yeux mouillés de larmes, je vis la surface se brouiller d'une infime buée. Il vivait.

– Oui, Mouluk. Reviens, Mouluk...

Alors, je recommençai mes massages, lentement, pétrissant comme je pouvais cette chair qui revenait doucement à la vie. Je sentis bientôt sous mes doigts une chaleur renaître. Et Mouluk, au bout de vingt minutes, ouvrit les yeux. Yeux vides d'abord, puis soudain traversés par la peur qui fit papilloter ses paupières. L'apaisement ensuite de la conscience revenue avec enfin un air de tendresse et de confiance d'un enfant qu'on soigne.

Il voulut tout de suite se remettre sur ses jambes, mais perdit aussitôt l'équilibre.

– Du calme... Mouluk... c'est fini... couché.

Je lui réchauffai les membres, suivant du pouce le trajet de ses muscles et de ses veines. Puis je le recouvris d'une peau de caribou. Il se mit en boule, et je m'allongeai près de lui. Je laissai mes doigts lui parcourir le crâne, suivant de l'index le sillon mordoré qui partait de la base du museau jusqu'à la nuque. Quand ma main s'approchait de ses bajoues, il me gratifiait d'un coup de langue.

– Une heure de plus, mon vieux Mouluk, et c'était fini pour toi... Je te propose un marché. On va attendre demain pour que tu récupères un peu. Et puis on rentrera... tu ne tireras pas. Mais je ne pourrai pas te mettre sur le traîneau... tu comprends, tes copains aussi sont fatigués... alors tu marcheras avec nous... tu suivras, comme tu pourras... je compte sur toi, hein... pas question de nous lâcher en route...

Je l'embrassai entre les deux yeux.

Il semblait acquiescer à lents battements de cils.

Lorsque je sortis pour donner leur ration aux autres, il esquissa le geste de se lever pour me suivre.

– Reste ici... couché Mouluk.

Dehors, le ciel avait dessiné une aurore boréale gigantesque, majestueuse comme les pans du manteau de Dieu. C'était, avec la vie, la paix retrouvée.

Après m'avoir conduit aux abords de la folie et de la mort, l'Arctique me séduisait à nouveau. Quand je rentrai sous la tente, Mouluk s'était endormi. Je m'étendis sur le côté pour ne pas le réveiller.

***

C'est un équipage de fantômes qu'accueillit le père Van de Velde à Hall Beach. Dix vies qui n'en voulaient plus à force de tirer le traîneau, et qui s'affaissèrent devant lui, avant même que j'aie donné l'ordre d'arrêter. Et puis une autre, celle de Mouluk, qui errait, libre, vacillant sur ses pattes. Au matin, dix fois il était tombé, dix fois je l'avais relevé. Mais lorsque je voulais le porter, il s'enfuyait en zigzaguant, marchant à ce qui aurait dû être sa place, à la hauteur de Rosta. Celle-ci le chassait à coups de gueule, lui commandant de continuer à trotter seul pour se reposer. Il lui répliquait en la caressant du bout de sa truffe, puis se laissait décoller. S'il s'était effondré définitivement, je l'aurais pris sur le traîneau. Mais il avait tenu. Quant à moi, le douzième rescapé, à en juger par les yeux arrondis de mon hôte, j'avais l'air probablement de revenir de l'enfer.

Ils avaient bien travaillé aujourd'hui, mes chiens, soucieux comme moi de fuir cette brumasse menaçante qui depuis le matin chargeait le ciel. Et nous comprenions tous que la tempête allait recommencer.

– Qu'est-ce qui vous est arrivé ? questionna le père, essayant de lire sur mon visage.

– Le vent... la neige... c'était épouvantable.

– J'espérais que vous étiez déjà passé de l'autre côté.

Il m'enlaça un bras autour des épaules et me fit entrer chez lui. Je balbutiai :

– J'ai les doigts gelés.

– Entrez.

Je le suivis. J'ôtai mes moufles. Il prit mes mains dans les siennes et les examina.

– Oui, les extrémités sont blanches, constata-t-il... mais ce n'est peut-être pas trop tard. Il y a justement le médecin ici, vous avez de la chance, il est en tournée à Hall Beach.

– Il faudrait d'abord faire entrer Mouluk, dis-je en me pétrissant les doigts, c'est un de mes chiens. Je l'ai trouvé gelé, hier après-midi... ça lui ferait du bien, un peu de chaleur.

Mouluk attendait dehors. Il n'était même pas attaché. Roulé en boule, il reprenait son souffle péniblement. Il se leva quand je l'appelai, s'approcha de moi, hésita devant la porte. Il n'avait pas l'habitude des abris. Je le saisis au collier et le traînai à l'intérieur. Il chercha du regard mon approbation, et se coucha dans la grande pièce, près du poêle.

Alors je racontai tout, sauf mon suicide. Il m'écoutait comme les enfants attentifs aux récits des grands-pères. Il ne posait même pas de questions. Il savait de quoi je parlais. Je m'interrompais parfois pour observer Mouluk. Une flaque d'eau s'élargissait autour de son corps. Il dégelait. Quand j'eus fini, mon auditeur garda le silence longuement et finit par lâcher :

– Vous êtes bien un fou de Français.

CHAPITRE XI

La lune se déshabillait lentement d'un minuscule nuage. Elle prenait des poses, la coquette, à mesure qu'elle dénudait chaque parcelle de son corps. Et moi, Pierrot de banquise, j'attendais qu'elle fût dévêtue, impatient comme un amoureux. Je n'entendais que le souffle régulier de mes chiens et le grincement des patins sur la croûte glacée. Il ne manquait qu'une respiration blanche de locomotive pour m'imaginer conduire le petit train des neiges. J'avais enfin, avec le voyage, retrouvé ma sérénité.

J'avais eu besoin de toute ma détermination pour en arriver là. Les autres appelaient cela entêtement, voire folie. Ils ne me le disaient pas, mais je le lisais dans les yeux bienveillants du père Van de Velde, et de tous ses amis esquimaux. Heureusement qu'il y avait eu le regard des enfants. Leur admiration m'avait conforté. Leurs rêves étaient à la mesure des miens. J'appris d'ailleurs, par leur maîtresse d'école, qu'en débarquant, je venais de leur faire l'un des grands plaisirs de leur vie. Depuis le temps qu'on leur parlait des chiens de traîneau, d'aventures, et qu'on leur racontait les histoires de leurs ancêtres! Eh bien, c'était la première fois qu'ils voyaient un attelage. Ils avaient tourné autour, habités par une joyeuse excitation, s'expliquant les uns aux autres les détails qu'on leur avait dits sur les chiens. Ils frappaient des mains. Et je jubilais en épiant leurs interrogations muettes. Ils plongeaient ainsi dans leurs livres d'images, les enfants, exactement comme si, chez moi, un beau jour, un chevalier en armure avait débarqué dans la cour de l'école.

Durant notre saut de puce en avion, par-dessus la baie de Boothia, je donnai raison au père Van de Velde. Le temps clair m'avait permis de voir en dessous que la mer n'avait pas gelé. Jamais nous n'aurions réussi à passer. Mon équipage, à bord, faisait grise mine. Ce n'était pourtant pas pour lui un baptême de l'air. En effet, grâce à l'aimable compréhension de l'armée française pour mon expédition, c'est en avion spécial que nous avions effectué le grand vol depuis la France, au-dessus de l'Atlantique, pour atteindre notre point de départ. Un voyage idéal, ordonné. Mon matériel et mon traîneau parfaitement arrimés. Une cage pour chaque chien. Ils avaient dormi tout le long du trajet, mes toutous, à peine étonnés, après l'atterrissage, de se dégourdir sur une piste glacée de la Terre de Baffin. Mais là, dans ce cargo des lignes intérieures, entassés comme un banal chargement de conserves, ils avaient un air désemparé, inquiet même. Je songeai à des aborigènes du centre de l'Australie assis dans les fauteuils du Concorde. En débarquant, ils parurent soulagés de continuer à pattes.

De la Dew Line jusqu'à Pelly Bay, ce fut une promenade de remise en train sur trente kilomètres. Pelly Bay est la ville la plus défavorisée du Grand Nord. A cause de sa baie aussi capricieuse que le golfe de Boothia. Elle ne dégèle jamais totalement. Les blocs de glace interdisent ainsi tout ravitaillement par mer. Les bateaux ne s'y risquent donc pas, et l'avion, à la cadence d'un trajet par semaine, ne peut subvenir à tous les besoins essentiels de la population. Et quand on sait qu'un yaourt arrivé à Pelly Bay coûte vingt-deux francs le pot, on se rabat sur la seule richesse du pays, le poisson sous toutes ses formes : séché, grillé, salé... Il y a en effet peu de caribous dans cette région. Autrefois, Pelly Bay n'était qu'un rendez-vous de pêcheurs. Ce sont les Blancs, par la suite, qui ont fixé les Esquimaux sur ce territoire du bout du monde. Le gouvernement canadien participe à l'entretien de cette vie, avec cet unique avion Hercules qui effectue le trajet gratuitement.

Je me demande toujours pourquoi, dans cette région, la tradition des chiens de traîneau n'a pas été conservée. La pratique en est beaucoup plus économique, beaucoup plus efficace que les skidoos qui là aussi, comme partout dans l'Arctique, font fureur, malgré l'entretien et un coût de l'essence bien supérieur à ce que serait la nourriture, puisqu'il y a là-bas assez de poisson pour nourrir un continent...

L'étape était angoissante. Je réalisai subitement en effet que mes chiens n'avaient pas encore complètement récupéré leur fourrure d'hiver. J'attribuai cela à une erreur dans l'alimentation. Je ne les nourrissais pas assez. Pendant toute la semaine qui précéda mon départ, je leur fis ration double. Je m'en voulais d'avoir négligé ce phénomène biologique que pourtant, je connaissais bien. Les chiens, dans les semaines qui précèdent l'hiver, ont besoin d'absorber d'importantes quantités de graisses pour que tombe le poil léger de l'été, et que repousse la longue et épaisse fourrure d'hiver. Je les cardai soigneusement avec une brosse aux dents d'acier pour arracher les mauvais crins et accélérer ainsi la repousse. Une faute vraiment impardonnable... Dans la tempête que je venais de traverser, ils auraient pu tous en mourir...

C'était encore une chose que les Esquimaux m'apprirent : alors que cet été, moi, j'étais fier de la musculature nerveuse de mes athlètes, ils savaient bien, eux, qu'il était préférable que les chiens fussent plus gras.

Et puis un beau jour, je partis. Un faux départ. Je sentais d'ailleurs que cette éclaircie était trompeuse, qu'elle était annonciatrice d'une nouvelle tempête plutôt que d'un grand beau temps. Mais j'avais tellement envie de bouger. En quittant Pelly Bay, je sortais vraiment de l'est, de la proximité de Baffin. Je m'enfonçais vers le centre de l'Arctique canadien. C'était pour moi une sorte d'appel irrépressible. Alors j'obéis...

A peine avions-nous quitté la protection naturelle de la baie pour nous enfoncer sur la mer que le vent claqua comme je connaissais déjà. La tempête encore. Je n'insistai pas et fis demi-tour. Nous n'avions parcouru qu'une douzaine de kilomètres. Mais cette crasse blanchâtre, qui remplissait la nuit, m'empêcha de retrouver mes points de repère, et de reconnaître même nos propres traces. J'eus ainsi une heure de grande frousse. Combien de temps allions-nous tourner si je ratais le village ? Heureusement, Finskan et ses compères, qui ne s'affolèrent pas, nous amenèrent droit dessus, sans un détour... Chiens de rêve... Chiens meilleurs que les hommes... Chiens plus subtils... Ils ne m'étonnaient plus à force de m'étonner !...

En arrivant, je ne défis même pas mon traîneau. A l'abri chez mes hôtes, je restai près de la fenêtre à guetter le ciel. Vingt-quatre heures plus tard, sans prévenir personne, nous étions repartis...

Lunaire, le paysage... à cause de la lune. Lumière blafarde, blanche, oppressante aussi. Et elle se prélassait là-haut, rondouillarde, l'air de se balancer sur son rocking-chair de nuage. Le seul d'ailleurs dans ce ciel bleu de nuit. Elle en effaçait les étoiles, de sa pâleur romantique. Je comptais sur elle. C'est elle qui allait être ma compagne de l'hiver. C'est elle que je ne voulais plus voir disparaître. Le jour de mon départ, j'avais aperçu le soleil pour la dernière fois. Et encore, pas en entier. Seulement son dos rond, orange, tranché par la lame de l'horizon. Une lumière jaune ricochait à peine sur lui pour s'aller éteindre bien avant la première moitié du ciel. Je savais que je ne le verrais plus. Son départ était prévu par le calendrier. Et je l'ai regardé fixement, sans ciller, jusqu'à ce qu'il s'enfonce. Et puis derrière lui, j'ai suivi le trajet de sa crinière dorée qui a fait une goutte de sang, là-bas, très loin, sur une crête de neige. Et ce fut fini. Je fixai longtemps le point où il s'était noyé. Quand je me retournai, l'autre était là, la lune, fraîche et pimpante. Je lui devinais une sorte de ricanement joyeux qu'elle me lançait pour me séduire. Et cela faisait trois jours déjà qu'elle pointait, fidèle à nos rendez-vous.

Le jour ne se distinguait plus de la nuit que grâce à ma

montre. A peine au début, pendant trois ou quatre heures, quelques nuances entre ombre et pénombre. J'étais entré dans la nuit polaire.

Pour ce trajet de quatre cents kilomètres qui sépare Pelly Bay de Gjoa-Haven, j'avais choisi, comme à mon habitude, la route la plus directe. Contrairement aux voies empruntées par les Esquimaux, lesquels aiment à suivre la côte depuis la banquise, j'avais préféré celle toute droite du chemin à travers les terres. Le premier jour pourtant, je pris un cap au sud pour contourner un relief de glace qu'on m'avait signalé comme très dangereux, et tout doucement je remontai sur ma ligne.

La neige faisait en alternance de bons et de mauvais passages. Épaisse et collante par endroits, inexplicablement elle devenait dure à d'autres. La progression était irrégulière et pénible. Pour vérifier l'état du terrain, j'allumais ma lampe frontale. Par intermittence seulement. Et pour des instants le plus courts possible, afin de ne pas déshabituer mes yeux à la nuit. Ces éclairs d'ailleurs, au bout de trois jours, m'éblouissaient, et il me fallait ensuite des minutes de plus en plus longues pour que disparaissent les lucioles dansantes qu'ils me plantaient dans la tête.

Installer mon bivouac et monter la tente à la seule lumière de cette petite lampe constituait une épreuve agaçante. C'est une habitude difficile à prendre que de coordonner la direction de son front avec les gestes que l'on fait. Et mon cou peu à peu devenait solidaire de mes mains, s'orientant précisément sur ce que je voulais voir, l'objet que je cherchais, l'emplacement où je posais le pied.

Et le vent arriva avec un chargement de brume qui me chassa la lune. La tente à peine montée, la neige se mit à tomber. Des tourbillons sortis d'un sablier gigantesque égrenaient un temps qui n'en finissait pas. Toute la nuit, toute la journée et une partie de la nuit suivante encore... Heures longues, interminables comme l'inaction, heures inutiles parce qu'elles ne me permettaient pas d'avaler ma dose de kilomètres, parce qu'elles ne me menaient nulle part, qu'elles me piégeaient, m'enterraient sous la tente, ne me laissant d'autre occupation que celle d'entretenir ma vie, petite flamme bousculée que je sentais de moins en moins vaillante au fond de moi.

Je regrettai une résolution que j'avais prise chez moi en France, pendant la préparation de mon expédition. J'avais décidé en effet de n'emporter aucun appareil radio, aucune bande musicale, rien qui puisse me faire perdre le contact avec le monde où j'allais plonger, ne serait-ce que quelques heures. J'avais imaginé que la musique m'amollirait l'âme et avec elle le cœur et la volonté. Qu'elle serait dangereuse parce qu'en me distrayant, elle disperserait mon attention. Tout cela était vrai. J'avais donc eu raison. Mais... Dieu que l'évasion me manqua en ces heures arrêtées que je dus passer à l'abri, en attendant la fin de la tempête.

Je pliai le camp à trois heures du matin. L'air s'était chargé d'un brouillard serré de particules de givre qui me renvoyaient la lumière de la lune cachée. J'avais espéré que la neige serait bonne. Sous ce froid cuisant de moins cinquante-cinq degrés, elle avait gelé instantanément. C'était vrai pour une mince pellicule de surface. Mais en dessous, elle restait lourde et grasse, et mes chiens, au creux des vallées, brassaient parfois jusqu'au poitrail.

Traversée d'un lac. Détour pour éviter un verrou glaciaire sur une rivière, grimper sur la rive, recherche d'une autre rivière, parcours épuisant, enroulé autour de ces anses interminables. Je perdis ainsi encore une journée à tourner sur un relief pas totalement invisible, mais insaisissable, impossible à contrôler avec tous ses écueils aplanis.

La lune un soir apparut exactement au bon moment. Finskan s'était arrêtée malgré mes exhortations. Je n'osais pas insister. Elle avait eu si souvent raison. Mais comment faire la différence entre le simple caprice et sa science du terrain ? Je marchai à sa hauteur. Devant elle, une chute de deux mètres. Elle me regardait, m'interrogeant des deux reflets de lune capturés par ses yeux.

– Sauter... ? Contourner... ?

La crête, à droite et à gauche, paraissait n'avoir pas de fin. Et j'étais irrité par ces arrêts continuels, ces obstacles, cette progression trop moyenne, ces détours, et puis ce temps qui ne se mettait ni au beau ni au mauvais. Avancer... Avancer... Vers l'ouest... ça passe ou ça craque, me dis-je en jouant un stupide va-tout.

On y va...

Je vis les ombres de mes chiens se raidir et Finskan bondir, et Lobo et Pirat derrière elle sauter sans hésiter, et toute ma meute ensuite. Le traîneau vola un instant puis atterrit en poussant des gémissements de lattes qui plient. J'encaissai le choc en pliant les genoux comme un skieur au passage d'une bosse. Sur les patins, j'écoutai le bruit de ma glisse. Rien d'anormal. Les vibrations m'arrivaient dans les doigts, sans à-coups, sans fêlures. Je transpirais. La décision stupide que je venais de prendre aurait pu compromettre toute mon entreprise. Je me promis davantage de prudence. S'il avait cassé, ma seule ressource eût été de traîner mon matériel dans la bâche.

***

J'avais estimé la durée de cette étape à cinq jours. Mais nous pataugions dans cette nuit sans fin depuis une semaine. Et sans aucune visibilité à cause d'un « white out » total. J'avais cependant emporté le double de provisions mais il me restait seulement deux rations de nourriture, après c'était l'inconnu. Et je savais d'après ma carte que nous n'atteindrions pas Gjoa-Haven dans ces délais. Alors?... Il se posait à nouveau mon problème de survie. Mais pas du tout dans les mêmes termes que la fois précédente. En y repensant, je ne puis m'empêcher de sourire à cette idée qui m'avait pris durant la traversée de la Terre de Baffin. Il n'était plus question maintenant de sacrifier un chien pour nourrir le groupe. Notre survie se posait en termes simples qui nous concernaient tous ensemble. Surtout ne pas se laisser gagner par la panique. Il me fallait absolument chasser. Les derniers caribous, je les avais aperçus, quarante-huit heures plus tôt; un petit groupe d'ombres lointaines fuyant devant nos propres ombres. Et depuis, plus de traces, plus d'odeurs non plus décelées par les chiens. Je savais d'ailleurs qu'il n'y en avait pas dans cette région.

Depuis la veille, je fouillais la nuit. Je m'étais interdit toute lumière. Je savais mes pupilles dilatées à leur maximum. Tout avait un blanc uniforme et baignait dans une lumière vacillante déversée par ces cascades de cristaux de glace en suspension dans l'air. Cent fois au cours de la journée, mon cœur avait accéléré aux images des caribous que je croyais apercevoir. Cent fois, je lui avais imposé le rythme de la raison. Et pourtant, j'en distinguais partout, je les posais sur les crêtes les plus lointaines, sur les plus infimes accidents de relief, je les voyais fouiller la neige ou marcher tête haute. J'apercevais de vieux mâles, le front alourdi de leurs bois, humer l'air à la recherche de quel indice, de quel danger invisible... Je gardai à la main ma grosse carabine. J'étais victime du mirage caribou.

Le soir, je diminuai à peine la ration de mes chiens. Toujours à cause de cette fourrure d'hiver dont je voulais accélérer la pousse. Oukiok et Tajo, surtout, mes pur-blanc, étaient plus en retard que les autres. Ils avaient la croupe dangereusement dégarnie ainsi que les flancs pelés par endroits.

Une autre chose m'inquiétait aussi : l'apparition de petites boules dures sous les pattes des chiens. A chaque pas enfoncé dans la neige, une formation de glace s'incrustait entre les doigts, grossissait, et restait collée par le gel. On appelle cela des « snow balls ». A la longue, ces concrétions sont très douloureuses et peuvent finir par entailler les coussinets jusqu'à interdire même toute marche. J'avais beau essayer de les extraire, elles étaient tant soudées aux poils que je risquais de provoquer des écorchures.

Je regrettais de n'avoir pas fait fondre tous mes chiens à Hall Beach comme Mouluk, près du poêle du père Van de Velde. Mouluk, en effet, était le seul à n'avoir pas de « snow balls ».

Mon sommeil fut une prairie traversée de troupeaux. Innombrables caribous paisibles et paissant. Caribous gros et gras comme il ne s'en trouve pas même en été. Leur nourriture étant si pauvre qu'elle ne leur permet jamais d'emmagasiner des réserves. Et pourtant, ils étaient magnifiques, mes gibiers. La plaine de mes rêves en était couverte. Ils ne s'effarouchaient pas de notre présence. Et moi je choisissais parmi eux, le plus beau, le plus grand, le plus enrobé. A travers la visée, je distinguais les poils frisottés de son front. Et ma maisonnée avait à manger à satiété. Mes chiens en rotaient d'aise, en digérant, dédaignant les os pour un dessert futur.

Au matin, j'avais faim. Du thé et un biscuit eurent pour effet de m'ouvrir seulement l'appétit. Puis, à l'instant du départ, quand je choisis mon cap, je me vis dans le miroir de la boussole et ma faim se tut subitement : les pommettes de mes joues étaient tachées. Je paniquai. Elles avaient gelé. Après mes doigts dont j'avais heureusement récupéré la presque totalité de l'usage et de la sensibilité, sauf tout à fait aux extrémités, le froid m'attaquait maintenant au visage. Et la relative douceur de la température sous ma tente n'y avait rien fait. C'étaient deux taches brunâtres qui n'éclaircissaient pas quand j'appuyais dessus. Je me frictionnai longuement avec deux noix de la crème que le médecin de Hall Beach m'avait laissée. Le froid que le vent abaissait à moins cent dix degrés avait mordu les deux seules parties de mon corps exposées à l'air libre, puisque ma barbe et ma cagoule me protégeaient le reste du visage. Je nouai un mouchoir comme j'avais vu le faire au cinéma les cow-boys coureurs de désert, et me masquai le nez jusqu'aux yeux. Cagoule, chapka, parka, et je sortis.

Le froid en une seconde referma ses pinces sur moi. Mon thermomètre indiquait moins cinquante-cinq degrés. Je restai un instant saisi, appliqué à ralentir ma respiration, puis je contractai mes muscles et préparai mon attelage, vidant de mon esprit tout ce qui pouvait le dévier de mon idée fixe : la chasse au caribou. Quand je levai l'ancre, j'avais déjà mon fusil à la main.

Elles avaient beau remonter, les petites phrases de mes hôtes de Pelly Bay qui disaient : « Emmenez largement ce qu'il vous faut de nourriture, parce que dans cette région il n'y a pas de caribous », je ne les écoutais pas. Moi je voulais qu'il y en ait, des caribous, des isolés, des paumés... d'abord parce que les caribous ne savent pas lire les cartes... et qu'ils peuvent se perdre... Alors pourquoi n'y en aurait-il pas dans le coin... ?

Je me répétais que j'étais sans doute devenu un peu fou, mais je gardais la certitude de trouver du gibier parce qu'il le fallait.

Nous marchions depuis quatre heures.

– Caribous... Caribous...

Je criai comme on clame victoire. Les chiens s'arrêtèrent les oreilles orientées vers l'avant.

– Des caribous, les chiens... là-bas... Attention, on chasse.

Ils étaient deux. Efflanqués, ils avaient un air que je trouvai misérable à cause d'une sorte de pitié qu'ils me faisaient d'avoir erré sans but parce qu'ils avaient rendez-vous avec la mort que j'allais leur donner. Parce que j'allais les tuer, j'en étais certain... Ne jamais saliver sur la viande de caribou sans l'avoir découpée... D'accord avec la petite voix dans ma tête!!! Mais j'étais tellement décidé à ne pas les laisser échapper... D'ailleurs, j'étais devenu loup et ne les lâcherais pas.

Mes chiens avaient compris. Ils s'étaient ramassés comme on se contracte avant un effort.

– Allez, les chiens. Doucement...

Ils trempaient leurs pattes dans la neige, au ralenti, retenant même le bruit de leur respiration. Le gibier ne nous avait pas aperçus. Les deux bêtes immobiles nous tournaient le dos. Elles étaient à plus de deux cents mètres.

Pour la première fois de ma vie, je chassais pour manger. Et cela n'avait rien à voir avec l'aimable passe-temps à peine sportif que j'ai connu en Suède, et où d'ailleurs le fait de rentrer bredouille n'entamait qu'une infime partie de mon orgueil. Et cela, après tout, ne conditionnait pas mes soupers. Mais aujourd'hui...

Ils levaient la tête tour à tour, mes chiens, pour apercevoir le gibier. Un léger vent leur emplissait les narines d'odeur de caribou, mais ils taisaient leur excitation, à cause sans doute du claquement qu'ils avaient entendu quand je fis jouer la culasse pour armer.

Je chuchotai :

– Staana...

Finskan s'immobilisa, une patte en l'air, se tourna vers moi, puis estima l'emplacement de la proie d'après la direction du canon.

Mon cœur s'était mis au galop. Il me battait la gorge, les tempes et le tympan. J'ôtai la moufle de la main droite et épaulai. L'une des bêtes, à cent mètres de moi maintenant, me présentait son flanc. Mes yeux me piquaient et se brouillèrent sous une larme de froid que j'essuyai vivement. Je visai en arrière de l'épaule. Mon doigt se colla au métal de la détente et j'appuyai.

Je restai quelques secondes, la joue plaquée sur la crosse. A travers la fumée de l'explosion, il me sembla voir la bête faire une glissade et tomber sur les genoux. Mais quand je levai le nez de la ligne de mire, à l'emplacement de ma cible, il n'y avait plus rien. Pas plus sur la gauche que sur la droite, le caribou avait disparu.

Et pourtant, j'étais certain de l'avoir touché. Mes chiens piétinaient d'impatience. Avec ce coup de fusil, la chasse pour eux devenait sérieuse... Je ne savais pas quoi décider...

Merde... Merde... Merde... Si je l'ai manqué, je ne le verrai plus.

– Allez, les chiens... On va voir... On y va...

Le traîneau bondit.

– Gauche Finskan, à gauche...

Elle piqua droit sur le monticule où j'avais tiré. Je dus mettre le nez dessus pour me rendre à l'évidence, ces taches sombres que la lumière métallique de ces « ice cristals » révélaient, c'était bien du sang. Finskan et Lobo s'en barbouillèrent la gueule. Je remontai sur les patins du traîneau.

– Allez... on cherche...

Onze tueurs en chasse. Onze chiens qui, depuis des jours, n'ont eu aucune vraie odeur à se mettre sous la truffe, ça ne peut pas laisser filer un gibier blessé. Ils reniflaient tous; tous d'accord sur la direction à prendre, sans se concerter. Ils m'embarquèrent sur des dévers aux pentes arrondies et des sauts depuis des bosses escarpées...

– Le voilà...

Les chiens ne m'écoutaient pas. Ils savaient bien que le caribou était par là, et pas loin encore. Je le voyais boiter bas. Il avançait en zigzaguant. Son compagnon l'attendait quelques dizaines de mètres en avant. Lorsqu'il nous aperçut, ce dernier se lança en bonds impressionnants, et disparut. L'autre, en le voyant fuir, s'arrêta. Il était à moins de cinquante mètres de nous. J'épaulai à nouveau. Mais la bête repartit avec sa patte folle, antérieure gauche, qui faisait une vilaine courbure avec le genou. C'était à cet endroit que je l'avais touché... Mes balles... Je me rappelai soudain que j'avais chargé avec des balles de défense beaucoup plus lourdes que les normales, pensant avoir à les utiliser contre les ours en cas de danger rapproché. Et je n'avais pas effectué la correction nécessaire sur ma hausse. Alors, j'avais touché trop bas, beaucoup trop bas...

L'animal traqué ne restait plus en place. Je savais maintenant qu'il ne pourrait plus nous échapper. Je souhaitais seulement en finir vite. Son avance sur nous n'augmentait pas. Les chiens, en revanche, avaient une énergie accrue. Il renonça enfin, après une demi-heure de poursuite. Il s'arrêta, se retourna vers nous, comme s'il voulait faire face. Il s'offrait.

– Staana.

Je descendis du traîneau, fis une cinquantaine de pas pour avoir l'animal de profil, je calai soigneusement la carabine avec la courroie enroulée autour de mon bras, j'épaulai, visai et tirai. Le caribou s'effondra, tué net.

Les chiens n'attendirent pas mon ordre. Ils se ruèrent à la curée. Quand je les rejoignis, ils étaient en tas, occupés à se battre, commençant à dévorer la bête. Onze coups bien portés sur onze museaux avec la crosse de ma carabine que je tenais par le canon remirent de l'ordre dans cette pagaille. Onze gémissements de douleur et mes hyènes s'écartèrent. Je tirai ma victime par les bois, hors de leurs crocs sanguinolents.

– D'accord pour la curée, mais tout à l'heure et en ordre.

Je saisis mon poignard à ma ceinture et éventrai l'animal. J'ôtai mes moufles et plongeai mes mains à l'intérieur. C'était visqueux et tiède. C'était agréable. Une vapeur s'échappait de ses entrailles quand je sortis les abats : intestins, reins et cœur...

Je me réservai le morceau de choix : la panse. Je l'ouvris. Une pâtée verdâtre en sortit, se déversant sur mes manches. J'en saisis deux poignées que je portai à ma bouche. C'était chaud, un peu âpre au goût et fort aussi, mais surtout parfumé comme une viande de chevreuil marinée aux herbes. Pourtant, ce n'étaient que des herbes, de rares lichens, des mousses minuscules que l'animal, guidé par sa science instinctive, avait su trouver après avoir fouillé la neige de son mufle. Ainsi avais-je vu faire les Esquimaux dépouillant leurs bêtes. Ils m'avaient offert une pincée de cette mixture stomacale et j'avais été un peu dégoûté. Je n'avais pas faim alors, ni froid non plus. Mais là, je me régalais. Je dévorais, j'engloutissais, je me bâfrais. Je volais à ma victime le reste de vie qu'elle pouvait encore me donner. Jamais je n'avais senti aussi immédiatement les bienfaits d'une nourriture, comme si chaque bouchée avalée se transformait en une énergie instantanée. Envie de vie, envie de sentir tous mes muscles fonctionner, envie de hurler victoire... J'étais à la fois troublé et parfaitement satisfait de devenir un animal fort de ses instincts retrouvés.

Les chiens me regardaient en silence. Malgré leur faim

et leur fatigue de la poursuite, ils m'accordaient le privilège du maître premier servi. Ils patientaient. Finskan, Charlie, Pirat et Rosta léchaient les poils du caribou collés à leurs babines...

Je pris le foie de l'animal et le croquai à pleines dents. Avec mon poignard, je taillai au ras de mes lèvres des bouchées que j'avalai après les avoir à peine mâchonnées. Je le dévorai en entier. Et puis, de la pointe de mon arme, je fouillai le ventre à la recherche de graisse. J'en avais envie. J'en sentais le besoin. Mais il n'y en avait pas un pouce. Alors, au hasard, je coupai des parcelles de viande que j'enfournai sur ma langue. Le sang avait un goût de vin vieux et je m'enivrais.

Enfin, l'homme civilisé revint, avec son esprit organisé; et je commençai à découper la bête scientifiquement. D'ailleurs, il fallait faire vite. Le caribou, dans quelques minutes, serait gelé. Je fis des portions, onze parts de viande. Je goûtais à mesure chacun des petits tas que j'éparpillais à mes pieds. L'homme moderne planifiait, désossant et dépeçant. Je calculais ce qui resterait après que mes compagnons auraient été rassasiés. A peine un kilo pour chacun. L'animal n'était pas très gros, il devait peser dans les cent vingt livres. J'hésitai un peu pour savoir si j'allais aussi leur donner les os. Les chiens dépensent à les ronger une telle énergie qu'il aurait été préférable de ne pas les leur laisser. Mais cela leur ferait tellement plaisir!... alors je les désarticulai...

Ils étaient sages de la peur qu'ils avaient d'être privés du festin. Et ce sont des moutons que je déharnachai et conduisis aux lignes d'attache. Pas un cri, pas un geste de méchante humeur, pas le moindre mouvement de résistance. Nous n'avions parcouru qu'une vingtaine de kilomètres depuis le départ ce matin, mais la chasse et la boucherie ayant cassé notre journée, je décidai de planter le camp. Ils surveillèrent tous mes gestes pour monter la tente, accompagnant chacune de mes allées et venues pour décharger le traîneau et porter mon matériel à l'abri. Ce n'était pas du sadisme de ma part, mais seulement cette précaution de les nourrir deux à trois heures après l'effort, pour leur sécurité. Et quand je leur portai leur portion de gibier, ils l'accueillirent comme un premier de classe reçoit un bon point. Sans broncher. Je donnai la tête du caribou à Finskan, en prime.

Il était deux heures de l'après-midi; la nuit tombée faisait un bruit de mâchoires qui rognaient des carcasses avec des claquements de langue. Et moi, j'avais encore faim. Trompeuse nourriture que celle des caribous. Elle ne nourrit pas. De plus, parce que j'avais dû retirer mes moufles, j'avais mal au bout des doigts.

Le bilan de la journée m'apparut étriqué. Nous survivions certes, puisque nous avions trouvé sur place notre ration de nourriture, mais nous n'avions pas avancé. J'avais encore vingt-quatre heures de provisions pour tenir, mais nous n'avions toujours pas atteint la mer. Gjoa-Haven est bâtie sur une île, donc il me fallait la trouver, cette mer. D'après ma carte, une fois sur la banquise, si la glace était bonne, je calculais une grande journée pour atteindre le village.

Elle me parut une nouvelle fois bien dérisoire, mon expédition. D'abord depuis trois jours, je ne savais pas où j'étais puisque à cause de ce brouillard je ne pouvais pas faire le point. Et puis je sautais d'un risque mortel à un autre. Sans compter les pièges du trajet, j'avais failli mourir suicidé en essayant de regagner Hall Beach. Et là, maintenant, avec cette pénurie de bouffe et de chaleur, ma situation n'était guère plus brillante. Ma réserve d'essence pour le chauffage couvrirait encore le besoin de deux petites nuits. Après, ce serait le froid, moins cinquante degrés... Salut tout le monde!

Et puisque je ne trouvais pas le sommeil, je pliai le camp très tôt. Dans la nuit blanche et sans lune. Je mis le cap à l'ouest. Le terrain était facile. Pas de réelles difficultés, excepté pour quelques passages, constitués par des sillons correspondant à des rivières. Le vent était léger, mais la neige froide n'avait pas encore durci. J'aurais bien voulu soulager les chiens, en marchant près d'eux, mais le terrain était si plat qu'une fois débarrassés de mon poids, ils trottaient trop vite et je ne parvenais pas à les suivre.

La pénombre perça l'aube. C'était cela, la lumière du jour. Mais avec elle, ces « ice cristals » qui m'empêchaient de prendre des points de repère. Et je voyais mal les étoiles.

« Si je n'arrive pas à la mer aujourd'hui, c'est fichu. Deux lots de bouffe pour les chiens. Une ration lyophilisée pour moi : un maigre poulet-petits pois, et c'est fini. Plus le moindre morceau de biscuit marin... il faut que les chiens marchent. »

Enfin la glace. Au soir, j'étais sur la mer. Bivouac optimiste avec les avant-dernières rations pour tout le monde... je bus mon dernier sachet de thé.

Mais le lendemain, je compris que la glace m'avait trompé. Première compression avec le passage qu'il faut aller chercher à des centaines de mètres pendant que mes chiens attendent... Et une deuxième... Puis une troisième... Soudain ce fut un chaos glaciaire inextricable. Je changeai d'avis toutes les demi-heures : retour sur nos pas... cap à l'ouest de nouveau... Je finis par renoncer pour me diriger vers le nord. Nous tournions en rond. Un avion bimoteur nous survola plusieurs fois. Il volait à basse altitude. J'imaginais qu'il nous cherchait. Alors, je faisais clignoter la lumière de ma lampe frontale. Je savais pourtant qu'il ne pouvait pas me voir avec ce brouillard de givre, le seul angle de repérage possible passant par la verticale au-dessus de nous. Or, depuis un avion, on ne voit jamais exactement en dessous.

J'avais des troubles de vision et je sentais mon corps se refroidir de l'intérieur : je souffrais d'hypothermie. Elle alourdissait mes gestes et toutes mes réactions. Il me fallut cinq heures pour monter le camp. Je donnai les dernières portions aux chiens et terminai mon poulet de la veille... Les ongles de mes pieds étaient noirs, j'avais mal aux mains... J'étais totalement démuni.

Ce fut le jour suivant que je dus battre mes chiens, mes amis. Cette glace lisse où remontait le sel accentuait les brûlures des boules de neige dure fichées entre leurs doigts.

Ils avançaient maintenant avec de vilains déhanchements à chaque pas. Ils boitaient, tirant péniblement, inefficaces, et je ne les lâchai plus. Je les harcelai, leur frappai le ventre aussi, à tous, à coups de botte, à la moindre défaillance. Et eux ne se plaignaient même pas, juste un gémissement sous le choc, et ils me regardaient sans comprendre. Je lisais dans leurs yeux toute la détresse de ne pouvoir m'expliquer qu'ils tiraient au-delà de la limite de leurs forces, qu'ils traînaient ce traîneau, mon traîneau, par amour pour moi, par confiance aussi. Et cela, je le savais, mes petits frères, mais il fallait vous terroriser pour vous faire aller au bout, parce que c'était la seule façon que je connaissais de vous sauver la vie, avec la mienne.

Et quand le soir, après avoir monté le campement, je les entendis appeler et s'agiter, réclamant leur pâture, j'étais bouleversé. Je n'avais plus rien à leur donner. Ils exigèrent longtemps leur dû. Je sortis pour leur parler un à un.

Finskan, attachée au traîneau comme toujours, me fit une fête en ployant sous mes caresses :

– On ne mange pas ce soir, ma belle... il n'y a plus rien.

Elle insista un peu et se résigna. Elle se lova dans la neige et cala son museau sous sa cuisse. Je la vis fermer les yeux dans la lumière jaune de ma lampe.

– Et toi, Charlie, mon chef de meute... fais-les taire tous, fais-les dormir.

Charlie grogna.

Je les caressai tous. Ils avaient piètre allure, mes seigneurs blessés, harassés, amaigris et affamés. Tous se calmèrent. Tous s'installèrent, mes ventres creux, et j'étais subjugué par cette fidélité et cet attachement qu'ils me témoignaient.

Ma lampe s'éteignit pendant que je finissais de me glisser dans mon sac de couchage. Je n'avais plus de batterie. Le froid me réveilla. Le réchaud avait brûlé la dernière vapeur d'essence. J'empilai sur moi tous les vêtements que je pus saisir dans l'obscurité.

Sans nourriture, sans chauffage, sans lumière et épuisé : jamais ma situation n'avait été aussi précaire. Incapable même de préciser où j'étais. J'en oubliai les douleurs de mes doigts, de mes orteils et de mes joues. Il devenait vital d'atteindre Gjoa-Haven le lendemain; je priais le ciel pour qu'il ne nous envoie pas de tempête, car il m'eût été impossible de tenir ici plusieurs jours dans de telles conditions.

Pour plier le camp, je dus attendre l'aube, cette pauvre écorchure de la nuit. Elle était suffisante pourtant pour me permettre de saisir les objets, remplir mes sacs, et atteler les chiens. Quand mon cortège misérable d'éclopés s'ébranla, il était onze heures du matin. Et presque aussitôt entre les patins arrière du traîneau, je vis du sang sur la neige, sur les traces des pas de mes chiens. Aucun ne geignait. Seule Tjockis, mon ancienne dondon, ma pauvre grosse devenue maigre, ne tirait plus. Oukiok derrière elle lui mordillait les pattes pour la faire avancer. Le cou tiré, la queue baissée, ils ahanaient, mes chevaux moribonds. Pourtant, j'avais l'espoir. Il arriva parfois au cours de la première heure que l'un ou l'autre, humant l'air, dressât l'oreille. Finskan d'abord, puis Charlie et Lobo. Rosta veillait aussi. Ils sentaient quelque chose, mes guides. L'impression durait quelques secondes, le temps de redresser la queue, et de réfléchir peut-être, en marquant un infime temps d'arrêt dans leur progression. Et la misère revenait, s'abattant sur ces flancs creux, ces croupes tassées, ces pattes douloureuses. Ils marchaient sur des épines, mes pauvres fakirs aux pieds tendres...

Qu'au moins j'atteigne la côte. Une erreur de navigation comme j'aurais pu facilement en commettre, si elle remontait à trois ou quatre jours, nous aurait fait manquer l'île elle-même, longue pourtant d'une centaine de kilomètres. Avec ces repères que je ne distinguais pas, cette faute était possible. Alors...

D'abord, je crus au mirage, à la tromperie de mes yeux fatigués et usés par le froid qui ne me permettaient pas d'évaluer correctement les formes ni les distances. Je pensai ensuite à une énorme compression glaciaire en apercevant exactement dans l'axe de Finskan un relief arrondi que je

12

12 - Le repos des guerriers. **13 -** Barrière glaciaire avant Igloolik.

13

14

14 - En longeant la baie Foxe. **15** - La tempête se prépare.

15

n'osais pas reconnaître... La soucoupe de l'antenne de Gjoa-Haven à cinq cents mètres émergeant de la brume.

– On y est, les chiens... on y est...

Mon cri les paralysa une seconde puis leur rendit la vie. Une centaine de mètres plus tard, nous coupions des traces de skidoos. Alors les chiens s'emballèrent, oubliant leurs souffrances et tirant tout droit sur une côte pourtant pentue à les asphyxier.

Il était une heure de l'après-midi lorsque mon vaisseau meurtri s'arrêta devant l'école. Mes matelots s'écroulèrent.

Je descendis en titubant, m'accrochai à la rambarde et entrai. Des hommes et des femmes étaient à table. Ils se levèrent en ouvrant les bras :

– Il est arrivé... il est arrivé...

J'eus du mal à réaliser qu'ils parlaient de moi. J'étais ébloui par la lumière électrique, assailli par la chaleur du chauffage central. Je me déshabillai, m'excusant, en bredouillant, de ne pouvoir parler parce que je ne pouvais desserrer les mâchoires.

– Qu'est-ce que tu veux boire? Qu'est-ce que tu veux manger?

Sur la table fumait un bouillon avec des morceaux de caribou. J'indiquai la soupière du menton...

J'en avalai deux litres sans presque respirer.

CHAPITRE XII

Je rêvais que j'étais en train de mourir. Et c'était très douloureux. Je ne comprenais pas pourquoi, ne sachant même pas où cela me faisait mal. Pourtant, je souffrais. Me souvenir... il m'apparut essentiel d'attraper ce fil qui me conduisait à cette mort pour essayer de m'en débarrasser. Rien n'avait été tragique pourtant depuis notre arrivée famélique à Gjoa-Haven... un accueil d'amitié comme seules en créent parfois des situations hors du commun. Entre Colin Dikie et moi, une complicité était née à l'instant où il m'avait salué en me proposant tout de suite de m'héberger chez lui avec mes chiens...

Cela avait commencé avec la bonne hospitalité qu'il me faisait. « Hospitalité... », qualité qui me parut la plus humaine, la plus chargée de sens! J'étais l'étranger, le voyageur errant sur ces terres de neige, j'avais froid et faim, et quelqu'un me prenait chez lui... il possédait aussi un attelage de chiens, de très beaux chiens, et je voyais qu'il les aimait. Je lui ai confié les miens les deux premiers jours. Il s'en est occupé comme s'ils étaient siens. Puisque leur nourriture n'était pas arrivée, il leur avait donné du poisson. Tout le monde d'ailleurs à Gjoa-Haven avait apporté son poisson à mes chiens, pour les voir, ces cracks, ces professionnels dont la réputation sautait les espaces glacés et les tempêtes, portée par les ondes de la radio. Ils devenaient des stars de l'Arctique... et moi je dormais pendant qu'on venait les regarder, les admirer... Eux, je savais que, malgré leur fatigue, cela ne leur était pas égal à mes cabots dont les pattes avaient alors doublé de volume... Colin les avait soignés, pommadés jusqu'à ce que j'émerge des parages de l'inconscience, que je reprenne la force de réfléchir, de retrouver vie normalement.

Au fait, l'avion qui nous avait survolés l'avant-dernier jour, et que j'imaginais en train de nous chercher, effectuait simplement des transports de passagers vers Gjoa-Haven. Plusieurs voyages. Cela signifiait que j'étais bien dans la bonne direction. Savoir cela, après coup... enfin...

Donc, tout était bien ici... Colin, agent du gouvernement pour les affaires esquimaudes et indiennes, était un hôte parfait. Il connaissait bien le Grand Nord; il y vivait depuis six ans. Il m'avait soigné. Mes brûlures aux joues n'étaient pas profondes, celles de mes mains guérissaient si vite que c'en était surprenant. En revanche, mes orteils, les gros surtout, aux deux pieds, étaient restés noirs sous l'ongle.

D'ailleurs on ne voulait plus me laisser partir. Colin croyait que j'allais passer Noël avec lui et tous ses amis.

– Mais reste donc...

– Pas question, il faut que je parte... je dois aller à Cambridge Bay.

J'avais le temps puisque je savais maintenant, à cause de ce retard des premières étapes, que j'arriverais trop tard pour la course de la Iditarod. Mais j'étais poussé par mon idée fixe : avancer... vers l'ouest.

Alors où était-elle, cette mort que je rêvais? Pas à Gjoa-Haven en tout cas...

Et même lorsque j'ai décidé de partir une fois mes provisions enfin arrivées – cela m'a coûté neuf cents dollars que m'ont avancés mes fidèles de Frobisher Bay, mes caisses étant bloquées à Yellow Knife –, oui, quand j'ai voulu partir, deux gars, deux jeunes Esquimaux, deux jeunes gaillards trapus, ont décidé de m'accompagner jusqu'à Cambridge Bay.

– On te fera la trace.

Ils m'apportaient ainsi une aide considérable. Ils paraissaient fiables, et bien connaître la région aussi. D'ailleurs, le vieux sage du village, meilleur chasseur, meilleur pêcheur de son temps, celui que tout le monde respecte, m'avait confirmé :

– Tu peux compter sur eux. Ils sont sérieux, ils iront jusqu'au bout.

Une aubaine. J'avais porté tout mon matériel lourd sur leurs deux skidoos. Toute la ville était là. Et on m'avait aidé à charger. Je n'aimais pas qu'on m'aide d'habitude, pour savoir exactement comment et où je rangeais mes équipements. Mais ils y tenaient tellement tous, à m'apporter un coup de main...

Une armada de skidoos nous avait précédés durant notre premier cap plein sud pour longer la côte. Elle nous avait abandonnés lorsque nous avions entamé notre remontée plein ouest. Seuls mes deux compères étaient restés. Patients d'abord les premières heures, ils poussaient parfois des petites pointes de vitesse sur un ou deux kilomètres, puis ils s'arrêtaient et m'attendaient...

Pour mes chiens, c'était l'enfance de l'art que de suivre ces traces. Je sacrifiai à la coutume esquimaude, bien qu'elle me coupât le rythme, la pause-thé au bout de trois heures de marche. Nous avions couvert une belle distance de vingt-cinq kilomètres. Mes pisteurs s'étaient inquiétés :

– La Dew Line est encore à quatre-vingt-dix kilomètres, tu crois que ça ira pour aujourd'hui ? Que tes chiens y arriveront ?

– Ne vous inquiétez pas. Si on continue à ce rythme-là, il n'y aura pas de problème.

On avait rangé la théière et le réchaud, et on était repartis. Mes loubards des neiges commencèrent alors à s'exciter, accélérant parfois au maximum de leurs moteurs. Ils faisaient la course. Au début, ils m'attendaient chaque kilomètre, et puis j'entendis leur pétarade s'étouffer dans le lointain et ne les vis plus durant des heures.

– Petits crétins...

Je grognais. Leur piste perdait le cap. Je compris que mes

guides insouciants déviaient de leur objectif; ils se dirigeaient vers le halo blanchâtre qui suivait, à l'horizon, la course du soleil invisible. Insensiblement, ils étaient attirés par la lumière, mes papillons. J'enrageais d'impuissance. Parce que j'avais commis l'imprudence de leur faire confiance. Parce qu'aussi j'avais chargé la totalité de mon matériel sur leurs engins. Heureusement que, par pur réflexe de survie, j'avais gardé sur le traîneau ma tente et de la nourriture pour vingt-quatre heures. Mais combien de temps allais-je perdre à rattraper ces fuyards débiles? Combien de kilomètres inutiles allaient-ils imposer à mes chiens?

Avant que la lumière ne disparaisse, j'ai vu le bicône de la Dew Line, le but de notre étape, en plein sur ma droite. Toute cette énergie pour rien... « Je me suis lancé seul à travers l'Arctique et le jour où je trouve des guides qui vont me tracer la route, ils me plantent loin derrière eux et perdent leur chemin. Résumé : je cours après mes guides qui ont embarqué mon matériel. » Je pestais.

Deux yeux jaunes au bout de la nuit d'où proviennent bientôt des ronronnements lointains de moteur : ils sont là-bas. Ils m'attendent.

Je mis deux heures à les rejoindre.

– Qu'est-ce que vous foutez...? Vous êtes complètement cinglés de me larguer si loin... Et vous vous êtes trompés... vous avez suivi la lumière comme des débutants...

Ils étaient penauds, mes spécialistes du Grand Nord. Ils se défendirent comme des gamins :

– C'est lui, accusa l'un, il a voulu faire la course...

– On s'est perdus, s'excusa l'autre...

Jugeant toute discussion inutile, je tranchai :

– On y va... Par là.

Je pointai la moufle vers le nord, avec autorité. Mais je n'étais plus certain de rien. A force de suivre la lumière de leurs phares tournés vers moi, j'avais perdu mon fil. Le fil, c'est un trait ténu sur lequel je plaque les reliefs et les indices de mes trajets. Je les photographie mentalement, les emmagasine, les range, et par la force de l'exercice, je deviens capable de me figurer l'ensemble de la route parcourue. Mais là, les yeux fixés depuis deux heures sur les faisceaux jaunes de mes fuyards, je n'ai rien vu. Je sais seulement qu'au lieu de rester sur la banquise, ces deux idiots m'ont attiré à travers les terres.

Vallons, rochers, je fusillais les pattes de mes chiens. Tajo ne travaillait plus. Sa ligne était détendue. Tjockis boitait mais elle tirait quand même, ma grosse, parce qu'elle est ainsi, capable d'aller toujours au bout des efforts que je lui demande.

Curieux spectacle qu'aperçut le pilote de l'avion qui nous survola : la lumière frontale du conducteur d'un attelage de chiens devant, et les phares de deux skidoos sur sa trace derrière. Cet ordre inversé amusa beaucoup les gens de la Dew Line lorsque, à onze heures du soir, enfin arrivés, après avoir imposé cent quarante kilomètres à mes tireurs, les Canadiens houspillèrent mes guides. Je ne pus m'empêcher d'ailleurs de participer à la curée. J'étais furieux en constatant l'état lamentable de mes chiens. Les plaies de leurs pattes s'étaient rouvertes et leurs regards me disaient des reproches.

Je ne comprenais pas l'attitude ni l'erreur de mes deux voyous. Je savais que les Esquimaux ne savent pas utiliser une boussole, qu'ils se dirigent au pif grâce à certaines étoiles qu'ils connaissent, qu'ils préfèrent la terre à la banquise... Les miens devaient pourtant bien connaître le trajet... et pourquoi s'étaient-ils embarqués à faire la course? Leur proposition du départ était noble sans doute; ils me l'avaient faite peut-être à cause de la fierté qu'ils avaient à conduire un Blanc sur leur terrain... et puis l'enfantillage avait repris le dessus...

Le lendemain, ils m'annoncèrent en se tortillant qu'ils renonçaient :

– C'est trop dangereux la nuit, on n'a pas l'habitude, tu comprends, disaient-ils.

– Mais vous m'avez donné votre parole de m'emmener à Cambridge Bay, et devant tout le village encore. Je vous ai même payés aussi pour ce travail, cinq cents dollars...

– L'argent, on le rendra à Colin.

Ils ne regardaient plus que le bout de mes bottes.

J'étais très contrarié :

– Alors, ramenez-moi mes deux chiens, Tajo et Tjockis. Ils n'en peuvent plus. Colin les retapera et me les renverra en avion à Cambridge Bay...

Ils acquiescèrent. Ils voulaient bien tout ce que je voulais à condition que je ne leur parle plus d'honneur, ni que je me moque d'eux, ni que je les force encore à venir avec moi.

Mais le lendemain, quand je me levai pour partir, mes deux lascars avaient disparu. Ils étaient repartis à Gjoa-Haven et m'avaient laissé les deux chiens...

Où était-il, mon danger de mort? Et pourquoi ces coups de sang qui me faisaient un mal de tête insupportable? Je sentais aussi une sorte d'ivresse avec une sourde envie de vomir... Mon esprit ne parvenait pas à définir quel instant j'étais en train de vivre. Était-ce celui du départ de la Dew Line? Mon souvenir retraçait la scène d'adieu de Tajo et de Tjockis. Deux boules de poils affolées sur la neige qui levèrent la tête juste pour se laisser embrasser et puis se recalèrent.

– Au revoir Tajo... Au revoir Tjockis... on va s'occuper de vous ici... Vous allez vous reposer... Vous serez bien soignés... Refaites-vous une santé, mes camarades, et je vous reverrai bientôt à Cambridge Bay.

Mes pauvres choses épuisées n'avaient pas voulu nous regarder partir. Elles avaient fermé les yeux toutes les deux. Elles abandonnaient. Tjockis eut un seul sursaut, un regret, elle jappa à l'instant où j'allais lever l'ancre. Je revins vers elle. Elle se dressa sur ses pattes. Je la caressai. Elle se dandina en remuant la queue. Elle ne donnait pas le change, elle me léchait, faisant seulement provision de mon odeur pour se donner le courage d'attendre...

Il me paraissait stupide de ne pouvoir arrêter le moment présent. Quelle heure était-il? Je ne parvenais pas à regarder ma montre, parce que je ne pouvais pas même commander à mon bras... Je voyais mon départ de la Dew Line, la bonne glace, mon équipage de neuf chiens... un passage difficile vers midi où je me démenai pour éviter de verser le traîneau. Ce dernier était très lourd, j'avais chargé un maximum de nourriture pour une douzaine de jours, c'est-à-dire trois fois le temps nécessaire pour atteindre l'autre Dew Line de Jenny Lind. Je ne voulais pas me laisser piéger par la faim, comme dans l'étape précédente...

J'éprouvais la sensation d'être cloué quelque part... J'étais incapable de préciser si j'étais debout ou allongé. Rien ne fonctionnait plus. Ni mes membres, ni mon dos, ni aucun muscle n'obéissaient plus aux ordres que mon esprit leur donnait... Bouger, c'était cela, mon unique préoccupation. Bouger pour ne pas sombrer. Je n'identifiais pas ces liens invisibles qui me retenaient. Mon cerveau refusait d'enjamber les événements pour arriver à maintenant... Il suivait la chronologie de la mémoire.

Le bivouac. La nuit était belle, et la pâleur de la lune bienveillante faisait une lumière idéale... Je sentais que j'approchais... Ah oui, le bivouac avec cette petite seconde de panique quand je cherchai les arceaux de la tente. En vain. Je me rappelai tout de suite. Je les avais oubliés à Gjoa-Haven. Je revoyais l'endroit exact où je les avais plantés dans la neige, derrière le traîneau. C'était à cause de tous ces gens qui avaient tenu à m'aider. Ils m'avaient fait une cassure dans mon ordre de rangement. Et puis, escorté par tant de sympathie, je les avais oubliés.

Que faire? Retourner là-bas, et perdre quatre jours en aller et retour? Certainement pas. Alors, dormir dehors sous la bâche du traîneau comme je l'avais fait durant la traversée de Baffin après que ma tente se fut envolée derrière un ours? Il n'en était pas question. J'étais en plein hiver et la température se maintenait à moins cinquante degrés. Je réfléchis quelques minutes puis bricolai la solution. Mes raquettes, une à chaque extrémité, me firent deux piquets de tente acceptables, et j'ajoutai la pelle que je plantai au

16

16 - La DEW Line. **17 -** Arctic Bay.

17

18 - Au nord de la Terre de Baffin.

19

20

19 - Arctic Bay. La « ville ».

20 - La débâcle.

milieu. Ces obstacles rétrécissaient mon espace et différaient l'agencement de mon matériel, mais cela tenait.

J'avais eu tous les problèmes ce soir-là. Mon réchaud s'était arrêté. Il me fallut le démonter entièrement, et puis il était reparti. Ce travail me prit plus d'une heure... Et le chauffage aussi m'avait lâché. Il s'agissait d'un nouvel appareil que je m'étais fait livrer à Gjoa-Haven. Un système à catalyse. Il vaporisait de l'essence, laquelle s'enflammait à l'intérieur d'un filtre en amiante. Cet appareil présentait l'avantage de ne pas émettre de flamme à l'air libre, diminuant ainsi le risque de mettre le feu à la tente. Je pouvais le laisser fonctionner toute la nuit. Évidemment, la première fois, il n'avait pas marché, cet engin. Je l'avais trituré pendant des heures, sans succès. Et quand je finis par l'abandonner, il se mit à chauffer...

L'alerte sonna bruyamment dans mon cerveau : le chauffage. Et plus je reniflais, plus j'avais la certitude de baigner dans les vapeurs d'essence. Il s'arrêtait là, mon fil. J'étais en train de m'asphyxier. J'envoyai l'alarme générale à travers tout mon corps. Mais rien ne répondit. Mon premier problème consistait à savoir où se trouvait ma main... Je rassemblai une énergie immense pour me situer... J'étais allongé sous ma tente, incapable même d'ouvrir les yeux.

Je me rappelai une histoire que m'avait racontée le père Van de Velde. La même mésaventure lui était arrivée durant une période de chasse alors qu'il dormait sous un igloo avec des Esquimaux. Il avait eu un sursaut formidable en réussissant à défoncer un moellon de neige avec ses poings. L'air était entré aussitôt...

Ma main tâtonnait à la recherche de mon poignard. Éventrer la toile m'apparut être la seule solution. Je ne me souvenais plus où je l'avais rangé...

Mon corps pesait de plus en plus et ma conscience se noyait. J'abandonnai l'idée du poignard.

Ma nuque était retenue au sol par un carcan. Ouvrir la tente... Vite... Mes bras se déployaient au ralenti. J'avais la lucidité de me voir agoniser. Je roulai sur le côté, me cognant la tête contre mes ustensiles de cuisine, qui me réveillèrent un peu. Je ne trouvais pas la sortie. J'étais incapable de mouvoir mon épaule. Il me sembla tourner des heures dans la prison de toile. Pour survivre, j'essayai de respirer doucement, d'éviter les grandes inspirations qui me tuaient un peu plus... Mais j'avais tellement envie de dormir. Il me semblait d'ailleurs qu'en ne résistant pas, mon mal de tête s'apaisait. Je raisonnai que s'apaiser, c'était aussi mourir; alors, dans un réflexe, je trouvai le sursaut qui me manquait. L'espace de quelques secondes, tout devint clair. Je me levai sur les genoux et étendis le bras. Mes doigts saisirent la glissière de la fermeture Éclair que je tirai d'un seul élan. Un peu d'air froid m'arriva de l'auvent de la tente. Je tombai sur la neige, rampai jusqu'à la seconde glissière qui fit en se soulevant un bruit de vie en même temps qu'un air glacé me brûla le visage : les forces me revenaient à chaque goulée de vent.

Je balançai le réchaud au-dehors.

***

Je l'avais d'abord aimé ce froid, avec cette vie qu'il me faisait à la seconde où il m'entrait dans le corps. Mais dans les minutes qui suivirent, il devint insupportable. Il commença ses attaques à coups de morsures localisées, et finit par me recouvrir entièrement. Il m'habillait d'une lourde chape dont je ne pouvais me débarrasser malgré les monceaux de vêtements et les couvertures entassés sur mon corps. Mon thermomètre indiquait moins quarante degrés.

Je renonçai à me laisser aborder par un sommeil trompeur qui risquait de m'engourdir à tout jamais. Je levai le camp.

Je grelottais de cette perspective du froid de mes haltes à venir. Je refusais ces repos sans chaleur qui m'attendaient, ces instants d'habitude délicieux où une douce tiédeur me payait des efforts consentis.

En aidant mes chiens à décoller le traîneau, je résistai à la tentation d'aller récupérer mon réchaud pour le bricoler plus tard, le remettre en état de fonctionnement. Mais je n'avais plus confiance... Je choisis donc le froid.

La glace nouvelle était lisse. A la première tempête, elle pouvait se briser n'importe où sous nos traces. J'étais inquiet.

Le soir, par manque de neige, je ne pus pas attacher mes chiens normalement, et dus planter des piquets dans la glace. Mes compagnons dormirent mal, à cause de la mince pellicule de sel qui recouvrait le sol, laquelle ne gelant jamais, entretenait une humidité qui collait à leurs poils.

Et je m'enfonçai sur la mer, au milieu du détroit de Victoria. La banquise était parsemée d'îlots qui me servirent longtemps de points de repères faciles. Temps bleu d'abord, « ice cristals » ensuite, et puis la tempête... Mes chiens tenaient, mon corps, le jour, résistait bien, mais la nuit, il s'alourdissait du froid des vêtements que je chargeais sur mon ventre.

Il arriva enfin, ce surplus de difficultés que j'étais accoutumé à redouter. Il avait l'aspect d'un champ de glaces brisées, de glaces de pression. Les chiens l'abordèrent comme un jeu parce qu'il ne présentait que de petites difficultés paraissant posées là pour entraver la monotonie du relief. Mais après une heure, le jeu devint terrifiant. Devant nous s'étalait un chaos formidable, un enchevêtrement gigantesque d'énormes blocs et de plaques de glace qui nous barraient la nuit, et m'empêchaient de choisir notre passage. A force de m'engager, de contourner, de revenir, de redresser le traîneau, de pousser, de lever, de tirer, de me tordre les chevilles, de me coincer les pieds, et de tailler notre chemin à la hache, j'étais fourbu. Il n'était même pas question de s'arrêter à cause des traces d'ours que j'aperçus, et qui me fouettèrent le sang avec l'imagination. Alors je continuai mon corps à corps avec la glace. Il dura des heures. Pour franchir seulement dix kilomètres. J'en étais arrivé au point de ne plus pouvoir même donner des ordres efficaces, faute de visibilité.

Ce fut Finskan qui choisit hardiment la sortie de ce cauchemar, et Pirat avec elle, aidé de Lobo.

De l'autre côté, enfin, je me félicitai du choix de mon

type de traîneau, long et étroit, le seul qui pût me permettre de franchir les couloirs tortueux de ce dédale.

J'avais envisagé aussi le cas où mon traîneau se serait définitivement brisé. Je l'aurais abandonné sur place, et j'aurais enfourné tout mon matériel dans la grande bâche principale qu'on aurait tirée.

Ce fut un soir, à onze heures que nous atteignîmes enfin la station de la Dew Line.

Le froid faisait partie de moi-même, je ne le sentais plus. Les poils de la fourrure de ma chapka et de ma barbe étaient uniformément blanchis de cristaux de givre et de glaçons collés.

L'accueil fut insolite :

– Où sont tes rennes, me dit l'homme, tu ressembles au Père Noël ?

Nous étions le 25 décembre au soir. J'arrivais pour le réveillon.

CHAPITRE XIII

Entre la Dew Line de Jenny Lind et Cambridge Bay, ma règle portée sur la carte indiquait cent soixante kilomètres. A vol d'oiseau. J'aurais aimé être un oiseau ce matin-là; j'aurais pris un essor vertical pour traverser le brouillard et atteindre cet espace du ciel où l'air est pur, transparent, pour profiter au mieux de la lumière fragile de ces semaines de plein hiver. Pour cent soixante kilomètres, je prévoyais deux à trois jours de marche au plus. Je savais que ce n'était pas de l'optimisme, mais de l'entêtement, aussi, par prudence, avais-je emporté une provision de dix jours de nourriture.

Je serais bien resté plus longtemps dans cette Dew Line pour me reposer et reposer mes chiens. Mais le règlement de l'organisation, cette fois, me le refusa. Il ne tolérait que le droit d'escale, ce droit qu'ont les grands oiseaux coureurs d'océans de reprendre haleine sur le pont des navires. C'est le temps où ils se laissent approcher, où les matelots les cajolent, leur donnent à manger et à boire. Ils dorment aussi un peu, les grands coursiers... et puis, lorsqu'ils sentent leurs forces revenues, lorsqu'ils ont séché leurs longues ailes, ils courent sur les planches et prennent leur envol. Ils ont de la chance, ces oiseaux fatigués. Ce sont eux qui jugent du temps de leur énergie retrouvée. Ce sont eux qui décident de l'instant de leur départ. Moi, je n'étais qu'un homme épuisé, et mes chiens seulement de pauvres besogneux tireurs de traîneau. Alors, on nous mit dehors sous ce ciel bouché.

Nous venions de passer Noël et mes hôtes m'avaient fait un bon réveillon. Je pus même rentrer mes compagnons pour leur sécher les pattes et les graisser en prévention. Ils souffrirent du chaud. Moi aussi. Je dormis même la fenêtre grande ouverte, qui m'apportait un froid de moins quarante degrés.

Après tout, ils avaient eu raison de me pousser un peu à partir. Sinon, quand l'habitude du confort revient, on a toutes les peines à s'en débarrasser.

L'absence totale de visibilité dura toute la journée. Et le soir me vint comme un cadeau. Je n'avais pas vu le ciel s'ouvrir. Le dégagement de brumes s'était fait très progressivement. Quand la lueur du jour s'éteignit, je levai le nez sur une nuit bleue piquée d'étoiles aux scintillements vivaces. Le vent était nul, la glace était bonne et l'air m'offrit un festival d'aurores boréales. L'une se défaisait quand commençait l'autre. Elles flottaient. Je les regardais danser comme tournent les structures mobiles des sculptures modernes. Les couleurs couraient sur leurs franges brillantes. Elles étaient les enseignes du ciel et moi j'y lisais un résumé de toutes les beautés du monde. Les chiens eux-mêmes n'étaient pas insensibles à ce spectacle que la nature avait préparé pour nous seuls. Ils n'admiraient pas, mais cet environnement magnifique les mettait en humeur. Et ils travaillaient bien. Je m'arrêtai à regret. Je suis persuadé que mes chiens auraient continué à tirer plusieurs heures encore.

Cette nuit me réconciliait avec l'Arctique. J'oubliais ses rages et ses tempêtes, je lui pardonnais aussi les vengeances qu'il avait essayées contre moi, explorateur prétentieux qui avais entrepris de franchir d'une traite ses étendues glacées. Cette paix me donnait des envies de pisser à la lune comme on fait les soirs d'été au fond de son jardin. C'était une sorte de réflexe animal marquant son territoire. Et ce soir-là, le Grand Nord m'appartenait. J'étais suffisamment aguerri des pièges du froid pour me priver pourtant de ce dérisoire plaisir. Avec cette température de moins quarante degrés, il était impossible de se soulager à l'air libre. J'avais pris l'habitude d'effectuer ce genre d'opération à l'abri de l'auvent de la tente.

Je me méfiais de ce calme, je me méfiais de ces charmes vertigineux, comme si je pressentais que la nature réfléchissait sur le traitement qu'elle allait pouvoir m'infliger. J'avais tout connu jusqu'à présent, les tempêtes formidables, l'épuisement, la faim, le froid, les ours, l'asphyxie, avec la mort toujours proche, toujours présente, prête à nous faucher à la première défaillance.

Ce fut deux jours plus tard que je sus quelle potion l'Arctique m'avait concoctée. Il lui fallut sans doute ces quarante-huit heures de pause pour forger dans ses antres le vent qui m'arriva.

Le matin, je venais de vérifier sur ma carte qu'en soixante-douze heures nous avions à peine dépassé la moitié du parcours. Et quand je sortis de la tente, le ciel crasseux touchait la banquise et je ne voyais plus mes chiens. Non plus d'ailleurs quand, après les avoir attelés, je levai l'ancre. Ce silence troublé par le seul effort de mes moteurs me laissait présager de mauvaises épreuves. Tant que nous fûmes sur la côte, rien ne se produisit. L'escalade fut assez laborieuse, mais ce travail pénible appartenait maintenant à la routine. Et le traîneau bascula sur le plateau...

C'est là qu'il nous attendait, le vent.

Le blizzard nous cueillit à la face. J'en perdis l'équilibre. Il me lançait des uppercuts qui me soulevaient de neige. Les chiens s'arrêtèrent instantanément. Ils refusaient cette correction. Sous mes coups de gueule, Charlie, mon chef, et Finskan se remirent en marche, mais obliquèrent sur la droite. Je tirai ma boussole de ma poche et vérifiai mon cap. Notre but se trouvait exactement dans la direction d'où soufflait le vent.

– A gauche... gauche.

L'attelage continua son demi-tour puis le termina. Tous les chiens, refusant de lutter face au blizzard, obliquèrent à nouveau. Ils bouclèrent trois tours complets et je me demandai ce que j'allais décider. Finskan entreprit de m'obéir enfin lorsque je marchai près d'elle en la tirant par le collier. Quand je jugeai qu'elle continuerait seule, je remontai sur le traîneau. Le vent avait dégagé le ciel, et la lumière du jour me révéla un pitoyable spectacle de pauvres hères luttant contre l'impossible.

Neuf esclaves, le cou étiré à s'en décoller la tête, piquaient le nez dans la neige. Leur fourrure, cardée par le blizzard, traçait des sillons en colère. Et la neige arriva qui s'engouffra dans les poils, s'incrustant à la peau, et gelant. Elle les habillait de croûtes de glace.

Ils renoncèrent au bout de deux heures. Se couchèrent, s'enroulèrent, glissant leur museau sous leur cuisse. J'aurais bien voulu leur faire plaisir, mais la neige trop poudreuse ne me permettait pas de planter solidement les lignes d'attelage. Il fallait continuer. Lorsque enfin le relief nous abrita un peu, nous étions sur la glace. J'en taillai une pincée avec ma hache et la portai à ma bouche; elle était salée. Laisser se reposer les chiens sur cette surface, c'était accroître l'humidité de leur fourrure et de leur corps. Au matin, je risquais de les trouver à l'état de glaçons. Continuer... Je n'avais pas d'autre choix possible... afin d'atteindre Cambridge Bay d'une seule traite.

J'allai expliquer ma décision aux chiens. Finskan avait des crevasses de sang au coin des yeux et du sang sur la bouche aussi. Les autres étaient dans le même état avec en plus le corps enserré dans un étau de glace.

Et notre marche reprit. Pendant des heures. Les chiens n'acceptaient d'avancer que si je persistais à crier, leur signifiant ainsi ma présence, mon autorité, ma certitude. Aucune fermeture de mes vêtements ne résistait plus, et la neige s'engouffrait partout sur ma poitrine, dans mes bottes, autour de mon cou, sur les contours de ma chapka, jusque sous mon bonnet de soie. Malgré cela, je transpirais sous l'effort, sous les cris que j'entonnais, à la cadence dont autrefois on scandait le rythme des rameurs aux galères. Et la sueur avec le froid fabriquait des gangues de glace qui m'interdirent bientôt de tourner mon cou. Ma tête était

21

21 - L'été à Igloolik. **22** - Départ pour la chasse.

22

23

23 - Le père Van de Velde. **24** - Le caribou.

24

devenue solidaire de l'ensemble de mon corps. J'étais un homme pétrifié vivant.

Bientôt, je ne parvins même plus à articuler mes mots. Mes mâchoires étaient soudées par le froid. Mes chiens n'entendaient plus que les rugissements rauques de mes expirations. L'humidité de mon corps s'était transformée en corset que je sentais remonter derrière ma nuque et la soutenir comme une minerve.

Aujourd'hui encore, je me demande pourquoi je ne suivis pas cette trace de skidoo. Peut-être parce que mes chiens ne l'avaient pas aperçue, et qu'ils travaillaient admirablement, poussés par je ne sais quel flair de la proximité de notre arrivée, par je ne sais quelle certitude qu'ils accomplissaient un dernier effort décisif. Je laissai sur ma droite ces deux rails argentés qui me firent un éclair sous la lune réapparue, et je conservai mon cap. Heureusement, puisque, une demi-heure plus tard, nous étions au pied du bicône de la Dew Line.

C'était la fête là-haut. Il y avait du chahut, de la musique et de la lumière. Je compris qu'ils étaient en train de fêter le réveillon du premier jour de l'an. A Gjoa-Haven, on m'avait donné un contact au village. Ce dernier était en contrebas, îlot de maisons frileusement blotties au milieu d'un cercle de lampadaires.

Je plongeai.

Pensant qu'on m'attendait, j'allumai ma lampe frontale. Et durant ma descente, je passai ma main devant l'ampoule pour signaler ma présence.

Quand je déboulai dans la rue principale, elle était vide. Mes chiens s'arrêtèrent devant la seule maison éclairée. Je descendis du traîneau; j'avais les pas lourds et raides d'un Frankenstein des neiges. J'entrai. Personne. Un téléphone trônait sur une petite table. Je décollai une moufle. Le combiné me glissa des mains. Je recommençai dix fois le numéro, mes doigts maladroits dérapant sur les touches. Quand la sonnerie retentit enfin, mon armure de glace me bloquait l'épaule, et je dus la déverrouiller en lançant mes bras au-dessus de ma tête. Heureusement qu'il n'y avait personne au bout du fil, parce que j'étais incapable de parler.

La situation m'apparut dans toute sa force comique lorsque, errant dans les rues désertes, je rencontrai un quidam pressé de s'engouffrer dans une maison en fête. Il s'arrêta à cause de mes chiens aux poils gonflés de neige. Il voyait bien que je voulais lui dire quelque chose, mais comme je ne parvenais pas à articuler le moindre mot intelligible, il posa lui-même les questions.

– Qu'est-ce que tu veux?... Que cherches-tu?... Qui es-tu?

Je devais avoir une allure bien insolite avec ma bouche coincée et mes mains qui tentaient de m'excuser et de m'expliquer à la fois.

– French...

Ce fut tout ce que je pus dire tout d'abord. Mais cela ne signifiait rien pour lui...

– Crazy French...

L'étincelle passa alors sous sa chapka de fourrure. Je la vis même lui allumer les yeux. Alors il s'anima, me fit de grands gestes avec ses bras, m'indiqua des angles compliqués qui signifiaient successivement gauche-droite... puis deuxième droite, ou quelque chose de semblable. Mais moi, l'homme au scaphandre de béton, je ne bougeais pas. Et il m'invita enfin à le suivre.

La pièce était grande et claire. Elle était décorée de guirlandes entremêlées au plafond, avec des lampions à chaque croisement. Une dizaine de jeunes gens se levèrent et me regardèrent, les yeux ronds. J'avais tout du père Noël en retard d'un réveillon. Faute de mouvoir mes lèvres, j'essayai au moins de sourire avec mes yeux. C'est très difficile quand on n'en a pas l'habitude... Heureusement, mon guide fit les présentations. Je m'inclinai comme je pus dans un bruit de cassure de vertèbres. J'étais incapable d'ôter ma chapka ni d'enlever ma parka. Ma barbe formant avec le tout un écheveau de glace impossible à démêler. Au bout de la salle, je visai une cuisinière. Je m'approchai et me penchai au-dessus. Mes hôtes me suivirent, formant un demi-cercle derrière moi. La chaleur me mouilla d'abord les yeux, et puis peu à peu, des larmes de glace tombèrent et je les regardai rouler sur les plaques de fonte et partir en fumée. Elles émettaient des Pfffuuu... semblables aux souffles d'intimidation que jettent les chats en danger face à des chiens : Pffuuu... Pffuuu...

Je dégelais.

Cambridge Bay est la capitale administrative du Grand Nord. La population se partage moitié en Blancs et moitié en Esquimaux. Les Blancs étant pour la plupart des fonctionnaires, les rapports entre les deux communautés ont parfois des relents coloniaux.

Je pus enfin m'occuper sérieusement de mes chiens. D'abord, je les rentrai tous. On avait ouvert pour eux un immense garage où je les mis ensemble. Attachés bien sûr, à tout ce qui était possible, tuyaux, pieds de meubles, de façon à ce qu'ils ne puissent pas se mélanger les uns aux autres, ni se battre. Après quelques heures, ils trempaient dans des flaques d'eau. Ils étaient dans un état lamentable, mes pauvres compagnons. Dégelés, ils m'apparurent si maigres, si efflanqués, que je résolus d'attendre ici le temps nécessaire pour qu'ils retrouvent une belle santé. Leur fourrure collait pitoyablement à leur peau, et je me demandais comment ces neuf petits paquets de vie avaient bien pu nous amener jusqu'à cette étape.

Leurs yeux, pourtant, me parlaient de fierté. Ils semblaient me dire :

– Tu as vu le travail qu'on t'a fait ?...

Oui, j'avais vu. Ils avaient été admirables. J'attribuais à l'exceptionnelle complicité qui nous unissait le fait qu'ils aient accepté de tirer face à ce blizzard terrifiant. Je n'ai jamais lu nulle part que des chiens de traîneau, que tout un attelage ait accompli un tel exploit.

Pour les débarrasser du sel qui entretenait les plaies de leurs pattes, je trouvai une solution : la douche. Mon initiative fit grand bruit dans la colonie esquimaude.

– Il est vraiment fou, le Français, disaient-ils, il veut laver ses chiens.

Je dus m'expliquer sous peine d'être à jamais déconsidéré :

– Le sel sur la peau et sur les pattes entretient l'humidité, puisqu'il ne gèle jamais. Alors, les chiens ne pourront jamais lutter contre le froid, leur poil même finira par tomber, et puis les blessures de leurs pattes ne guériront pas. C'est comme les bottes, vous savez bien, lorsqu'une seule fois, on les a trempées dans une surface salée. Elles ne sont plus jamais imperméables.

La représentation esquimaude qu'ils m'avaient envoyée, en les personnes de deux hommes et de deux enfants, restait sceptique.

Je commençai par Finskan.

Elle était sage et câline, ma belle, quand je la soulevai pour la poser dans la baignoire. Pour rester près de moi, elle était prête de toute façon à accepter n'importe laquelle de mes lubies. Et elle se laissa faire gentiment, quand je promenai sur son dos le pommeau de la douche. C'était de l'eau tiède. Elle frissonnait de bien-être. Elle s'étirait même pour profiter de cette douce chaleur. Elle eut un seul mouvement nerveux quand je lui mouillai la tête. Je lui versai sur tout le corps un shampooing peu décapant, du type shampooing de bébé, et je la frictionnai. C'était une star dans son bain de mousse. Elle soufflait pour évacuer ces bulles qui lui sortaient du nez. Mais je n'osais pas rire de peur de la vexer.

J'avais préparé une solution iodée pour le rinçage afin d'éliminer d'éventuels parasites et d'aseptiser les blessures des doigts et les brûlures causées par le frottement des harnais.

Elle m'apparut bien maigrelette, ma chienne de tête, quand je la séchai avec une serviette, au sortir de son bain.

Ce fut ensuite le tour de Charlie. Imaginez un général en bigoudis et vous aurez une idée de la patience qu'il fallut à mon chef de meute pour supporter l'épreuve. Mais entre lui et moi, c'était une question de confiance. Et durant la manœuvre, je pris la peine de lui expliquer tous les bienfaits que j'attendais d'une telle pratique. Il s'éclaircit la gorge longuement, et je crus qu'il allait me dire :

– Scrogneugneu...

Voyant leurs chefs de file revenir dociles et apaisés, les autres ne firent aucune difficulté. Rosta, ma ravageuse, comprit aussitôt. Elle sauta seule dans la baignoire, et éprouva le plus grand bonheur à se laisser tripoter. Enfin seule avec moi. Incorrigible Rosta l'amoureuse. Lorsqu'elle redescendit, elle prit un air langoureux et rassasié, avec dans les yeux, une flamme de malice satisfaite comme on en voyait autrefois, quand le plaisir était encore un péché.

Lobo avait une mauvaise manie. A la ligne d'attache, il mettait toujours de longues minutes avant de se calmer, et enjambait continuellement sa chaîne. A force de lui frotter la peau à l'intérieur des cuisses, celle-ci lui avait usé le poil et entamé la chair, provoquant même une large brûlure.

Une fois secs, ils étaient magnifiques, mes chiens, semblant habillés pour participer à un concours de toutous. Finskan avait mis sa belle robe cendrée aux reflets d'argent, Charlie son manteau marron aux fils rouges, Oukiok sa veste en hermine passablement élimée, Lobo son gilet brun ouvert sur le devant, et Rosta, sa fourrure grise de cocotte en lamé...

Leurs plaies cicatrisèrent en trois jours.

Les Esquimaux vinrent les admirer, mes merveilles. Ils reconnurent que j'avais eu raison. Et moi, j'étais surtout rassuré. J'avais en effet prélevé des échantillons de poils sur tous mes chiens, pour les faire analyser, craignant la présence de parasites, de microbes, de mycoses... Et les résultats étaient négatifs.

Nous nous reposions depuis une semaine, quand l'affaire arriva. Une affaire si insolite que jamais je n'aurais osé l'imaginer. La voici :

Un Esquimau venu voir mes chiens, un soir, m'annonça incidemment qu'il venait de rencontrer quelqu'un que j'avais vu à Gjoa-Haven. Il m'expliqua qu'il s'agissait d'un « wild life officer », c'est-à-dire un officier chargé de la protection et de la sauvegarde de la vie sauvage. Une assemblée générale de « wild life officers » de l'Arctique canadien se tenait justement cette semaine-là à Cambridge Bay. Et cet homme avait dit à mon visiteur qu'il souhaitait me voir. Il logeait dans un hôtel proche. Je m'habillai et sortis.

L'homme que je dérangeai dans sa chambre parut assez embarrassé, voire faux jeton. Il prit un ton quasi officiel pour me convoquer le lendemain à la réunion des officiers.

En me rendant à cette convocation, je n'avais aucune idée de « l'importante communication » qu'on avait à me faire.

Quand je poussai la porte, je compris que j'entrais dans un tribunal improvisé. Une demi-douzaine d'hommes étaient assis en demi-cercle devant moi. Et celui du milieu, le « président », ne répondit même pas à mon salut, pressé qu'il était de commencer son agression verbale.

– Vous avez tué des caribous, affirma-t-il. Nous le savons.

Il regarda mon mouchard de Gjoa-Haven, revu hier à l'hôtel. Ce dernier semblait très préoccupé par une tache tout à fait invisible sur ses bottes. Il baissait le nez.

– C'est formellement interdit, continua le « président ». Je vous rappelle que la chasse et la pêche sont strictement réglementées pour les Blancs et qu'en conséquence, vous êtes passible d'amende et de poursuites...

Le ton se voulait militaire, solennel et punitif. Mon juge s'interrompit pour apprécier son effet.

« L'effet » fut pour moi assommant.

– A moins que vous n'ayez l'autorisation de chasser? questionna le grand inquisiteur.

Ma colère montait, m'empêchant de trouver mes mots en anglais. Je ne savais pas par quel bout commencer ni comment exprimer ma surprise et mon indignation.

– D'abord, répondis-je, qui êtes-vous? Présentez-vous!

Un instant, mon juge en toc joua de sa toque en fourrure posée devant lui. Il parut désarçonné puis commença :

– ... Je suis le responsable de cette assemblée, et nous représentons la protection de la nature et des animaux...

– Et alors?

– Alors, s'impatienta l'homme qui gonflait le torse d'importance, vous avez tué des caribous. C'est interdit. Et je répète ma question : avez-vous une autorisation spéciale pour chasser ?

– D'abord je n'ai pas tué des caribous, mais un caribou. Et je l'ai fait parce que j'avais faim et mes chiens aussi. Je n'avais plus de nourriture. J'étais en survie. Et je ne vois pas qu'on puisse me faire un mauvais procès dans le choix que j'ai eu de préférer ma vie à celle d'un caribou. D'autre part, il se trouve que c'est moi qui ai raconté à ce monsieur, ici présent, comme je l'ai raconté aussi aux officiers de la police montée, l'épisode de ma chasse. Ces derniers ont d'ailleurs tout à fait approuvé mon initiative, étant donné les conditions exceptionnelles où je me trouvais. Si je n'avais rien dit, personne n'en aurait jamais rien su. Et je ne serais pas ici devant vous à écouter vos conneries... D'autre part, avant le départ de mon expédition, j'ai contacté les autorités d'Ottawa pour les avertir de mon projet et leur demander leur accord. Celles-ci ont été parfaitement loyales et chaleureuses. On m'a ainsi accordé les autorisations nécessaires pour me nourrir de cette façon, ou même de tuer un ours en cas de défense.

– Avez-vous une autorisation écrite ?

– Puisque je me déplace dans les conditions traditionnelles du Grand Nord, je veux dire en traîneau tiré par des chiens, je jouis automatiquement des privilèges accordés aux Esquimaux et aux Indiens. Mais non, je n'ai pas reçu pour cela d'autorisation écrite. Je ne l'ai pas sollicitée puisque j'étais loin de me douter que des gens, animés de mauvais scrupules, viendraient me chercher des histoires à ce sujet.

– Cette affaire n'est pas terminée, pontifia le grand juge, et elle vous coûtera cher...

Je sortis sans saluer ni fermer la porte. J'étais furieux. Je consultai mes amis de Frobisher Bay et de Gjoa-Haven. Ils tentaient tous de me calmer. Pour eux, l'affaire n'irait pas très loin. Mais je n'en faisais pas une question d'amende, d'argent. J'étais ulcéré qu'après avoir surmonté tant de difficultés, on vienne m'accuser d'être un voyou. Surtout avec la manière dont s'était déroulé mon « procès ».

Trois jours plus tard, je retournai voir mon procureur. Il était seul. Je ne lui laissai pas le temps de commencer à parler.

– Monsieur, sachez que votre attitude est injustifiable. Vous m'avez accueilli comme un bandit, vous n'avez même pas voulu prendre en considération mes explications. Sachez que je suis citoyen français et qu'en conséquence, je me plaindrai à mon ambassade. De plus, je suis invité à passer dans la plus importante émission de radio nationale canadienne, la « Morning Side » et j'ai bien l'intention de raconter cette histoire aux millions de vos compatriotes qui m'écouteront. Je crois qu'ils jugeront votre attitude comme il convient. De toute façon, sachez bien que mon expédition, je la réalise seul sur le terrain. Je ne vous ai jamais rencontré dans les tempêtes où je suis passé. Et si je suis obligé à nouveau pour me nourrir de tuer un autre animal, je le ferai. Je ne connais personne au monde, à part vous, apparemment, qui entre ma vie et celle d'un caribou, préfère celle d'un caribou. En tout cas, moi j'ai choisi.

Elle fuyait de partout, l'importance du « wild life officer ». Un océan de bienveillance et de compréhension lui fit tout à coup un bon visage d'être humain.

– N'en parlons plus... N'en parlons plus, répétait-il, incapable de prononcer autre chose.

Je crois bien même que nous nous sommes serré la main comme deux hommes normaux qui se quittent bons copains.

***

Ce fut à Cambridge Bay que nous eûmes le repos le plus long. Trois semaines. J'en profitai pour réparer le traîneau. Les lattes avaient beaucoup souffert, quelques-unes étaient brisées. Le responsable de la menuiserie de la ville m'accueillit très amicalement dans son atelier. Je fignolai mon travail comme j'aimais le faire : ponçage, collage. Je trouvai à mon traîneau la belle patine des objets qui ont rendu de bons et loyaux services. Colin m'avait fait venir de Gjoa-Haven des planches, qu'il avait commandées pour lui-même, et mes deux chiens étaient arrivés aussi, Tajo et Tjockis. Ils tenaient une forme qui faisait plaisir à voir. Leur gardien de la Dew Line les avait laissés libres et les avait parfaitement bien traités. Il n'en fallait pas plus pour qu'ils soient redevenus « tout fous » et indisciplinés.

Lorsque je les emmenai parmi les autres, je réalisai combien l'étape que nous venions d'effectuer avait été terrible. Tajo et Tjockis étaient plus beaux, plus gros, ils avaient une bien meilleure mine que leurs congénères.

Heureusement que notre halte dura trois semaines. Le temps nécessaire pour régler mes problèmes financiers et organiser mon ravitaillement pour mon expédition. Pour tout le monde à Cambridge Bay, c'était déjà gagné parce que j'avais, paraît-il, fait le plus difficile, le reste n'étant qu'une « longue promenade de santé ».

J'avais appris à me méfier de tout optimisme déraisonnable. Pourtant, la veille de notre départ, le soleil reparut, timide, bien sûr, mais il montra le dos pendant cinq minutes. Je ne l'avais pas vu depuis près de deux mois. J'éprouvai dès lors la sensation, en courant vers l'ouest, d'aller vers la lumière. Cela me réchauffait.

⁂

– On dirait qu'il va tourner un film!

Le badaud qui lança cette petite phrase était content de son effet. La cinquantaine de spectateurs qui me regardaient charger le traîneau sourirent avec bienveillance. J'étais assez fier qu'il ait l'air neuf, comme d'habitude, ainsi que tout mon équipement. Une tente propre puisque je venais de la laver, des sacs intacts, un grand réchaud rutilant, une lampe à éclairer faisant également fonction de chauffage, mes bacs de nourriture, mes trois bidons d'essence, deux de dix litres et un de cinq litres... et tout ça bien plié, bien rangé, s'encastrant de façon impeccable pour prendre une place millimétrée dans mon chargement.

Il était difficile d'imaginer que j'avais parcouru avec ce matériel plus de la moitié de la traversée du Grand Nord canadien. Même les harnais des chiens semblaient sortir d'un atelier de bourrelier.

Il se fit un silence empreint de respect lorsque je menai Finskan à sa ligne. Je suis certain qu'elle aurait apprécié des applaudissements, la cabotine. Lobo et Pirat manifestèrent une impatience de pur-sang avant la course. Ce fut lorsque Tajo et Oukiok, les jumeaux blancs, furent attelés côte à côte que je remarquai leur dos pelé à tous les deux. Je songeai aux leçons du vieux Idjaniak d'Igloolik.

– Les chiens blancs, disait-il, sont moins résistants que les autres. Ils ont souvent des problèmes avec leurs poils...

Inok et Tjockis paraissaient heureux de reformer équipe ensemble. Rosta et Nanuk ressemblaient à un vieux couple. Vinrent enfin mes costauds, Mouluk avec ses épaules arrondies d'haltérophile, et Charlie, la tête haute, digne et solennel comme la statue du Commandeur.

Elle était belle, ma famille. Ils étaient tous beaux, mes enfants, au milieu de ce cercle d'admirateurs sous ce ciel clair d'un grand beau temps apparemment solidement accroché. Le soleil s'annonçait de petites brumes porteuses d'or, sentinelles immobiles aux portes de l'horizon.

Des photographes sautillèrent autour de nous. Je n'ignorais pas qu'à peine le départ donné, la nouvelle serait annoncée à travers toutes les villes de l'Arctique et que tout ce monde du froid croyait maintenant à ma réussite, m'enviant parfois, sans doute, de continuer à oser... Je ne cache pas que tout cela me faisait plaisir.

– Allez, les chiens.

Ils décollèrent le traîneau en douceur, ayant coordonné leurs forces avec une totale précision. Il n'y eut pas la moindre secousse. A peine une caresse à la pointe de mes reins.

J'entendis longtemps les cris d'encouragement derrière mon dos, et puis l'espace infini m'appartint à moi seul.

La lumière est femelle, j'en suis certain. Elle a pour la nature des tendresses inimaginables. Elle avait des manières amoureuses pour enlacer les derniers reliefs de l'île. Et quand je débouchai sur la banquise, elle s'étira sur cet immense lit blanc, languide comme s'éveillent les nymphes.

Puis le soleil apparut. L'œil mi-clos d'abord. Le bonhomme avait le sourcil un peu broussailleux. Il se déforma dans sa tentative de décoller de l'horizon, et grimpa enfin libre. Ce fut le jour. Cette nouveauté m'apporta la certitude que maintenant je réussirais.

J'avais trop souffert de l'ombre et de la nuit. Il suffisait maintenant de ces petites heures allumées pour que je me promette de ne plus jamais perdre confiance, ni jamais me laisser envahir par le désespoir. Et ces heures allaient grandir rapidement. Le soleil allait gagner presque quinze minutes par jour, allongeant d'autant la luminosité qui suivrait sa disparition.

Les patins du traîneau avaient le bruit rassurant d'une paire de skis sur une bonne piste damée des Alpes. C'était mon dernier parcours sur la banquise. Je pointais mon cap d'une île à l'autre, avec la confortable certitude de savoir précisément où je me trouvais. Parfois, le clapotis de la mer sous la glace m'apportait des fourmillements délicieux dans les jambes. Je ne courais aucun danger puisque l'hiver continuait à travailler pour moi, quelques jours encore.

Cet hiver, mes amis de Cambridge Bay l'avaient trouvé bizarre, et bien cruel aussi. « En effet, disaient-ils, d'habitude le blizzard est beaucoup plus tardif. Et normalement, je n'aurais pas dû le rencontrer. » Je souris en résumant cet hiver qu'à chaque halte on m'avait décrit comme anormalement précoce et rude.

Finskan comprit très vite que nous égrenions les îles. Alors, je la laissai mener le navire. Et moi, je m'assis souvent sur le traîneau, me laissant conduire, en rêvassant.

Le soir, la lune se levait, ponctuelle.

Durant trois jours, j'eus tout à la fois : la lumière, une excellente visibilité, une mince couche de neige idéale sur la glace. Il ne faisait même pas froid, mes chiens marchaient bien, et moi j'étais en pleine forme. Je ne me souvenais pas d'avoir connu jusqu'à présent toutes ces conditions réunies.

– Salut le renard... dessine-moi un mouton...

Il en paraissait bien incapable, ce renard blanc qui nous rejoignit sur l'île. Rien plus que le renard n'est davantage victime de sa réputation. A cause peut-être de son museau allongé et de sa bouche fendue jusqu'auprès des oreilles. De sa tête aussi, qu'il gardait assez basse en trottinant et qui ajoutait à son air de filou. C'est vrai qu'il avait une mine de futé, le malin. Mais il s'en excusait. C'est même par hasard que le panache bien brossé de sa queue semblait le suivre. Celle-ci progressait avec lui en épousant les reliefs du terrain. Comme s'il avait voulu cacher qu'il était renard. Mais moi, je le reconnus tout de suite. D'abord parce qu'il n'était pas aussi blanc que la neige. Ou alors d'une neige qu'on aurait parfaitement mélangée à de la cendre. Ce qui le rendait encore plus beau. Et qu'il suivait nos traces, sans effort, bien à l'abri du flair et de la vue des chiens. Comme quoi, même quand il veut s'en défaire, le renard est toujours égal à lui-même.

– Salut renard...

Il tournait la tête de gauche à droite, feignant de chercher à qui je m'adressais. Et il continuait son chemin avec nous. Ses oreilles me parurent la chose la plus prodigieuse du monde. D'abord, elles étaient parfaitement indépendantes. Il en jouait sans cesse, le virtuose. Je comprenais qu'elles transmettaient immédiatement à son cerveau toutes les informations utiles. Je le savais prêt à réagir. Et puis elles étaient splendides, avec l'effilé et le pointu des instruments de précision. Leur intérieur avait le chaud et le soyeux d'un buisson de duvet.

Je ne voyais pas ses yeux parce qu'il faisait exprès de plisser les paupières, sachant sans doute que cela lui donnait l'air bonasse, l'air de ne faire attention à rien, de somnoler.

Mais moi, je savais qu'ils étaient jaunes. Parce que le soleil me le disait de temps en temps, quand il réussissait à y glisser un reflet. Deux éclairs alors en jaillissaient, pastilles de ciel d'or emprisonnées dans la fourrure.

Le dos au traîneau, les bras accrochés à la barre par la pliure des coudes, je l'observais, notre furtif compagnon de route. Que cherchait-il? Que voulait-il? Certainement pas notre compagnie. Il était d'une race fière et solitaire et n'avait besoin de personne. Il n'était ni gras ni maigre... La santé? Ça va bien, merci... Il avait le corps affûté des animaux sauvages, splendide, inaccessible.

Peut-être attendait-il que je lui laisse quelques restes de nourriture... Il me paraissait pourtant ne rien attendre de moi.

J'admirais l'économie naturelle de ses efforts. Court sur pattes, il développait son trot sans mouvoir aucune partie de son corps. J'imaginais qu'il n'aurait même pas renversé une tasse de thé posée sur son dos...

– Du grand art, monsieur le Renard...

Il n'agita pas les oreilles pour moi. Cela faisait un quart d'heure qu'il m'avait jaugé, le madré.

Quand il quitta notre sillage, je réalisai que Finskan avait amorcé une légère courbure. Il sauta notre sillon, estimant sans doute que ce brin de conduite suffisait, ou plutôt que ma chienne de tête déviait de la bonne direction. Alors, je ne vis plus que ses oreilles mobiles crever la surface de la neige, comme deux périscopes.

A peine cinq minutes plus tard, sur notre droite, j'aperçus la plus fabuleuse colonie de grands lièvres blancs, qu'il m'ait été donné de voir... Je chantonnai pour moi-même :

– Belle performance, monsieur le Renard, et bon appétit!...

Le cap qu'il avait pris en nous quittant le conduisait droit dessus.

***

Comment aurais-je pu la prévoir, cette tempête du quatrième jour? C'était plutôt joli au matin, cette bise courant au ras de la glace et qui volatilisait la neige. Elle imitait la mer ondoyante. Ses vagues s'ouvraient sur notre passage. Quand les minuscules tornades commencèrent, le spectacle devint fascinant. Elles étaient typhons et dansaient des vrilles. Il y en avait partout autour de nous. Elles nous fouettaient vivement au passage, et poursuivaient plus loin leur étrange ballet. Je commençais cependant à m'inquiéter. Tout cela ressemblait trop à des vocalises avant la grande tempête. Le ciel restait dégagé. Quelques « ice cristals » même, parfaitement immobiles dans l'air, ne laissaient rien pourtant présager de terrible.

Je n'avais jamais connu cela. Un coup de vent vertical d'abord fondit sur nous, nous plaquant au sol. Les chiens presque tout de suite se mirent à hurler. Puis il nous assaillit de tous côtés. C'étaient nous qu'il visait. Il menait ses assauts, tantôt de face, tantôt de travers, mais rarement de dos. Les hurlements ininterrompus des chiens étaient devenus des suppliques affolées. Ils me signifiaient d'arrêter, me suppliaient de les laisser s'affaler sur la neige, de leur permettre de faire leur trou et d'attendre.

Moi, j'étais persuadé que nous n'étions plus qu'à une vingtaine de kilomètres de la Dew Line de Byron Bay. Mais les tempêtes dans l'Arctique durent rarement deux ou trois petites heures, et c'était le temps que je me donnais pour finir l'étape. Je criais pour encourager mes chiens qui pleuraient; et le vent ricanait. La neige s'engouffrait à nouveau dans les poils des fourrures. La visibilité devenue nulle m'inquiétait aussi. J'allais peut-être rater mon objectif... Il ne servait à rien de continuer. Alors, quatre heures plus tard, je m'arrêtai.

Je m'obligeai à enlever les harnais des chiens. Puis j'interrompis plusieurs fois mon combat avec ma tente pour aller vérifier leurs lignes d'attache et consolider les petits abris de neige que j'avais bâtis autour d'eux.

Je ne fermai pas l'œil de la nuit, sortant chaque heure pour faire lever mes chiens un à un, dégager leurs chaînes et leur dégourdir les muscles. Je voulais ainsi éviter d'en retrouver deux ou trois complètement paralysés de froid.

L'équipage qui se remit en route au matin avait une allure de défaite. La fatigue accumulée pendant l'hiver avait sérieusement entamé leur résistance. Et les bienfaits du repos de Cambridge Bay étaient anéantis. Nous étions partis depuis moins de dix minutes quand j'aperçus le bicône de la Dew Line. Nous avions bivouaqué à moins de trois kilomètres du but. Je rageais d'impuissance.

Les dégâts sur mes chiens étaient considérables. Tous avaient l'aine profondément gelée. Surtout Lobo et Tjockis. Le pénis d'Oukiok avait triplé de volume et les testicules de mes mâles étaient tous en sang. Un massacre.

Je les rentrai tous. Ils restèrent à l'abri pendant deux jours. Le garage qu'on m'avait prêté était transformé en infirmerie de campagne. Les blessés gémissaient, ne s'interrompant que lorsque je les massais longuement. Une fois dégelés, Tajo et Oukiok avaient perdu la moitié de leur fourrure sur le dos. Leurs flancs étaient maintenant largement dégarnis. Il n'était plus question pour eux d'affronter une nouvelle tempête. Quant au pénis d'Oukiok, il ne dégonflait pas.

J'attendis que mon baromètre fût passé au beau fixe pour repartir. Ma troupe de grognards avait repris une allure à peu près convenable. Seul Oukiok n'était pas guéri. Il écartait les cuisses à chaque pas, mon petit père, mais il continuait à tirer, animé par la meilleure volonté du monde. Il me faisait mal à voir. Le temps s'était installé au grand beau et je me laissais griser par le décor grandiose.

Nous sautions d'île en île que les lumières alternées du soleil et de la lune allumaient comme des braseros ou transformaient en pointes argentées.

Nous longeâmes enfin la côte qui devait nous conduire à Coppermine. L'univers devenait pour moi une cathédrale baroque avec ses envolées majestueuses de falaises sculptées par le vent. J'aurais aimé le souffle de grandes orgues dans ces enchevêtrements de glace et de neige. Du Jean-Sébastien Bach par exemple. Je me sentais devenir mystique. Je me parlais de Dieu. J'aimais ma solitude. Je rebâtissais le monde autour. Je me jurais de mener toujours une vie simple, avec une cabane et un cœur. Mon expédition prenait une autre dimension. Je glissais sans efforts, sans à-coups, sur un chemin du paradis. A peine de temps en temps une inquiétude montait d'affronter une nouvelle tempête. Je repoussais cette éventualité parce que l'intuition m'avait convaincu que les tempêtes elles-mêmes avaient renoncé à nous arrêter. Devenu un véritable drogué du voyage, je planais.

Le vent arriva, mais ce fut le dernier jour, et il nous poussait dans le dos.

CHAPITRE XIV

COPPERMINE est un sourire. Pour moi en tout cas. Un sourire en six cents exemplaires, le nombre de ses habitants. Tous Esquimaux. J'habitais chez Fred et Edna Elias, lui un ancien « wild life officer » qui s'était mis en disponibilité pour un an, et elle un professeur à l'école. Mais j'étais aussi l'invité de tout le monde. Toujours le bienvenu, toujours l'ami dès le premier instant. Arrivé un samedi, le soir même ce fut la fête, le temps de changer de vêtements et de prendre un bain. Tout au long de mon voyage, à chacune de mes haltes, le bain chaud a toujours été le prélude naturel au retour à la vie civilisée. Le bain, c'était le remerciement que je faisais à mon corps de m'avoir servi.

A Coppermine, il n'y avait pas de jalousie envers moi, ni d'envie non plus. Je n'apparaissais pas comme un montreur d'exploits, et encore moins comme un donneur de leçons. J'étais simplement un homme qui avait réalisé la grande traversée en solitaire, et on m'accordait alors le droit d'entrer de plain-pied dans la communauté.

Jamais mes chiens n'avaient été l'objet de tant de prévenances. Jamais non plus ils ne furent autant soignés, pommadés et massés. Leur santé paraissait être la préoccupation principale de toute une population. Et bien que l'étape ait été relativement facile, les quelques heures de vent que nous eûmes le dernier jour avaient suffi à les affaiblir très sensiblement. Lobo surtout était gelé, toujours sur la partie des flancs, située près des cuisses. Tjockis n'était guère plus vaillante. Quant au pénis d'Oukiok, il atteignait la grosseur de mon poing.

En huit jours de repos, tout mon petit monde parut guéri. Lobo excepté. Quant à Oukiok et Tajo, ils n'avaient toujours pas récupéré les poils arrachés sur leur dos. Un Esquimau me fabriqua des manteaux pour tous les chiens, avec des peaux de caribou qui s'attachaient sur le dos, et protégeaient le ventre et les flancs.

– Tu leur mettras le matin et le soir, quand le soleil ne chauffe pas, dit-il, en me faisant son cadeau. Ou alors, s'il y a du vent; mais maintenant, normalement, tu ne devrais plus avoir de vent...

Il confectionna aussi des sortes de coussinets, toujours en peau de caribou, qu'il cousit directement sur les harnais d'Oukiok et de Tajo, afin de protéger au mieux la peau de leur dos mise à nu.

En quittant Coppermine, je pris un cap sud-sud-ouest. Je quittais la banquise et l'Arctique avec elle. J'allais bientôt atteindre la ligne d'arbres, la « Tree Line ». Et l'idée de retrouver la végétation, après dix mois de désert absolu, m'excitait autant qu'elle excitait mes chiens. Je suis certain d'ailleurs que si moi je le savais à cause de ma carte, eux le sentaient grâce à leur instinct. Le relief en effet n'était plus tout à fait le même. Il devenait plus accidenté, presque montagneux. Mais je n'avais aucun mal à suivre les bordures des vallées.

Fort Franklin, ma prochaine étape, est situé à quelque sept cent cinquante kilomètres de Coppermine. Mais avant de me lancer dans cette longue course solitaire, les chasseurs m'avaient donné rendez-vous sur ma route, à quatre-vingt-dix kilomètres, dans un camp de chasse.

Je partis tard, le dernier, à cause d'adieux, de démonstrations d'amitié interminables. Et je ne rejoignis l'escadron des skidoos qu'à la nuit tombée.

Le camp était installé dans une ancienne mine de cuivre abandonnée. Je fus accueilli par un cortège de lumière et des hourras de victoire. Les chasseurs m'avaient vu partir, et ils me voyaient maintenant arriver. En calculant ma moyenne, ils décrétèrent, admiratifs, que décidément, mes chiens marchaient bien.

Ce fut la première fois que je passai une nuit en groupe dans un bivouac. Et puisque j'étais encore leur hôte, on m'offrit de partager la tente d'un des Esquimaux. C'était une tente de trappeur, en grosse toile très confortable. J'avais à peine installé les chiens couverts de leurs manteaux que le festival d'aurores boréales commença.

La terre en était allumée comme en plein jour. Elles émettaient un froissement pareil à ces dernières étoiles qui finissent les feux d'artifice. Les aurores boréales sont constituées de particules solaires attirées par la Terre, et que la lumière capture. Elles ondulaient, empruntant tous les mouvements imaginables de draperies. Elles passaient d'une unique teinte vert phosphore, aux sept couleurs de l'arc-en-ciel, et se nuançaient aussi de toutes les brillances de la nature.

Dans le Grand Nord, les belles aurores boréales sont toujours un événement. On se téléphone d'habitude, et tout le monde sort de sa maison pour contempler ce spectacle fascinant. Les chiens se mirent alors à hurler. Puis se turent tous à la fois, obéissant à je ne sais quel signal. Charlie ensuite se racla la gorge et redonna le ton. Alors tous recommencèrent. Ils donnèrent leur concert : chœur de chiens pour symphonie du Grand Nord. Assis, les oreilles droites, le museau levé au ciel, ils chantaient.

– Si on veut qu'une aurore boréale dure, me chuchota mon voisin, il faut siffler.

Alors, on siffla. Étrange cacophonie où chacun à sa manière, chiens et hommes, rendait hommage à l'immensité, au surhumain, à la beauté.

Au bout de trois heures de cette féerie, sans cesser de contempler le ciel, on parla de chiens.

– C'est dommage, commença l'un...

– Quoi ?

– Nos engins, reprit-il, rêveur, nos skidoos, c'est bien, c'est pratique, assez fiable aussi, mais les chiens, c'est autre chose. Dis donc, le Français, ils marchent bien, les tiens, hein? Quatre-vingt-dix kilomètres dans une journée, c'est bien. Nous aussi, on devrait s'y remettre.

– Qu'est-ce qui vous en empêche?

Il n'y avait pas la moindre nuance de bravade dans ma question. Pourtant, ils ne répondirent pas.

– Ce qu'il faudrait, continua le parleur, ce sont des croisés de loup. Ce sont les meilleurs.

– Quand j'étais enfant, reprit un autre, mon père disait que les chiens croisés avec des loups ne valaient rien avant la troisième génération. Avant, ils sont trop sauvages, trop indépendants, et refusent le dressage... Je me souviens : mon père avait un chien, arrière-petit-fils de loup qui était capable de retrouver l'emplacement de trappes après trois années.

Le silence appréciait l'exploit. Vingt chasseurs, vingt Esquimaux assis dans la neige, le nez planté au ciel, visionnaient leur enfance, celle du temps où se mouraient les traditions.

La marée d'aurores boréales s'était éloignée, ne jetant plus que de loin en loin des clins de lumières métalliques. Chacun rentra se coucher.

– Demain, me dit mon hôte, j'irai porter ton matériel jusqu'à ta prochaine étape. C'est une cabane de chasse. Ça t'avancera.

Je protestai :

– Pas question, tu ne vas pas perdre plus d'une demi-journée de chasse pour moi...

– J'irai, trancha mon ami.

Et il s'endormit.

***

Des arbres enfin! Les premiers que je voyais depuis presque un an. Depuis que j'avais quitté la France. Ils n'avaient pas de quoi enflammer l'imagination d'un bûcheron moyen. Ils

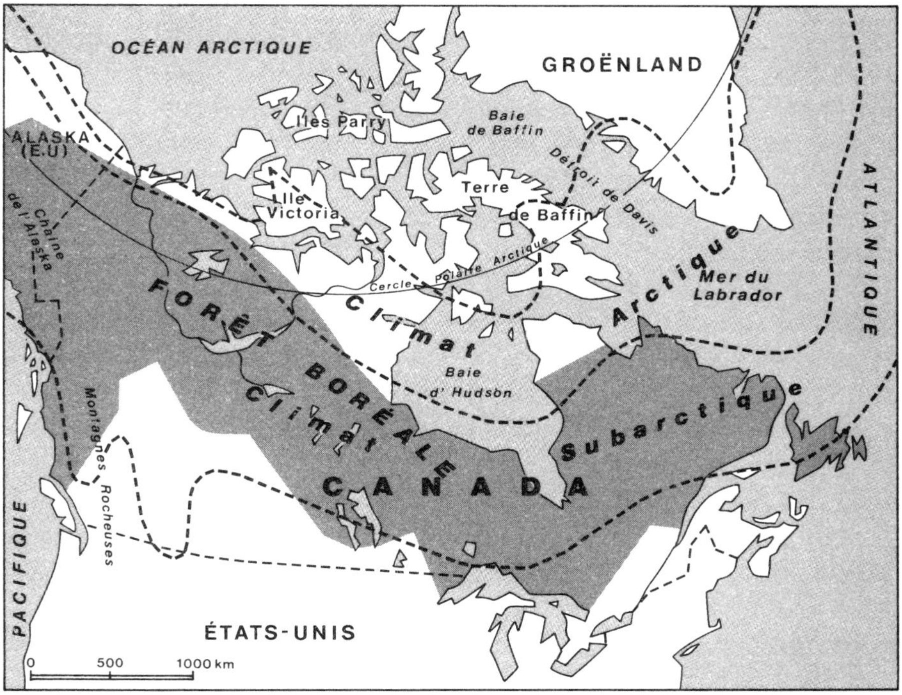

OCÉAN ARCTIQUE
GROËNLAND
Iles Parry
Baie de Baffin
ALASKA (E.U)
Détroit de Davis
Terre de Baffin
Ile Victoria
Chaîne de l'Alaska
Cercle Polaire Arctique
Climat Arctique
Mer du Labrador
ATLANTIQUE
FORÊT BORÉALE
Baie d'Hudson
Climat Subarctique
Montagnes Rocheuses
CANADA
PACIFIQUE
ÉTATS-UNIS
0 500 1000 km

ressemblaient plutôt à des arbustes. Mais ils étaient là. Ils avaient réussi à crever la glace et soulever la neige, courageuses sentinelles disséminées aux avant-postes de l'immense forêt boréale. Mon envie fut d'arrêter les chiens et de descendre. J'aurais aimé approcher ces héros rabougris aux bandages de neige, témoins de la formidable survie végétale. Mais notre allure était rapide, et je ne voulus pas en casser le rythme par un arrêt si peu éloigné de notre départ.

Mon ami, parti devant moi avec notre matériel, avait pris la peine de baliser la piste en plantant des fanions rouges. Je souris de cette délicate attention. Un fanion tous les kilomètres! Comment aurais-je pu me perdre avec les magnifiques traces de skidoo qu'il me faisait? Et puis, avec ce relief accidenté, je n'avais que l'embarras du choix pour effectuer mes repères. C'était cela aussi, l'hospitalité. Elle me faisait du bien.

Lobo se mit à boiter bas. Ses pattes ne révélaient aucune blessure apparente. Je le déharnachai et le mis sur le traîneau. Il se laissa faire. J'accouplai Pirat avec Finskan. Loin de s'en montrer ombrageuse, celle-ci parut heureuse d'accueillir ce compagnon. Pirat la remercia humblement par un coup de langue furtif sur le museau de la belle et me fit alors un travail de grand chien. C'était cela, son rêve secret : devenir chien de tête. Il se savait taillé pour cet exercice, s'estimant à sa juste valeur, exactement au-dessous de Finskan. Cette dernière le laissait faire, le jeunot, histoire de l'éprouver, se contentant de suivre ses indications. Elle le couvait du regard, comme un maître enseigne à son élève.

L'étape dura quatre heures pour les quarante kilomètres qui nous conduisirent à la cabane. Mon ami avait bien fait les choses. La réserve de fuel pour le poêle était suffisante pour tenir quinze jours par n'importe quel froid et sous n'importe quelle tempête.

Ce fut le lendemain que pour la première fois, je ressentis la douceur du soleil. Je me dépoitraillai. Il me faisait sur la peau des picotements délicieux.

Le jour suivant, nous entrâmes dans la forêt. Des traces

d'animaux nous l'annoncèrent d'abord, puis ce furent des bandes de caribous essoufflés qui traversèrent devant nous. Des lièvres encore, suivis de près par des renards. Je reconnus aussi des empreintes de loups. Nous nous enfoncions dans la vie, enfin. Les bêtes sauvages elles-mêmes n'avaient plus ces airs de lutteurs errants, c'était ici qu'elles habitaient et qu'elles avaient aménagé leur gîte, creusé leur terrier. C'était à l'abri de ces arbres, devant nous, qu'elles laissaient courir les vents et les tempêtes. La forêt était leur domicile. La vie s'esquivait partout autour de nous.

En forêt, la progression est difficile. La neige profonde, abritée par les arbres, n'est pas soufflée par le vent. Donc elle ne durcit pas. Et il est impossible de progresser comme sur la terre dégagée. Je profitai alors de traces de skidoo qui descendaient pour m'y enfoncer de deux kilomètres, et m'arrêtai pour le campement.

Ce campement, je le rêvais depuis des semaines... Il y aurait une clairière, petite, et de gigantesques épicéas autour. Mes chiens, attachés aux troncs, monteraient la garde. Ma tente, au milieu, serait un modèle de tente, parfaitement tendue, idéalement plantée. Le sol serait plat et moelleux à la fois. La lune jouerait au bilboquet sur la pointe des arbres. Il n'y aurait pas de vent. Pas de bruit, excepté la présence que je devinerais de tout ce grouillement de vie animale alentour. Et puis, pour fignoler le tout, une aurore boréale s'en viendrait déplier ses anneaux au-dessus de ma tête.

Ce fut à peu près comme dans mes rêves. Avec du travail en plus. D'abord dégager la neige du contour des troncs pour éviter que mes chiens ne fussent totalement enfouis. Et puis damer le sol sur mon nouveau territoire pour faciliter mes déplacements. Les arbres étaient de dimensions modestes. Un lever de lièvres blancs jaillit d'un bouquet de bouleaux nains, à l'instant où je vis une martre à l'affût couler entre deux épinettes. Sa fourrure était bleutée. Le soleil n'était pas encore couché. Je devinai ce dernier au-delà de la forêt, embrasant l'horizon... il effectuait son baroud d'honneur quotidien, en déployant ses oriflammes rouges. La lune débarqua, un peu précoce, ce qui lui donnait une lueur aigrelette...

Tout cela ressemblait assez fidèlement à ce que j'avais imaginé. Mais je ne comprenais pas comment, dans mes délires, j'avais oublié le feu... Oui, dans mes rêves, je ne pensais plus au feu...

Allumer une flamme dans la neige et la faire durer en la propageant à des branches humides ou mouillées exige une technique que je ne saurais expliquer. Il y faut une somme de gestes innés et d'astuces empiriques impossibles à détailler. Cela s'apprend mais je ne sais pas comment. Le feu se mérite...

Dans la neige, surtout ne pas emballer le feu. Parce que la neige fond rapidement, et le noie.

D'abord mettre les brindilles, les plus menues possible, puis des aiguilles de pin, même vertes, parce qu'elles sont gorgées de résine et crachent une jolie flammèche bleue. Ensuite parsemer d'épluchures d'écorce de bouleau. D'ailleurs, le bouleau est l'ami du trappeur, parce qu'il offre sa peau toute l'année. Il suffit de tirer dessus. Cela fait des copeaux précieux pour les feux de camp...

Abriter la petite flamme quand rougissent les écorces de bouleau. L'aider à mordre en soufflant sur les tisons qui refroidissent. Puis, quand on la sait assez vaillante, dégager les abords à deux extrémités pour que passe l'air qui va l'exciter. La neige qui fond doucement autour l'affaisse, alors elle perd courage. Le moment est venu de bien l'alimenter, de lui constituer une épaisseur de façon à ce que la cendre brûlée lui fasse un socle solide. Si elle a commencé à dévorer deux belles branches, c'est que le feu vivra. Il suffira de le fournir régulièrement. Plus rien ne pourra l'éteindre, si ce n'est d'écarteler ses os aux quatre vents et de lui piétiner le ventre. Mais je n'en étais pas là.

Ce que je voulais, c'était un peu de chaleur, bien sûr, histoire d'écarter les doigts au-dessus, parce que cela fait toujours un plaisir qu'il ne faut pas se refuser. Mais surtout j'avais envie de fumée avec son odeur forte et brûlante, une odeur d'humus, et de vie. Alors, je versai sur mon brasier des poignées d'aiguillettes et de branches bien humides. La fumée enfin se tordit en cheveux roux et noirs, et j'ouvris grand mes narines, jusqu'à ne plus pouvoir respirer. Mes yeux piquaient et me faisaient des pleurs de bonheur.

Il y a une autre chose que mes rêves les plus fous ne me montrèrent pas non plus, sans doute pour me ménager. Il s'agissait de saucisses. On m'en avait donné un stock à Coppermine. Et chacun sait que des saucisses sur feu de bois, ça ne se compare à rien d'autre au monde. Moi, je les comparais pourtant aux feux de camp de mon enfance quand, après de longues marches, ces fumets de viandes grillées m'enveloppaient le visage, m'apprenaient le plaisir. J'en mangeai plus qu'à ma faim. Mes chiens à leur poste de guet quittèrent leur surveillance de la forêt et m'appelèrent. J'oubliais qu'eux aussi étaient affamés. Je leur portai leurs boudins habituels. Ils me firent une méchante mine pleine de reproches. Ces boudins-là ne sentaient pas la saucisse, sans doute. Je profitai de ce qu'ils étaient occupés à se sustenter quand moi je me bâfrais, pour en lancer une à Finskan, près du traîneau. Elle l'avala d'un coup, sans même la croquer. Puis elle me regarda, se passa la langue sur les babines et se retourna enfin vers ses congénères, l'air de rien, comme si rien ne s'était passé. J'espère qu'ils n'ont rien vu. Quant à Lobo, mon boiteux mal en point, il refusa tout net son boudin. Je lui donnai du caribou et du poisson séché qu'il mastiqua lentement. Mais cela, les autres l'acceptaient parce qu'il était malade, et qu'ils le savaient.

Être assis sur une peau de caribou étendue sur la neige, les jambes croisées, avoir le fusil au travers des genoux, sentir sa faim rassasiée, ne pas avoir soif, ni froid, et regarder des flammes danser en me cuivrant les joues d'une bonne chaleur, cela favorise la digestion. Le fusil ainsi posé, ce n'était pas pour m'en servir. Sauf en cas de danger, mais en cette saison, les ours gris et les ours bruns, les grizzlis, nombreux dans cette région, devaient encore sommeiller dans leurs sombres cavernes; c'était plutôt pour ressembler à un trappeur, pour que la panoplie fût complète, ainsi que la satisfaction que j'avais d'avoir enfin atteint la forêt boréale, et de partager la vie de mes héros d'autrefois dont j'avais lu les aventures. Je me disais qu'en ces heures précises enfin, je réalisais mes rêves de gamin. Je le revoyais, ce galopin de douze ans, il était là dans l'âme du feu, cette braise principale où venaient se gorger les flammes avant de repartir à l'assaut de ces bûches. Et cet enfant était encore plus heureux que moi. Il se gonflait de fierté.

Il ne manquait que le raffinement à mon plaisir. Je me levai, marchai tranquillement vers un bosquet de bouleaux, cherchai une belle branche d'une grosseur intermédiaire entre la simple badine et la trique du gardien de vaches. Je la choisis bien droite. Ma lame fit une entaille en biais mais nette le long du tronc. Je revins en élaguant à coups de poignet. En m'asseyant près du feu, je sifflotais. Je pensais à mes lèvres gelées dans l'Arctique, à ma bouche brûlée pendant la traversée de Baffin, à mes mâchoires serrées que je ne pouvais décoller à mon arrivée à Cambridge Bay. Et là je sifflais. Décidément, dans cette forêt, toute expression de vie me paraissait possible...

J'aurais préféré une branche de coudrier, à cause de la double écorce épaisse, dont la première brune et solide se décolle parfaitement et permet de belles nuances de dessin avec la seconde vert tendre, plus fragile. Je commençai par régulariser l'angle de la coupe. Puis je décidai de gratter des pelures rondes qui feraient des anneaux. L'écorce du bouleau est très mince et très filandreuse. J'allai à la tente pour ramener mon petit couteau qui permettrait des coupes fines. Trois anneaux pour la poignée. La suite fut laborieuse et très artistique. Deux serpentins entrelacés depuis l'extrémité. Je tirai la langue, aussi appliqué que si je réalisais un délicat travail de marqueterie.

Pour fignoler mon œuvre d'art, je la passai doucement à la flamme afin de la teinter de noir et de la durcir en la séchant. Je l'essayai : je l'avais bien en main, mon bâton. On a toujours besoin d'un bon bâton en forêt, même boréale.

Ça peut servir à tout... En fait, je ne savais pas très bien à quoi. Mais ce bâton me parut subitement indispensable.

Finskan me regardait effectuer des moulinets et faucher des ronces imaginaires, son regard débordait de bienveillance.

L'aurore boréale attendue ne vint pas. Cela m'était égal. J'en avais profité tout mon soûl quatre nuits plus tôt. Il était tard. Mon feu s'assoupissait, moi aussi. Je me levai, allai casser l'extrémité d'une tige de bouleau et la mis dans ma bouche. Puis je rentrai sous la tente pour la mâchonner à mon aise en me glissant dans mon sac de couchage.

Je me souviens que mon sommeil, cette nuit-là, eut un goût de sève.

***

Le lendemain fut une journée de repos total pour tout le monde. Je me fabriquai un ados de neige sur lequel j'étendis une peau de caribou. Et c'est à demi allongé que je passai les plus grandes heures du jour. La vie était belle depuis ce transat de fortune.

J'ai vu la course entière du soleil et mes chiens s'étirer paresseusement en bâillant.

J'ai vu Finskan, Tjockis et Rosta, mes trois femelles, se lécher le poil, avec la délicatesse des chats de gouttière.

J'ai vu passer en furetant un carcajou avec un dossard de blaireau, son cousin d'Europe.

J'ai vu un glouton, ce parent de la martre, féroce carnivore comme son nom l'indique, s'emparer d'un mulot et le croquer sur-le-champ comme une banale « pomme à couteau ». Le mulot n'a pas protesté en se laissant dévorer. A peine a-t-il tortillé sa queue quelques secondes avant de disparaître.

J'ai vu des oiseaux blancs regarder ce spectacle, indifférents.

J'ai vu les pointes des branches perler des diamants de neige fondue par la chaleur du feu, et j'ai vu le froid les saisir aussitôt et les arrêter.

J'ai vu mon feu griller une autre ration de saucisses, et la fumée monter bien droite dans ma clairière.

Je ne cessais de me demander ce que j'étais allé faire avec mes traversées de banquise aux univers pelés de glaces, et balayés par le froid et les tempêtes. C'était ici dans cette forêt, dans cette région que je voulais vivre. Je ressentis l'absolue conviction que j'étais fait pour cela.

Cette certitude rendit mon sommeil confortable puisqu'elle me parlait d'un avenir serein.

***

En me dégageant de la forêt au matin avec mon attelage, je me félicitai d'avoir eu le bon réflexe, entre deux très fortes poussées d'oisiveté, de m'être donné un peu d'exercice. J'avais en effet, à l'aide de mes raquettes, damé le trajet. Ces deux kilomètres de petits pas sur la largeur du traîneau nous permirent d'atteindre le lac sans effort.

Le lac de l'Ours, étalé sur quatre cents kilomètres de long et deux cent cinquante de large, constituait, paraît-il, la dernière difficulté sérieuse du parcours. A cause des dangers d'eaux ouvertes surtout.

Le premier jour, je me contentai de le longer prudemment. Puis quand vers le soir, les nuages s'amoncelèrent, je rentrai dans la forêt pour installer mon camp.

Cette nuit-là, je connus la première tempête qui me fît plaisir. Nous étions tous abrités. Ainsi, le blizzard soufflait exactement au-dessus de la cime des arbres, larguant au passage des flocons de neige minuscules mais innombrables, du genre très recherché pour les nuits de Noël. Et nous nous régalions de ce danger évité, de ces morsures du vent et du froid qui ne nous atteignaient pas. J'espérais seulement qu'il ne durerait pas trop longtemps.

L'aube ramena le calme, mais avec elle une visibilité nulle.

– Allez, les chiens...

Cette perspective de brouillard ne leur plaisait pas trop. Lobo allait mieux. Toujours perché sur le traîneau, il s'excitait un peu. J'avais remarqué en l'échauffant le matin qu'il ne boitait plus; cependant, je préférais encore le ménager. D'autant que j'estimais que la surface sur le lac ne devrait pas être trop pénible pour les autres.

Le vent forcissait à mesure que nous nous éloignions des arbres. Je m'arrêtai pour passer leurs manteaux aux chiens. Tjockis, Tajo, Oukiok et Charlie, visiblement, souffraient le plus de cette réapparition du blizzard, pourtant relativement supportable. Finskan refusa sa petite laine. Gentiment mais fermement d'abord, en repoussant la peau de caribou du bout de la patte. Et comme j'insistais, elle s'esquiva vivement. Je renonçai. D'ailleurs, elle était intacte, ma belle, sa fourrure étant encore abondamment fournie. Seules ses pattes, comme celles de tous ses confrères, étaient encore encombrées de boules de neige durcie. Et leurs doigts écorchés étaient maintenant à vif.

J'étais irrité, parce qu'après avoir quitté l'Arctique, j'en retrouvais les mêmes pénibles conditions. J'étais inquiet aussi, à cause de ce danger d'eau ouverte que ce brouillard m'empêchait de déceler. Le vent balayait la glace, laquelle, par endroits, retrouvait sa teinte bleu turquoise. Et Finskan, la prudente, n'aimait pas cela du tout. Sa méfiance dura des heures. J'avais beau crier, lui ordonner d'aller droit, comme ce brave Pirat attelé sur la ligne de tête avec elle, la capricieuse nous faisait des écarts subits et s'entêtait à vouloir tirer à contresens.

Alors... la colère me prit, monsieur le président du tribunal des chiens, et je confesse ici que je l'ai laissée faire, monsieur le président... j'ai perdu mon calme.

– Staana.

J'ai donné l'ordre d'arrêter. J'ai attrapé le bâton chef-d'œuvre que j'avais amoureusement sculpté durant notre premier bivouac dans la forêt, et je m'avançai vers elle en vociférant :

– Espèce d'ordure, est-ce que tu vas nous foutre la paix et te remettre à travailler comme tout le monde...

Elle me regarda, la queue basse, surprise de ce déchaînement subit qu'elle ne me connaissait pas à son égard. Mais elle ne broncha pas, elle se soumettait.

Je lui maintins la tête droite en agrippant la peau du dessous de son cou, et je frappai sur son museau, de toutes mes forces de brute.

Est-ce au cinquième ou au dixième coup qu'elle s'écroula? Je ne sais pas. Elle tomba à genoux comme plient les taureaux des corridas sous l'estocade, à l'instant où la foule chavire de plaisir...

Et Finskan expira sur le sol glacé de cette arène bleutée.

La foule de dix chiens regarda, tour à tour, la neige et le vent s'emparer de son corps, et le torero, l'épée brisée à la main, lamentable.

Le torero jeta son épée. Les pattes de Finskan se raidirent, tremblèrent, puis s'immobilisèrent.

– Non, je ne t'ai pas tuée, Finskan... Je ne voulais pas... ce n'est pas vrai...

Et il tomba à genoux et se coucha sur elle en pleurant.

– J'ai tué la meilleure chienne du monde, mes enfants, gémit-il, prenant à témoin les dix spectateurs muets, vous entendez? La meilleure chienne... elle m'a sauvé la vie... elle vous a sauvé la vie à tous...

Il colla l'oreille sur la poitrine tiède. Mais comment, avec ce vent et ces hoquets de pleurnichard, aurait-il pu entendre, s'il y en avait eu encore, les battements du cœur de Finskan?

L'homme avait frappé sur le mufle parce qu'il savait que c'était la seule partie du corps véritablement sensible d'un chien... pour faire mal exprès... pour corriger...

– Mais pas pour l'assassiner! hurla-t-il.

Ce fut l'instant que choisit la moribonde pour revenir à la vie. Elle se dégagea comme elle put de l'étreinte de l'homme. Elle se leva en glissant, vacilla, puis retrouva son équilibre. Elle secoua la tête vigoureusement, s'ébroua, et se mit seule à tirer... Les chiens dressèrent les oreilles, regardèrent le bipède stupide qui s'était relevé aussi... Ils hésitèrent. Pirat fut le premier à fournir le même effort que sa compagne de trait. Tous les autres l'imitèrent. Le traîneau glissa, passa devant la brute hébétée et s'enfonça dans le vent de neige, droit sur la glace bleue...

Voilà, monsieur le président des chiens. J'ai rattrapé le traîneau et sauté sur les patins...

Mais savez-vous ce qu'il pensait, ce bel esprit, monsieur le président, pendant que Finskan, des heures durant, accomplissait un travail admirable, tirant tout droit, ne craignant plus la glace lisse, gardant l'esprit toujours en éveil, à détecter les passages éventuels d'eau ouverte ? Savez-vous ce qu'il pensait ? Il pensait que, bien qu'il la crût morte, ce qui l'aurait fait mourir lui aussi, il avait peut-être eu raison malgré tout, d'un point de vue « spécifiquement chien », bien entendu ! Et que, puisque Finskan maintenant faisait merveille, c'est qu'elle avait compris la leçon !...

J'avais tellement eu peur que je me cherchais des excuses.

Le soir, pour me faire pardonner, je fis dormir Finskan sous ma tente.

***

Je la payais, ma ration de beau temps. En rafales de blizzard. Je ne parvenais pas à choisir un emplacement pour le camp. Je tapotais la glace tous les vingt mètres. Ici, elle me paraissait trop bleue. Là, pas assez épaisse, plus loin trop fendillée, et je craignais toujours de le planter à l'endroit précis d'une cassure possible. Quand je me décidai enfin, le terrain n'était pas sensiblement différent de ceux que j'avais refusés quelques centaines de mètres plus tôt.

Les chiens avaient moins souffert que ce que je craignais. Les manteaux fabriqués par mon ami de Coppermine se révélaient très efficaces.

Je remis en route ma mécanique de réflexe pour bivouac sur banquise : pieux plantés pour les lignes d'attache, sardines enfoncées jusqu'à la garde pour fixer la tente. Déchargement de mon matériel, ma cuisine à l'abri. Les boudins pour les chiens... J'acceptais cette épreuve, à condition qu'elle fût la dernière : « Après le lac de l'Ours, c'est fini », m'avait-on dit à Coppermine. Alors, d'accord pour franchir le lac de l'Ours. Mais à condition qu'ensuite je n'aie plus à me coltiner avec ce genre d'épreuve. J'étais saturé de froid, saturé de vent surtout, et saturé enfin des conditions de vie précaire dans lesquelles j'avais eu à vivre depuis bientôt dix mois.

C'était ainsi. Les bivouacs se suivaient et ne se ressemblaient pas.

Toute la nuit, j'entendis le travail de la glace sur le lac. Ce fut un concert de bruissements de fracture. Je savais qu'elles fusaient, ces lézardes, atteignant la vitesse d'un fouet manipulé par un Esquimau expert. Elles mordaient, éclataient, se prolongeant parfois sur des kilomètres. J'avais eu beau connaître ce phénomène à plusieurs reprises durant mon voyage, je ne m'y habituais pas. Jamais, en effet, d'aussi petits bruits comparables à des froissements métalliques ne me parurent autant chargés de menaces. Ils parlaient à mon imagination, l'emballaient, et je devais la contrôler.

Que se passerait-il, m'inquiétais-je, si l'une ou l'autre de ces fêlures faisait éclater le sol, ici, sous nous? Nous serions engloutis en une seconde. La glace se refermerait comme il arrive lorsqu'elle est poussée par des forces mystérieuses. L'accident était imparable.

Pfuiit... Pfuiit...

Ma nuit se craquelait, labourée par des milliers de patineuses invisibles.

Lorsque les chiens se mirent à hurler, je crus au passage d'un troupeau de caribous. Ils traversent parfois le lac gelé à la fin de l'hiver, en quête de pâtures plus accessibles en bordure de la forêt boréale. Je mis le nez dehors. Je résistai contre le froid pour fouiller l'espace désert. Rien. Les chiens recommencèrent puis s'interrompirent... Soudain, il y eut un grondement formidable. Le sol se mit à trembler et fit se renverser tout mon matériel, casseroles et réchaud qui s'entrechoquèrent. Et puis ce fut le grand silence. Je n'osai ni bouger ni sortir. J'attendis de longues heures avant de décider de m'endormir. Je fermai les yeux avec détermination

25

25 - Midi et début du blizzard. **26** - Un midi où la lune joue les soleils.

26

28

27

27 - Le « White out ».
28 - Le premier arbre, après plus d'un an...
29 - Qui permet le premier feu.

29

et traquai le sommeil. J'eus le plus grand mal à le dénicher. Il était tapi derrière ma peur.

Le lendemain, le beau temps était revenu. Et lorsque, sorti de ma tente, je m'étirai, un peu piteux de mes émois injustifiés de la nuit, je restai les bras levés au ciel, pétrifié. Derrière nous, à cent mètres, la glace s'était ouverte, et je pouvais apercevoir, dessous, l'eau verte du lac.

La fissure, si elle avait continué, serait arrivée droit sur nous, et nous aurait poignardés.

CHAPITRE XV

Il faut se méfier du délire parce qu'il est dangereux pour les autres. Surtout lorsqu'on a de la responsabilité. Et de l'autorité. Mes chiens acceptaient tout de moi. Tant qu'il leur restait des forces, ils les engageaient dans les surcroîts d'efforts que je leur demandais. Et les quarante derniers kilomètres avant d'atteindre Fort Franklin, mes coursiers les avalèrent en un temps record. Mais j'étais tellement heureux. C'est une bonne naïveté sans doute que celle qui me faisait croire à chaque fin d'étape que j'avais passé le plus dur. Cette fois, rien ni personne n'aurait pu me convaincre du contraire. D'abord, le printemps approchait et puis, j'en avais fini avec tous mes problèmes d'orientation, puisque après Fort Franklin jusqu'en Alaska, je n'avais plus qu'à suivre les traces de skidoos, véritable chemin tracé par les trappeurs. Voilà pourquoi, en terminant ce trajet, j'étais fou de joie.

– Allez les chiens... yap... yap... yap... yap...

Ils galopaient comme au temps de nos belles heures de poursuites de caribous, sur la Terre de Baffin. Lobo avait repris sa place à l'attelage et tirait comme le champion qu'il était.

Peut-être ce coucher de soleil grandiose incitait-il à la mégalomanie! Toujours est-il que je commençais à me sentir bigrement intelligent, puis extrêmement fort et résistant... Je devais être beau aussi, debout, les jambes écartées sur mes patins, les mains accrochées à la barre de mon navire... de face d'abord avec le chef coiffé de ma chapka de fourrure, les yeux grands ouverts sur le froid qu'ils ne craignaient plus, et ma barbe brune frisottée par le vent de la vitesse... Mais surtout de profil, entre les spectateurs et le soleil, quand nous devions avoir l'air d'ombres mystérieuses, avec les chiens au dos ondulant qui semblaient fermer derrière eux les pans de la nuit.

J'aurais aimé un public, j'aurais adoré entendre claquer les applaudissements. J'aurais souhaité courir cette dernière longueur sur la piste d'un stade avec une foule debout, hurlante d'émotion et d'admiration. Qu'il eût été bon d'être adulé! J'enviais Blériot et Lindberg, à cause de leur comité d'accueil enthousiaste. J'aurais donné encore une ou deux tempêtes pour être encouragé comme le fut Marcel Cerdan lors du dernier grand round de son championnat du monde.

Quelle bêtise que le délire solitaire!

Quand j'aperçus la lumière de la ville, juste sous la nuit, je hurlai :

– Je suis un champion... on est arrivés... yap... yap... les chiens.

Et ce furent vingt kilomètres de plus. Mes chiens avaient un souffle inextinguible. Ils luttaient jusqu'au bout parce que les plus grands champions sont toujours les meilleurs finisseurs. Mais comment ne pas délirer quand, à l'entrée même de Fort Franklin, elle nous passa devant, cette splendide flèche blanche : un loup. Énorme. Nous ne vîmes de lui que les deux bonds gigantesques qu'il fit pour apparaître sur notre droite, le temps d'un éclair sous le lampadaire, et disparaître sur notre gauche. Il avait deux fois la taille des chiens...

Lorsque le traîneau s'arrêta plus loin, au milieu de la rue principale, il n'y avait personne...

Mais mes chiens avaient tous les pattes en sang.

*
* *

Fort Franklin, trois cents habitants, est un village indien. Chez les Indiens, on ne manifeste pas bruyamment, comme chez les Esquimaux. On ne se livre pas non plus. On attend de voir avant de se lier d'amitié.

Les Indiens s'y connaissent en chiens. Ils en possèdent beaucoup, bien qu'ils les utilisent peu, préférant eux aussi les skidoos. Seuls deux ou trois attelages sortent encore quelquefois. L'attelage indien se monte en ligne. Les chiens y sont attelés l'un derrière l'autre. Le traîneau, étroit, léger, est très maniable et parfaitement adapté aux déplacements entre les arbres de la forêt, où la neige est molle et profonde.

J'aime les Indiens. Discrets, distants, ils sont vrais et sincères. La première nuit, je fus hébergé cordialement par la police montée. Ensuite, un Indien me prit chez lui. Je garderai toujours le souvenir chaud des veillées qu'il me fit. Il y avait du café et du thé brûlant sur la table. Et aussi l'épaule d'élan fumée avec le couteau pendu à côté. De temps en temps, tout en parlant, un homme se levait, se taillait une tranche qu'il mastiquait lentement. Je fis comme eux, mais moi je me taisais. Je les écoutais parler du passé. Le père Félix Lebat, un missionnaire français vivant dans ces régions depuis trente ans, vint se joindre à nous.

Ce rare village de purs Indiens est à l'écart d'une zone industrielle et de prospection. C'est plus loin que le pétrole sourd de la terre en fumerolles épaisses autour desquelles la glace ne se forme jamais. Alors que dans la grande vallée du Mackenzie, la plupart des Indiens sont métissés, et travaillent pour des compagnies, ceux de Fort Flanklin vivent encore exclusivement de chasse et de pêche, ainsi que du commerce des fourrures. Ils sont très pauvres. Leur dénuement me surprit en comparaison de la relative aisance que j'avais connue chez les Esquimaux.

Curieusement, il y a très peu de caribous dans la région.

Les Indiens ont là-dessus une explication tout à fait personnelle :

– Il y a trente ans, commença le conteur, je me souviens que les caribous étaient nombreux ici. On les voyait passer surtout au début de l'hiver, quand ils descendaient du nord-ouest pour gagner les pâturages autour de la forêt. Puis ils remontaient au printemps, gourmands qu'ils sont des mousses nées sous la fonte des neiges. Et puis, un chasseur est venu. Un Blanc. Un Français. Je ne l'ai pas vu moi-même, précisa-t-il, mais on me l'a dit. Cet homme se trouva un jour à court de cartouches. Et il avait faim. Alors, il fit une chose qu'on ne doit jamais faire avec le gibier qu'on respecte. Il s'approcha comme il put, en se camouflant, puis bondit en tenant son fusil par le canon. Et il assomma une bête sous les yeux du troupeau, puis l'égorgea... Depuis il n'y a plus eu de caribous ici...

L'explication paraissait suffisante à tous les auditeurs de la veillée. Je me tournai alors vers le père Félix, il souriait en tirant sur sa cigarette. Son regard m'invitait à la poser, cette question qui me brûlait les lèvres. Je regardai l'Indien. Son visage avait l'impassibilité des grands « Sachems » de mes albums de lecture. J'étais redevenu un enfant avide de savoir.

– Mais pourquoi ?... Pourquoi cet homme aurait-il fait fuir à tout jamais les caribous ?

Le grand Sachem prit un ton sentencieux :

– Parce que le caribou est un animal digne et noble. On peut le tuer à l'arc comme autrefois, ou avec une balle de fusil comme aujourd'hui. Mais l'assommer avec un bâton ou quelque chose qui ressemble à un gourdin, c'est lui faire injure. Le troupeau s'en souvient et ne repasse plus jamais.

Pour ma part, je trouvai le caribou bien susceptible. Mais je ne le dis pas.

Le père Félix me donna plus tard une explication moins belle, sans doute, mais que je jugeai plus rationnelle.

– En fait, me dit-il, la disparition du caribou s'est effectuée progressivement. Elle a commencé, c'est vrai, il y a une trentaine d'années, aux alentours de 1950. Mais je crois qu'elle est due à une modification, pour des raisons inconnues, du chemin migratoire. Peut-être les caribous ont-ils été empêchés dans leur traversée, depuis le sud-ouest, par les implantations de plus en plus nombreuses d'exploitations industrielles ?

A la différence des Esquimaux qui vivent par familles, les Indiens se sont toujours regroupés en tribus. Et ils ont un chef. C'est donc à ce chef qu'un soir, la veille de mon départ, je fis ma demande pour revenir vivre chez eux. J'avais eu le coup de foudre pour ce village d'hommes sages, en dehors du monde, et qui me paraissaient mener l'existence la plus pacifique, et la plus attirante. Je n'ai pas reçu de réponse officielle à mon acte de candidature. Il y eut seulement un vague accord dont je pris connaissance plus tard dans le journal local. Mais sachant le formalisme traditionnel de ces Indiens, mes amis, je ne peux m'en contenter. J'attendrai donc de rencontrer à nouveau le Sachem pour savoir.

***

Je nourrissais maintenant mes chiens deux fois par jour. Du poisson au petit déjeuner, un Indien m'en avait donné plus de deux cents kilos, et l'éternel boudin pour le soir. En dix jours, ils reprirent une bonne forme. Lobo, qui ne boitait plus, paraissait seulement un peu fatigué, de même que Tjockis et Oukiok. Mais ces dix jours ne suffirent pas à remettre leurs pattes en état.

Fort Franklin, Fort Norman : cent cinquante kilomètres. Les chiens accomplirent ce trajet dans le temps phénoménal de onze heures. Les conditions étaient idéales : un temps magnifique, une piste parfaitement damée à travers les montagnes. Une nuit et une journée de repos à la mission et ce fut de nouveau le départ pour Norman Wells, à quatre-vingt-quinze kilomètres.

Décidément, ils auront tout connu, mes chiens. Ce trajet

fut insolite pour des coureurs des neiges. La vallée du Mackenzie étant en pleine exploitation pétrolière, il y a sur la route un trafic considérable. C'est ainsi que les tireurs de traîneau, ces seigneurs de banquise, ces traverseurs de tempête, ces chasseurs d'ours et de caribous, mes héros du Grand Nord, Finskan en tête, n'eurent ce jour-là qu'une seule, mais délicate préoccupation : bien tenir leur droite, pour ne pas périr écrasés dans un banal accident de la circulation.

Ils connurent même un embouteillage. La route en effet fut coupée par un phénomène glaciaire très dangereux appelé l'« over flow ». Il s'agit d'eau courant sous la glace, poussée parfois par une pression telle qu'elle parvient à jaillir, puis gèle, déborde à nouveau, et regèle. Cela finit par constituer des sortes de sandwiches d'eau et de glace, lesquels s'effondrent, sous le poids d'un passage. Et c'est la glissade avec la mort soudaine dans l'eau; la température extérieure, descendue ce jour-là à moins quarante-cinq degrés, ne m'aurait laissé aucune chance.

Ainsi, je connus la satisfaction du deux-roues remontant une longue file de camions et de voitures, comme pour un banal feu rouge de nos cités. Un camion précédent, ayant défoncé l'« over flow », avait coupé la route. Fier de ma suprématie, je lançai mes chiens. Mais quatre d'entre eux se mouillèrent jusqu'au ventre en glissant sur la glace instable, et une gangue solide se referma sur eux instantanément. Plus question alors d'arrêter. Nous étions encore à trente kilomètres du but, et seuls les mouvements de leur trot pouvaient les empêcher de geler en profondeur. A l'arrivée, mes quatre éclopés paraissaient avoir les pattes dans le plâtre. La compagnie pétrolière Esso mit une immense tente à notre disposition pour les dégeler. Au matin, mes super-chiens avaient retrouvé l'usage normal de leurs membres intacts...

Mais tout cela faisait trop. Nous étions trop fatigués. Chaque étape espérée facile nous apportait de mauvaises surprises. Et je cherchais les raisons dont je pourrais me glorifier en atteignant l'Alaska, mon objectif final, puisque ces dernières parties du trajet pouvaient autant être couvertes par n'importe qui et n'importe quoi, même un enfant, avec une trottinette! Je me croyais arrivé... Facile à dire! Il restait encore mille cinq cents kilomètres avant Dawson, ville frontière. Je continuai uniquement par rage de remplir mon contrat. J'étais impuissant face au délabrement progressif de mes chiens, même si ces derniers marchaient mieux encore qu'au premier jour de ma folie. Et bien que je susse parfaitement combien il fallait les ménager, au lieu de cela, je leur mitonnais des épreuves impossibles.

Pour atteindre Fort Good Hope, j'avais deux possibilités : soit passer par la rivière relativement moins enneigée mais qui m'obligeait à effectuer une distance beaucoup plus longue, soit prendre la percée que les constructeurs des anciennes lignes téléphoniques avaient ouverte à travers la forêt. Au carrefour, à la sortie de la ville, j'hésitai. La percée s'élevait sur ma gauche, nette, avec des traces de skidoos... Jusqu'où allaient-elles? Obliquaient-elles ensuite vers les arbres, à la recherche de quelque trappe? A ma droite, la vallée était profonde, majestueuse et sinueuse aussi. J'optai pour les traces de skidoos...

Oukiok boita tout le jour. Pas beaucoup. Il affectait même de n'en pas paraître gêné. Devant nous, la trace était parfaite. Elle relevait la neige de chaque côté, à la hauteur de la tête des chiens, et nous faisait ainsi une piste encaissée comme on voit dans les compétitions de bobsleigh. Je me félicitai du choix de mon traîneau conçu aux mesures exactes de l'écartement des patins des skidoos. Sinon, nous ne serions jamais passés. Et je pris grand plaisir à le piloter dans ce couloir de neige. Des erreurs de contrepoids nous firent quelquefois heurter ce mur. Mais l'attention que je dus conserver pour manœuvrer mon bolide me fit du bien. Elle m'empêchait de penser.

Le soir, je plantai la tente exactement sur la piste, et j'en étais à peine à faire chauffer de l'eau pour le thé, lorsqu'une pétarade, derrière moi, m'annonça l'arrivée imminente de visiteurs. J'étais heureux et contrarié à la fois. Heureux parce que je pourrais parler à quelqu'un, mais contrarié parce que ces visiteurs allaient troubler ma solitude.

Deux skidoos, dont l'un tirait un traîneau, s'arrêtèrent, et trois gaillards s'avancèrent joyeux.

– Salut, le Français... On a soif...

Ils avaient bien l'exubérance que j'imaginais. Dans le froid du Grand Nord, seules les rencontres sont chaleureuses...

Je leur préparai du thé. Ils avaient l'œil allumé de contrebandiers qui viennent de jouer un bon tour aux douaniers. Ils m'amusaient. Je leur demandai :

– Qu'est-ce que vous foutez ici ?

Ils me regardèrent, mystérieux comme des conspirateurs. Ils burent leur thé, tranquillement, sans répondre. Ils riaient à tout propos. J'insistai :

– Dites-moi au moins, pour que je vous en remercie... Ces traces qui vont à Fort Good Hope, c'est vous qui les avez faites ?

La confession parut difficile à sortir. Le plus petit des trois se décida après avoir, du regard, estimé l'approbation des autres.

– Voilà expliqua-t-il. Nous, on est de Fort Good Hope. Là-bas, l'alcool est interdit par la loi, alors on est venus s'approvisionner à Norman Wells.

Il me désigna du menton le chargement du traîneau derrière le skidoo.

– On est partis ce matin, maintenant on rentre chez nous. D'ailleurs, il faut pas qu'on tarde parce que dans la nuit, on risque de se faire repérer par la police montée...

Ils se levèrent, me remercièrent, et la galopade de leurs moteurs s'éloigna. J'en étais à ma troisième tasse de thé que je laissai refroidir dans ma main, songeur. Ainsi, ces trois gaillards avaient ouvert la piste sur cent soixante-dix kilomètres aller et en refaisaient autant pour rentrer chez eux, soit trois cent quarante, pour du whisky.

Je m'endormis ce soir-là en bénissant l'alcoolisme qui m'avait ouvert la voie et me l'avait damée par-dessus le marché grâce à un second passage.

***

Oukiok boitait depuis le départ, au matin. Ne décelant aucune blessure ni lésion apparente, j'espérais, sans y croire, que cette douleur allait disparaître. Parce qu'il souffrait, Oukiok, qui ne marchait plus que sur trois appuis. Il compensait par un déhanchement laborieux après lequel il effectuait un petit saut sur sa patte avant droite encore valide. Les doigts de ses pieds étaient écorchés comme ceux des autres, mais pas davantage. Je ne le quittais pas des yeux. Il se déplaçait comme si sa patte malade n'existait plus. Il paraissait l'oublier. Mais je voyais qu'il se fatiguait.

Tout à coup, par réflexe, ne pensant plus sans doute à son mal, il allongea une foulée normale et reçut le poids de son corps sur cette patte avant gauche. Il poussa un hurlement, et s'écroula sur la neige.

– Staana...

L'attelage s'arrêta. Je m'approchai. Dès que je touchai sa patte, il me mordilla doucement la main à travers ma moufle pour me faire comprendre qu'il avait mal. Son pied formait avec son poignet un angle impossible. Il était complètement de travers. Et ce n'était pas une simple entorse. Je pensai à une fracture, avec de graves déchirures tendineuses en plus.

Je passai mes bras sous son ventre, le soulevai, et le portai en l'embrassant :

– Tu es un brave Oukiok... tu vas te reposer... couche-toi ici... sois sage, calme-toi.

Il ne se calma pas. Dès que je donnai l'ordre de redémarrer, il sauta à bas du traîneau. Il hurla encore, sa chute ayant sans doute aggravé sa blessure. Il ne parvint même pas, cette fois, à se relever. Je le ramenai sur la bâche.

– Ça suffit, maintenant... Couché.

A peine avions-nous parcouru une dizaine de mètres, qu'il voulut redescendre. Je dus le maintenir par le collet en me tenant à la barre avec mon autre main. La position, après quelques minutes, devint inconfortable; mais quand je relâchais ma pression, je sentais une boule de muscles prête à bondir.

Je lui claquai le museau, à plusieurs reprises, modérément. Il parut se calmer. Il se coucha, ne se relevant, inquiet, que lorsque nous abordions des passages difficiles.

Tajo, son compagnon de trait, eut une heure de travail admirable. Il suppléait Oukiok. Mais il avait quelque chose de désordonné dans sa débauche d'efforts. A l'exception des portions de terrain montantes où il fallait peiner un peu, la plus grande partie du trajet, en effet, s'effectuait sur des reliefs d'autant plus aisés que les traces de skidoos nous offraient une piste idéale. Et à l'instant même où je lui crus une santé retrouvée, il s'affaissa à son tour.

– Staana.

Le traîneau glissa encore quelques mètres. Les autres chiens de l'attelage entraînèrent Tajo avant de s'arrêter. Quand j'arrivai à sa hauteur, celui-ci s'était remis debout.

– Qu'est-ce qui ne va pas, Tajo?

Ma question était de pure forme, voire stupide. D'abord parce que je me la posais à moi-même et qu'ensuite j'en connaissais la réponse. Pas besoin d'être grand clerc, en effet, pour deviner à sa mine défaite, ses yeux battus, que Tajo était épuisé. Il payait lui aussi l'énergie considérable que je lui demandais depuis bientôt un an. Son regard sombrait sous toutes les fatigues de l'Arctique et du Grand Nord.

– Tajo, je ne peux pas te mettre toi aussi sur le traîneau... Alors, essaie de marcher, sans tirer...

Mes paroles étaient inutiles, parce qu'il savait, lui, Tajo, qu'il ne pouvait plus tirer, qu'il en avait bien assez avec son poids à traîner. Aussi, lorsque l'attelage s'ébranla, zigzagua-t-il un peu, puis employa-t-il tout son courage à suivre la cadence imposée par les autres, en veillant à garder sa ligne relâchée. Parfois, pourtant, il s'essayait à se replacer dans la course, pour apporter sa contribution à l'effort de tous, mais renonçait aussitôt. Et j'avais mal de le voir, la tête basse, le dos pelé, arrondi parce qu'il ne pouvait plus l'étirer pour allonger sa foulée.

Ils tombaient un à un, mes chiens. Maintenant que mes deux blancs, comme me l'avaient prédit les Esquimaux, flanchaient, je me demandais qui serait le prochain.

Moi aussi, j'étais allé plusieurs fois jusqu'aux limites extrêmes de ma résistance. Moi aussi, j'avais marché, accomplissant à pied une bonne moitié de la distance depuis notre départ de Frobisher Bay, au sud de la Terre de Baffin... Mais moi, je n'avais rien à tirer, moi j'avais pu m'abriter sous une tente dans les pires conditions de tempête et de froid...

D'ailleurs, il ne faisait plus froid. Mon thermomètre indiquait moins quinze degrés. Alors que voici quatre jours encore, il faisait moins quarante-cinq. Ces grands écarts de température usaient les organismes. Et ils tiraient la langue, mes chiens, négligeant un paysage dont les splendeurs, en d'autres temps, m'auraient envoûté. Nous suivions une langue de neige déroulée entre des pins gigantesques. Les poseurs de la vieille ligne téléphonique avaient œuvré dans la simplicité, coupant au plus court, tout droit. Parfois, le soleil déclinant coulait ses ors sur la surface gelée de petits lacs.

Oukiok qui s'était enfin calmé, parce qu'il ne parvenait même plus à garder les yeux ouverts, se réveilla au début de la descente qui nous entraînait sur Fort Good Hope. La joie de ses compagnons l'excita. Il sauta du traîneau en pleine vitesse. Il se reçut en un roulé-boulé douloureux, après lequel, malgré toute sa volonté, il ne réussit pas à se remettre sur ses pattes.

– Staana... Staana...

Hurler n'a jamais fait arrêter un traîneau en pleine vitesse lors d'une descente accentuée. Les chiens eurent tendance à obéir, mais le traîneau qui les poussait menaçait de les écraser, à commencer par Charlie et Mouluk. J'eus beau appuyer sur le frein de tout mon poids, la neige trop poudreuse éclatait, et la dent d'acier ne mordait pas. Alors, je jetai l'ancre, laquelle glissa un moment, puis finit par s'accrocher. Mes dix chiens, immobilisés net, s'étranglèrent en hurlant. Quant à moi, bien que prévenu, je passai une nouvelle fois par-dessus la barre du traîneau.

– Espèce de crétin! Je t'ai dit de ne pas bouger!

Quand je m'accroupis près de lui, essoufflé d'avoir remonté une centaine de mètres, il ne bougeait pas. Il gémissait, enroulé dans la position qu'il avait eue à la fin de sa chute.

Jamais arrivée ne fut aussi désordonnée ni aussi insolite. A peine avais-je reposé Oukiok sur la bâche et décroché l'ancre qu'à l'entrée du village, d'autres chiens se mirent à aboyer, excitant les miens qui démarrèrent sans m'attendre; ce qui eut pour effet immédiat de faire bondir Oukiok à nouveau. Il y avait donc Oukiok hurlant dans la neige, les autres chiens braillant au loin, et les miens qui se lançaient à l'assaut, emportant mon traîneau, et moi, à pied, derrière, désemparé.

Elle fut salutaire, la petite bosse qui conduisait à ces chiens étrangers, parce que les miens perdirent leur élan et finirent par s'arrêter, évitant ainsi un combat sanglant.

Dans mes bras, Oukiok frissonnait. Était-ce la fatigue, la douleur, la fièvre ou la peur? Je ne sais pas.

– Tu es un imbécile, mon Oukiok... un imbécile de bon chien!

Il me regardait, impuissant, désolé de ne pouvoir mieux faire.

L'échange de menaces en passant devant les autres fauves attachés fut féroce. Mais le défilé de crocs blancs de ma bande solidaire intimida les autres. Comme si à travers cette violence contenue, fusaient des bribes de leurs exploits qui forçaient le respect.

– Staana...

Mes dix souverains du Grand Nord s'arrêtèrent devant une vieille Indienne.

– La maison du missionnaire, s'il vous plaît?

Elle me fournit des explications compliquées.

– Excusez-moi, je n'ai pas compris.

Son sourire creusa quelques belles rides supplémentaires

sur son visage cuivré. Elle s'approcha de moi, l'œil allumé d'amusement.

– Je vais vous conduire. Poussez-vous.

Elle monta sur le patin gauche, et je passai sur l'autre.

– Allez, les chiens.

Elle était bien légère, la grand-mère, perchée sur une jambe comme les petites filles sautillent en jouant à la marelle. Mes chiens ne parurent même pas s'en apercevoir. Parce qu'ils se savaient enfin arrivés au terme de l'étape.

Trois jours plus tard, ils étaient neuf à avoir bien récupéré. Mais Oukiok avait passé trois nuits à gémir. Quant à Tojo, totalement immobile, refusant même toute nourriture, il avait atteint le point de non-retour de l'épuisement.

En l'absence d'un médecin et d'un vétérinaire, je bourrai mes deux épaves d'antibiotiques et de vitamines. Rien ne fit effet.

– Ils sont finis!

Le père avait un air désolé en me désignant Tajo incapable maintenant de se mettre en boule, et Oukiok, infirme, hurlant au moindre mouvement, au moindre attouchement.

Finis... Finis... Il n'ignorait pas, le père, qu'en parlant ainsi, il m'assenait un coup à la poitrine. Mais il voulait me faire regarder la vérité en face. Et cette vérité-là me vrillait le cœur. Finis, cela signifiait qu'ils étaient devenus incapables, à tout jamais, de revenir à une vie normale.

D'abord, je décidai de rester à Fort Good Hope, le temps qu'il faudrait, pour attendre leur guérison.

– Cela ne te servira à rien, m'objecta le père, prenant la voix la plus douce qu'il put. Ils sont finis, tu comprends?

– Alors je vais les faire rapatrier en France, pour les faire soigner...

– Si tu as une petite fortune, c'est possible...

Non seulement je n'avais pas de fortune si minuscule fût-elle, mais j'étais endetté jusqu'au cou; tous mes chèques signés depuis Gjoa-Haven étaient sans provision puisque mon compte, et je venais de l'apprendre, n'avait pas été alimenté.

– Et si je les laissais ici, aux Indiens... Ils ont des chiens, les Indiens!

– Les Indiens sont pauvres, ici. Ils ont déjà fort à faire pour s'occuper de leurs propres chiens quand ils sont en bonne santé, alors des chiens usés comme les tiens, ils ne te les garderont pas. Ils les abattront. Et puis tu sais, les Indiens ne sont pas très tendres avec les animaux.

Le père m'acculait. A chaque fois que je croyais trouver une issue, il élevait un mur infranchissable. Je calculai qu'il me fallait presque quinze jours pour atteindre Arctic Red River, ma prochaine étape. Cela impliquait un chargement considérable de nourriture. Il m'était donc impossible de transporter mes deux chiens sur le traîneau. D'autant plus que je savais devoir traverser de grands territoires de neige profonde.

Je n'en parlai plus à personne. Et personne non plus ne fit la moindre allusion à l'état désespéré de mes deux chiens. Même pas l'Indien qui m'adopta pour la semaine où je restai à Fort Good Hope.

C'était un athlète de quarante ans aux cheveux blancs. Il avait un nez fortement courbé et des yeux noirs habités par une profonde sagesse. Son épouse était une belle gaillarde pleine de santé, et une mère énergique régnant sur neuf enfants.

L'homme m'emmena d'abord dans les bois visiter un campement où d'autres Indiens habitaient à « l'année longue », c'est-à-dire en permanence. Ils vivaient de trappe et de chasse. Mon nouvel ami était fier de me plonger dans la tradition encore vivante de sa race. Puis il me ramena chez lui.

Il possédait une maison modeste, en rondins. Assis sur un banc, devant le poêle qu'il avait fabriqué lui-même avec un vieux baril à pétrole, je l'écoutais parler au milieu de sa famille. Il me taillait des tranches d'élan séché, et me versait du thé.

Il se prenait déjà pour un vieux. Il avait été chef, puis

débouté aux dernières élections « par les jeunes », disait-il amèrement.

– Les jeunes, expliqua-t-il, sont des gamins de vingt-cinq ans. Ils ont fait de petites études, et sont revenus ici mettre la main sur le village. Pour eux, tout ce qui est moderne est beau et bien. Ils s'occupent surtout de percevoir les subsides du gouvernement, et oublient de les répartir, préférant se faire bâtir de grandes et confortables maisons. Ce ne serait pas si grave si, en même temps, ils ne méprisaient pas totalement le mode de vie propre à notre race. Imagine qu'un jour, l'État cesse de nous aider... Combien d'entre nous seront alors capables de vivre par eux-mêmes? Ma femme s'est battue pour cela. Elle a proposé de faire emmener les enfants régulièrement en forêt, dans des campements pour y vivre pendant une semaine de la vie des trappeurs, afin qu'ils apprennent sur le terrain comment chasser, pêcher, poser des pièges, construire une cabane, se protéger du froid. Au lieu de cela, on a préféré instituer un cycle théorique de deux heures par semaine, avec chasse et pêche au tableau noir... Cette initiative permet sans doute à nos jeunes dirigeants de bénéficier d'un budget supplémentaire, et de créer un nouveau poste pour un petit copain... Mais nos enfants n'apprennent pas grand-chose.

Pendant qu'il parlait, sa femme cousait des morceaux de cuir auxquels elle donnait la forme de bottes pour poupées.

– Qu'est-ce que c'est? demandai-je.

– Des bottes pour tes chiens... Avec la neige que tu vas trouver, ça leur évitera de souffrir. Il suffit de les leur attacher avec ces liens...

Elle tira sur deux lacets pour me montrer.

– ... Il faudra les desserrer à l'arrêt, précisa-t-elle, pour permettre une bonne circulation dans leurs pattes.

Pendant que je la remerciai de son cadeau, machinalement je comptai les pièces de cuir qu'elle avait préparées. Il y en avait trente-six.

Je faillis lui dire : ce n'est pas neuf chiens que j'ai, mais onze...

30

31

30 - Le grand lac de l'Ours.

31 - Le Mackenzie.

32

32 - Halte dans la forêt boréale. **33** - Plus que quelques kilomètres... par la route.

33

Elle aussi, elle savait que Oukiok et Tajo étaient finis.

Ce soir-là, avant de me coucher, j'allai rendre visite à mes héros meurtris.

Il y avait dans le regard d'Oukiok quelque chose du grand guerrier blessé qui se sacrifie pour la survie de ses camarades. Il se laissa caresser la tête seulement, prenant garde à éviter que ma main ne glissât sur une autre partie de son corps. Oukiok, mon beau mec, mon dragueur, le don Juan tant aimé des femelles... Je l'avais eu à six semaines.. Petite boule rose sans poil avec un groin de petit cochon... Je lui étirai la fourrure du cou en arrière, en couchant ses oreilles aussi. Il avait encore cette bouille de cochonnet... Brave Oukiok devenu un si bon chien après deux années difficiles. Il était né en Finlande, à Rovaniemi. Son père était un frère de Finskan. Il était donc le neveu de celle-ci... En me léchant, c'était lui, Oukiok, qui me donnait du courage. Sa langue me disait :

– Ne t'en fais pas, tout se passera bien...

Tajo ne réagit pas quand je m'accroupis près de lui. Il ouvrit seulement les yeux et gémit doucement, me signifiant ainsi qu'il m'avait reconnu. Son dos et ses flancs étaient presque complètement pelés. Oukiok et Tajo, on les prenait toujours pour deux frères. Parce qu'ils se ressemblaient, blancs tous les deux, qu'ils avaient la même corpulence, presque la même taille, Oukiok étant plus grand d'un centimètre, et qu'ils étaient attachés à la même ligne. Ils n'avaient pourtant aucun lien de parenté. Tajo était né en Suède. Tajo, bon chien de trait, Tajo l'obscur, le travailleur discret, ne rechignait jamais à la tâche... Je l'embrassai sur le museau.

Le lendemain matin, quand je me levai, je sus que ma décision était prise. Mes gestes et mes démarches me parurent inéluctables. Je sortis.

Il faisait beau de cette sorte de ciel dont le bleu semblait accroché pour l'éternité. Mes pas me dirigèrent vers le poste des agents de la police montée. Je leur expliquai. Ils comprirent.

Ce que j'allais faire leur parut normal et logique. Je tenais à les prévenir pour que mon geste fût officiel, répertorié, et qu'ensuite les plus laides histoires n'aillent pas courir sur mon compte. Un Mounty me proposa son fusil, un gros calibre 12 Magnum avec des chevrotines.

– Prends-le, insista-t-il, c'est... sans problème.

Je saisis l'engin. Il avait un canon court, et fonctionnait grâce à un mécanisme à pompe. Le Mounty me fit monter dans sa voiture, et me conduisit près de mes lignes d'attache.

En me voyant porter Oukiok et Tajo sur les sièges arrière, le reste de mon attelage brailla de jalousie. Ils croyaient à une balade, les imbéciles...

La suite fut rapide.

La voiture s'arrêta à l'extérieur de la ville, dans une clairière en plein bois.

– Ici? questionna mon chauffeur.

Je fis signe de la tête, et descendis.

– Viens, Oukiok...

Oukiok me tendit l'encolure. Je le tirai doucement par son collier, le soulevai dans mes bras, et le portai sur une vingtaine de mètres jusque derrière un talus. Il s'abandonna contre ma poitrine, à respirer la chaleur de mon corps. En tordant le cou, il réussit à me lécher la main. Sa patte folle balançait, hideuse, à chaque pas. Mais il se retenait de gémir. Il n'y avait que le bruit étouffé de mes bottes dans la neige profonde. Je posai Oukiok à terre, doucement. Il se releva, comme s'il allait marcher devant moi. Il regarda le commencement de la ligne des arbres. Il huma l'air, à la recherche d'une odeur. Il ne se retourna pas. Je décrochai le fusil de mon épaule et approchai le canon derrière son oreille. Je pressai la détente en fermant les yeux. La détonation m'explosa dans la tête. Sous le choc, Oukiok piqua le nez au sol, roula et s'immobilisa sur le dos. Ses pattes se raidirent en deux frissons.

J'armai à nouveau, remis le fusil à l'épaule et revins à la voiture.

Je glissai en essayant de soulever Tajo, et mon visage plongea sur son flanc. J'en profitai pour l'embrasser :

– Viens, Tajo...

Je déposai mon fardeau avant le talus pour lui épargner de voir de l'autre côté. Il ne put pas se lever. Il me suivit des yeux, moi qui tournais autour de lui. Je lui plaquai lentement la joue sur la neige en le caressant :

– Ne bouge pas, Tajo, c'est fini...

Il baissa les paupières. Je pris le fusil, vivement, et tirai...

Quand je traînai son corps près de celui de son frère de ligne, j'étais aveuglé par les larmes.

CHAPITRE XVI

UNE tempête se leva. Elle dura deux jours. J'attendis la première éclaircie pour m'enfuir.

La mort, depuis qu'elle rôdait autour de nous, s'était déguisée en froid, en blizzard, en eau ouverte, en famine. Cette fois, vêtue des guenilles de l'épuisement, elle avait fini par emporter Tajo et Oukiok. Mes autres chiens s'étonnèrent un peu de la disparition de leurs deux compagnons. Ils cherchèrent quand je raccourcis la ligne de trait, puis ils oublièrent.

Pour nous alléger au maximum, je pris le risque de n'emporter que sept jours de nourriture, et je mentis à tous en prétendant en emporter pour quinze. Parce que tous savaient que cette année ces quatre cents kilomètres qui me séparaient d'Arctic Red River se présentaient mal; les récentes chutes de neige ayant recouvert les traces de skidoos que j'eusse pu trouver. Je ne m'explique pas une telle décision autrement que par une grande envie d'en finir au plus tôt avec cette expédition dérisoire.

Il y avait une trace. Elle était aisément discernable sous la couche de neige fraîche. Et Finskan la suivit sans difficulté. Elle enfonçait parfois jusqu'au ventre, mais cette neige des bois était si douce, si légère, que ma chienne de tête ne rencontrait pas de résistance. Nous traversions un champ de plumes. Les arbres, piliers du ciel qu'ils semblaient soutenir, défilaient à une bonne allure. Pourtant, je me forçai à ne pas me laisser leurrer par cette facilité, et pensai aux « overflows », ces sandwiches de glace et d'eau qui pouvaient à tout instant s'effondrer sur notre passage. On m'avait prévenu que cette vallée du Mackenzie était meurtrière. Il n'était pas rare que des trappeurs suivant une piste aient vu les traces s'arrêter brusquement. Cela signifiait qu'un équipage s'était englouti à cet endroit. On n'en retrouvait jamais rien.

Soixante kilomètres parcourus durant cette première journée... Un bivouac confortable installé dans la forêt... Je n'éprouvais pourtant plus aucun plaisir, seulement une immense lassitude. Je commençais à m'ennuyer avec moi-même... Je n'avais plus rien à me dire, excepté des reproches.

Je ne dormis pas de toute la nuit.

Le lendemain, j'eus envie de tout abandonner. La piste avait disparu. Je lançai pourtant mes meilleurs chasseurs, Finskan, Lobo, Pirat, Charlie. Mais la neige était si épaisse que ces derniers ne sentaient plus rien. Ils s'enfonçaient jusqu'au garrot. Ils firent un effort, au matin, mes braves et tous ensemble, pour me démontrer que la progression était devenue impossible, puis renoncèrent. Il ne restait qu'une solution : les raquettes.

La raquette est un instrument de torture pour le coureur des neiges. Elle lui rend service, lui sauve aussi la vie parfois, mais son usage est tellement incommode qu'il est épuisant, surtout lorsqu'il s'agit de tracer une piste pour un traîneau. Damer le passage de mes chiens consistait à piétiner une bande de cinquante centimètres de largeur. Écarter les jambes, lever le pied, dessiner une sorte de S pour éviter l'arrondi de l'autre raquette, poser la jambe, puis un autre S... Ne pas oublier non plus de presser la neige à chaque foulée pour la bien tasser... Cela revient à dire que je creusais une tranchée avec mes pieds. Et malgré ce passage que je leur faisais, mes chiens derrière brassaient la neige jusqu'au ventre. Cent fois je revins vers eux pour dégager le traîneau, et les aider. Ils avaient du mal à me suivre.

Abandonner ? J'abandonnais à chaque mètre. Je me jurais que le prochain serait le dernier avant de faire demi-tour. Mais je ne m'arrêtais pas.

Après neuf heures de ce pas de danse éprouvant, nous n'avions avancé que de quinze kilomètres.

Je recommençai mes piétinements le lendemain. Je connaissais l'existence d'une maison de trappeurs sur ma route. J'avais exactement pointé son emplacement sur la carte. Grâce aux points de repère faciles de cette majestueuse vallée du Mackenzie, je tombai dessus.

Il y a des paradis cachés. Celui-là me plaisait bien. Deux belles maisons en rondins au milieu d'une clairière. Un horizon immédiat barré par une armée bien rangée de pins aux rameaux gorgés de neige. Un horizon lointain découpé par des crêtes surplombant des vallées paisibles... d'ailleurs tout était paisible ici, comme l'épaisseur de l'étonnement du premier homme et de la première femme dans les jours qui suivirent leur création. Paisible du bonheur de chaque instant qu'ils avaient à découvrir un monde d'harmonie et de douceur.

Les deux maisons de ce paradis-là étaient confortables comme des chalets suisses. Chauffage au bois et téléphone. L'une abritait le père et la mère. L'autre le fils, la bru et leurs deux garçons. Ainsi Adam et Ève du Grand Nord recommençaient-ils un monde civilisé. Ils vivaient là depuis des années. Ève était généreuse, noble et belle comme j'imagine la première mère des hommes. Adam était magnifique et barbu comme un patriarche créé à l'image de Dieu. Le fils et la belle-fille étaient sains et jeunes comme on voudrait l'éternité. Quant aux enfants, ils étaient joyeux et heureux comme un indestructible espoir.

Bien qu'il fût blanc, le père bénéficiait encore des privilèges de la trappe illimitée. Mais ce privilège s'éteindrait avec lui.

Ils avaient entendu parler de moi, depuis mon départ. Et ils savaient que je devais passer devant chez eux. Alors ils m'attendaient depuis des mois.

L'hospitalité fut bonne et chaleureuse. Et mes chiens en profitèrent aussi qui mangèrent, à s'en gaver, du caribou et de l'élan. Cette dernière viande étant particulièrement riche et reconstituante. La loi d'ailleurs interdit d'en nourrir les animaux. Mais ils avaient tant besoin de forces, mes haleurs étiques, que cette entorse aux règlements me parut légitime. Cette chère leur convint si bien qu'en trois jours, ils prirent chacun trois kilos.

Qu'il me pardonne, ce premier homme, d'avoir eu une idée derrière la tête, en débarquant dans son paradis. Une idée toute simple que je mis trois jours à lui faire accepter. Voilà : puisqu'il m'était impossible d'espérer atteindre Sanders River en raison de l'enneigement considérable de la vallée du Mackenzie, je lui demandai de m'ouvrir la trace en skidoos. Le service n'était pas mince; il impliquait cent quarante kilomètres aller et cent quarante au retour. La suite, jusqu'à Arctic Red River, devait normalement être plus praticable en raison du passage régulier de trappeurs.

Mes pisteurs firent mieux encore, en transportant une partie de mon matériel, avec de la viande, dans une cabane située sur le trajet, à une cinquantaine de kilomètres.

Les chiens peinèrent le premier jour. Ils étaient devenus si gras subitement qu'ils s'essoufflaient comme des athlètes au début de leur saison d'entraînement.

Le fils d'Adam et son petit-fils mirent une journée complète pour m'ouvrir la route. Ils vinrent me voir, le soir, dans mon abri, sur le chemin du retour. J'avais cassé le manche de ma hache au premier coup que je portai sur un quartier de viande gelée. La température était descendue à moins quarante-cinq degrés. Ils me prêtèrent la leur et je pus encore gâter mes chiens.

– Je crois que sans nous, tu ne serais pas passé avant plusieurs semaines, me dirent-ils. Avec nos skidoos, nous avons eu beaucoup de mal.

– Mais après Sanders River, demandai-je, avez-vous vu des traces continuer en direction d'Arctic Red River?

– Ne t'en fais pas, le Français, on en a vu une.

Ils étaient rassurants, mes anges gardiens de la route. Ils se chauffèrent un peu, mangèrent, burent le thé, et repartirent. J'écoutai l'immensité étouffer la pétarade de leurs moteurs.

Les chiens trottèrent pendant quatre-vingt-dix kilomètres, le jour suivant. La piste passait d'un bord sur l'autre du vaste lit du Mackenzie. Celui-ci atteignit parfois quatre kilomètres de largeur. J'avais beau être accoutumé au grandiose, et me défendre d'éprouver un quelconque plaisir à achever mon expédition, ces beautés-là m'entraient dans le ventre. Au fur et à mesure de l'avancée de l'hiver, le niveau de la glace du fleuve s'abaissait, et laissait accrochées à ses flancs des milliers de sculptures baroques. Au-dessus, s'étirait la ligne des arbres que le soleil éclaboussait de la gamme infinie de toutes les teintes de vert et de blanc. Et puis des caribous traversèrent, pressés; des élans aussi, moins nerveux; une horde de loups, enfin. Ils étaient six, hauts sur pattes, qui marchaient d'un pas tranquille de chasseur.

La nuit tombait à Sanders River, je décidai cependant de continuer sans m'arrêter jusqu'à une autre cabane, à vingt kilomètres au-delà. Mais la piste s'arrêtait de l'autre côté de la rivière.

Alors il me faut bien chanter encore une fois, ici, les extraordinaires mérites et les magnifiques exploits de Finskan.

A la nuit noire, sans aucune trace visible, ma championne trouva le chemin, grâce à une vieille trace enfouie sous quarante centimètres de neige. Durant deux heures, discernant je ne sais quel indice, elle ne leva pas le nez du sol. Je la laissai faire, sans rien lui dire, incapable que j'étais de lui fournir la moindre indication. Et quand elle leva la tête, j'aperçus la lune posée sur le toit de la cabane.

Les caresses que je lui fis ce soir-là étaient alourdies d'admiration.

Entre toutes les prouesses techniques qu'elle avait réalisées au cours de notre traversée, celle-ci, sans doute, fut la plus exceptionnelle. Et quand j'en parlai, le soir même, aux deux visiteurs qui nous arrivèrent, l'un étant le propriétaire de notre abri, et l'autre un de ses amis, ceux-ci me demandèrent de leur présenter ma chienne de tête. Je sortis avec eux.

– C'est la petite, là? m'interrogea l'un d'eux, étonné.

– Oui...

« La petite », comme il disait, m'apparut comme l'achèvement parfait de toute la lignée des chiens de traîneau qu'on pût trouver sur toutes les surfaces enneigées de la terre. « La petite » était fluette, c'est vrai, mais de tout l'attelage, elle était la seule à avoir traversé les épreuves intacte. « La petite » était intelligente au-delà de ce qu'on est en droit d'exiger d'un animal de sa race. « La petite » était belle. Et « la petite » m'aimait. Je le lui rendais bien.

La réputation de Finskan, née à Igloolik, avait grandi d'étape en étape, mais ce soir-là, elle s'enfla à la dimension de l'histoire du Grand Nord, en attendant d'être consacrée par la légende. Le chien de tête, c'est celui que regardent toujours en premier les Indiens, les Esquimaux et tous les conducteurs de traîneau au passage d'un attelage. Moi aussi.

J'évalue son aspect physique d'abord : si le chien est bien fait debout, s'il est long en pattes, s'il est capable de courir vite et de tenir de longues distances. Et puis, je m'attache à son comportement. S'il me regarde autant que je le regarde, c'est bien. S'il suit avec attention tous les faits et gestes de son maître, c'est très bien. S'il est réservé, solitaire même, se mettant visiblement à l'écart des autres chiens du groupe, c'est très très bien. D'autres détails viennent s'ajouter à ces indices, la mobilité de ses oreilles, par exemple, sa physionomie aussi avec la forme du rictus que dessinent ses babines. Mais par-dessus tout cela, je laisse libre cours à mon intuition.

Splendide Finskan. Aucune difficulté ne te semblait insurmontable. Aucune épreuve ne me paraissait pouvoir t'abattre. Ce fut en l'admirant, en cet instant-là, en la détaillant, que je réalisai combien les poils de sa queue étaient arasés. Et ceux de tous les autres aussi. Cette évidence m'apparut ainsi, brutalement, alors que je vivais avec eux tous les jours sans l'avoir remarquée.

Ils m'étaient envoyés par le ciel, ces deux jeunes gens qui, venant d'Arctic Red River, m'avaient taillé la route.

Un vieux trappeur me rattrapa le lendemain. Un Indien. Il arrêta le moteur de son skidoo derrière moi. Son traîneau était chargé de cadavres. Trois lynx au ventre blanc et au dos cendré tendaient leurs pattes raidies par la mort et le gel. Ils avaient des aigrettes de poils à la pointe des oreilles. Au fond du chargement, deux renards roux ricanaient dans la mort. C'était là le produit de la trappe du vieil homme. Il faut avoir de l'expérience pour effectuer de telles prises, savoir quels sont les passages du gibier. Un lynx ne passe pas comme une martre, ni celle-ci comme un renard.

On fit chauffer de l'eau au milieu de la piste, et on but du thé.

– Belle trappe ?

– Oui. C'est une bonne région, ici... quand on connaît.

Il était satisfait.

– En un hiver, combien d'animaux piégez-vous ?

Il répondit sans hésiter :

– Cette année, j'ai fait un peu plus de cent cinquante lynx et environ six cents martres. Je ne compte pas les renards...

Je fus pris de vertige. Sans être un inconditionnel de l'écologie, je réalisais que ce brave et doux bonhomme, assis sur mon traîneau, à lui tout seul, dépeuplait tranquillement tout un territoire.

– Combien ça vaut une peau de martre ?

– Autour de soixante-dix dollars.

(Un dollar canadien vaut environ six francs.)

– Et un lynx ?

– Cinq cents...

Ma petite machine électronique mentale calcula rapidement : ce trappeur gagnait soixante-dix millions de centimes par an. Cette trappe-là ne m'apparut plus tout à fait comme un simple et légitime privilège attaché à la survie des Indiens, mais comme un véritable trafic effectué au prix d'un carnage excessif. Je me doutais qu'il dépensait son argent sans discernement. Son skidoo était un tas de ferraille. Lorsque nous décidâmes de partir en faisant route ensemble, il ne parvint pas à le faire démarrer. J'attendis une demi-heure pendant qu'il bricolait. Et je le laissai sur la neige, mon millionnaire avec sa mauvaise machine.

CHAPITRE XVII

Je courais...

Parce que depuis le troisième kilomètre après Arctic Red River, la couche de neige était trop fine, et que les gravillons roulaient avec elle... Parce que j'étais sur une route et que cette route était encombrée de convois de camions, lesquels arrachaient tout avec leurs pneus énormes.

Je courais...

Parce que mon poids sur le traîneau contraignait les chiens à forcer sur leurs pattes, et que les cailloux écorchaient leurs coussinets, et qu'ils saignaient.

Je courais...

Parce que les patins de mon traîneau fumaient, et qu'ils fondaient. En cinquante kilomètres, ils s'étaient davantage usés que durant nos sept mille kilomètres parcourus à travers le continent nord-canadien.

Mais je courais trop vite pour moi. Les chiens, malgré le mauvais état de cette piste, avaient un rythme très soutenu. Alors je transpirais, je crachais, je perdais le souffle, je rendais l'âme...

Je guettais les moindres étendues sur lesquelles la neige me paraissait suffisante, et j'allongeais mes foulées, et j'étendais les bras pour m'accrocher à ma barre et sauter sur mes patins. Quelquefois, je trichais aussi parce que, dans cet effort-là, j'étais incapable de rivaliser avec les chiens; alors, même si cette couche était minuscule, j'embarquais quand même sur mon bateau. Et mes neuf compagnons peinaient, mes patins raclaient la caillasse, mais moi je respirais, effondré, attendant quelques minutes que ralentissent les battements de mon cœur.

Finskan tenait scrupuleusement sa droite. Un peu trop même, puisqu'elle hésitait à traverser lorsque je lui en donnais l'ordre afin de naviguer d'une plaque de neige sur l'autre. Elle avait ses raisons, la belle qui détournait dédaigneusement la tête quand ces dinosaures besogneux de trente-cinq tonnes, pétaradant et fumant, la frôlaient à plus de soixante kilomètres à l'heure.

Le monde m'apparut décidément bien mal fait pour les conducteurs de traîneau. Tantôt il m'offrait des quantités de neige à m'étouffer, et tantôt il me la distribuait chichement, par petites pincées. Et là, le ciel n'avait fait que saupoudrer ma route.

Alors, je courais. Une voiture de touristes roula un moment à ma hauteur. Ils avaient des bouilles réjouies qu'ils sortaient aux fenêtres. L'un d'eux me visa avec son appareil photo, en me criant de ralentir, de bien regarder l'objectif aussi, peut-être même de sourire... je n'ai pas bien compris. Je leur fis de grands gestes pour les chasser, pour leur signifier que je ne voulais pas, que je n'avais pas le temps. L'homme pressé que j'étais leur parut assez insolite pour le suivre sur plusieurs kilomètres. Ils me prirent pour un Indien avec ma veste et mes bottes en caribou.

Moi, je pensais que dans mon matériel, j'aurais dû prévoir des chaussures de basket pour courir sur un terrain pareil. Quand j'arrivai, épuisé, à Fort Mac Pherson, mes bottes étaient trouées.

Fort Mac Pherson, huit cents habitants, cinq jours d'arrêt. Je fus reçu par le chef du village, et répondis à son aimable hospitalité, la main continuellement posée sur mes reins douloureux, et en me déplaçant péniblement, les jambes raidies par les contractures.

Et le marathon continua. Elles me semblèrent vaguement magnifiques, les Ridchardson Mountains que je traversai. Je ne les vis que dansantes à chacune de mes foulées, comme dans ces vieux films qu'on passait dans ces vieilles salles avec de vieilles machines à projection, quand la pellicule décrochait de ses crans... Il faudra que j'y revienne un jour, mais cette fois-là, à une allure normale.

Mon voyage finissait dans l'absurde.

Je fis escale dans un poste d'entretien de la route. Il était occupé par deux hommes passionnés par mon aventure. Ces derniers avaient entendu parler de moi, et m'attendaient depuis des semaines. Leur travail : dégager la route, c'est-à-dire enlever la neige...

– Merci, les gars... merci de m'obliger à terminer à pied!

Ils riaient. Moi aussi. Mais ils me prévinrent que si je souhaitais continuer, j'avais intérêt à bien me nourrir et à bien dormir, parce que la portion de route suivante était complètement nettoyée; et que le vent même avait balayé le peu de neige qui subsistait encore.

– Sur combien de kilomètres?

– Jusqu'à Eagle Plain, c'est-à-dire à plus de cent kilomètres.

Je dus leur paraître totalement anéanti.

– Je ne vois qu'une solution, proposa l'un : le stop.

– Le stop?

– Eh oui, le stop, tu sais, tu te mets sur le bord de la route et tu lèves le pouce. Comme ça.

Il se leva et fit le geste.

– Et pourquoi pas en avion aussi? Il y a beaucoup de gens qui ont traversé l'Arctique... en avion... Et ça continue encore tous les jours... Non... J'ai dit que je traverserais par mes propres moyens, et...

– Comme tu voudras. Alors, le mieux c'est d'attendre avec nous la prochaine tempête. Mais il fait beau en ce moment. Le printemps arrive, et ça risque de durer, railla l'homme à l'auto-stop... mais à mon avis, tu as tort. Tu as réussi maintenant. Tu as gagné. Le reste, n'importe qui peut le faire en voiture ou à bicyclette... Alors, ça te sert à quoi de t'entêter, crazy Frenchman?

Je finis par convenir qu'il avait raison.

Ils m'arrangèrent l'affaire, les deux « routiers sympas ». Ils prévinrent un ami qui devait passer.

Le lendemain, ce dernier embarqua dans son camion traîneau, homme et chiens. Ceux-ci étaient trop fatigués pour songer même à se battre entre eux. Bercés par le ronronnement du moteur, et la cadence des balancements de la route, ils dormirent tous jusqu'à Eagle Plain.

Ensuite, il y avait de la neige. Peu, mais suffisamment pour ne pas sentir les pierres. Et mes tireurs me firent deux belles étapes de plus de cent kilomètres chacune. Nous marchions jusqu'à la tombée de la nuit, la lumière disparaissant maintenant vers les dix heures du soir.

Un jour, je vis pour la première fois une pancarte indiquant Dawson : « Dawson : 25 miles ». C'était une sorte de carrefour sur lequel était posée une seule bâtisse, un motel. Pas de village ni la moindre maison à l'entour... « Motel » clignotait en lettres de néon. Je songeai à ces relais de diligences d'autrefois, disséminés sur le parcours des postes, et isolés souvent. J'avais la tête pleine de l'ambiance chaleureuse de ces grandes salles avec les tables d'hôte, les voyageurs, et les rencontres qu'ils y faisaient. La volaille embrochée dorait dans la cheminée, l'aubergiste versait du vin, et la servante apportait la soupe fumante. Tout ce monde se protégeait de la nuit, se réchauffait d'histoires, riait fort et allait se coucher de bonne humeur...

Oui, ce motel, descendant direct de la bonne vieille « hostellerie », était pour moi synonyme de bien-être et d'hospitalité.

Mes chiens étaient fatigués. Leurs pattes saignaient sans retenue. Moi, j'étais épuisé et j'avais froid. Je savourais à l'avance combien j'allais pouvoir y penser à cette « Dawson : 25 miles » dont j'avais toujours rêvé. Dawson, ville des chercheurs d'or, ville de l'aventure, ville d'hommes rudes aux vies si excitantes, si séduisantes. Au fond, mon voyage... c'était la faute à Jack London avec ses histoires de Grand Nord. Il avait bâti dans ma tête une Dawson de légende que dès mon plus jeune âge je me jurai d'aller voir. Et j'y étais presque... Dawson, le but de mon voyage... La suite, traverser la frontière, c'était juste pour poser mes bottes et les pattes de mes chiens en Alaska, pour être certain d'avoir bien franchi la ligne d'arrivée, comme ces athlètes qui courent encore quelques mètres après avoir coupé le ruban. L'Alaska après Dawson, c'était pour moi la même chose, l'élan finissant de ma course.

Une chambre, un lit, et puis rêver à Dawson encore une fois, la dernière avant que la réalité ne vienne mettre de l'ordre dans mon imaginaire...

Je fis arrêter le traîneau sur le parking devant le motel. Mes chiens se couchèrent. Un homme se cala devant la porte et me regarda m'avancer vers lui. Il était petit, un peu massif, il lui manquait une main qu'un crochet remplaçait.

– Salut!

Il me répondit par un grognement.

– Vous avez une chambre?

– Vous avez de l'argent?

Je sentis immédiatement que notre dialogue démarrait sur de très mauvaises bases.

– Voilà... Je viens de loin avec mes chiens... Et...

– Si vous avez de quoi payer, j'ai une chambre.

– Je n'ai pas d'argent mais je suis très fatigué et...

– Et... Allez vous faire foutre!

Je pensai qu'il n'avait pas bien compris. Je suppliai un peu :

– Écoutez-moi, vous avez peut-être entendu parler de moi à la radio et par les journaux. Avec mes chiens, je viens de traverser tout l'Arctique depuis Frobisher Bay, vous savez, à Baffin... Et je vais à Dawson demain...

– S'il fallait loger gratuitement tous les touristes qui viennent se balader, alors...

Il me tourna le dos et disparut dans la chaleur que je sentis au vent de la porte qui se referma.

Mes poings se serrèrent dans mes moufles, mais je restai là, dehors, immobile, les bras ballants, la bouche ouverte qui n'avait pas achevé son explication avec sa traversée « héroïque » sur la langue. Il y avait le froid, ma fatigue, et je ne sus que dire... Et d'abord, pourquoi parler, et à qui parler puisque l'autre était parti? Le suivre... Lui lancer mon poing sur la figure, ou plus calmement marcher vers le traîneau, tirer ma carabine de son étui, l'armer, entrer dans son motel, et lui coller une balle dans le front sans même lui donner une seule bonne raison parce qu'il ne la méritait pas? Cet homme-là, si je le tuais, devait, à mon avis, mourir idiot, sans savoir pourquoi un grand gars barbu, arrivé par un soir glacé, le trucidait.

J'aurais bien aimé contempler son visage à l'instant précis où la mort lui entrerait dans la tête. Voir ses petits yeux s'arrondir surtout, avec des dollars qui s'éteignent à l'intérieur pour laisser la place à la plus magistrale incompréhension qui les ait jamais traversés...

Mais je calculai qu'un tel acte exigeait trop de gestes précis, trop d'énervement, trop de débordements coléreux pour n'aboutir qu'à de trop longues complications qui m'empêcheraient même de dormir ce soir. Ou alors seulement très tard.

Je me tournai vers mes chiens, les prenant à témoin. Mais ces derniers semblaient depuis longtemps s'être fait une idée précise des hommes. Et visiblement, l'incident ne les étonnait pas, ne les concernait même pas. Je devinai à leurs regards, tous dirigés vers moi, la seule question qui les préoccupait :

– On continue ou on arrête?

Je campai devant le motel, sur le parking. J'attachai mes compagnons comme je pus, entortillant les chaînes sur les pare-chocs des camions en stationnement. Puis je montai la tente en la fixant de la même manière puisque je ne pouvais planter mes sardines dans le sol gelé et dur comme du béton.

Ce fut un bivouac lamentable.

Je donnai leur nourriture aux chiens, et me couchai sans manger. Je n'avais pas faim. Je pleurais sur la vanité de mon exploit, sur la bêtise humaine... Je pleurais de rage et d'impuissance, je pleurais de ce triomphe gâché, de l'inutilité de ma fatigue et de celle de mes chiens. Je pleurais sur mon rêve terrassé et sur ma solitude.

Le désespoir m'empêcha de dormir.

Au matin, je pris une décision : disparaître. C'est-à-dire qu'il y aurait d'abord l'arrivée à Dawson, comme prévu, et puis cette coulée de principe de l'autre côté de la frontière, en Alaska. Ensuite, je remonterais vers le nord, et plus personne ne me retrouverait jamais.

L'heure n'étant pas au règlement des détails, j'aviserais le moment venu sur la manière de me fondre avec cette rude nature que j'avais vaincue. Mourir par elle serait une façon de lui prouver que je regrettais de l'avoir violée.

Je levai le camp très tôt, dès la première lueur de l'aube. Je ne voulais pas ajouter au ridicule, en risquant le départ d'un des camions, à la carrosserie duquel j'avais fixé mes lignes d'attache, et les tendeurs de ma tente. Que le chauffeur ensommeillé ne remarque rien et qu'il entraîne mes neuf chiens, mes seigneurs tirés par le cou, et me roule avec eux enveloppé dans ma toile... Cette image m'était insupportable.

Et puis, je ne voulais surtout pas me retrouver face à face avec cette petite somme d'ordures, ce manchot triomphant qui jetterait un regard méprisant sur notre misérable installation. Il ricanerait peut-être, alors rien ne pourrait me retenir d'effacer ce brouillon d'homme de mon univers en lui ôtant la vie.

« Dawson : 25 miles ». La neige manquait par endroits. Mais au moins le froid de la nuit avait-il recouvert de givre ces plaques dénudées que le trafic de camions n'avait pas encore déchiquetées. Et les patins mordaient cette fine couche glacée en accrochant les cailloux. Et je dus courir à nouveau. Le dessous de mes bottes était largement arraché. Je finissais à l'état de clochard. De plus, habitué pendant des semaines à marcher sur des surfaces molles, je souffrais maintenant de brûlures sous la plante des pieds.

Mes chiens trottaient sans paraître forcer, avec une régularité de mécaniques.

Enfin, le soleil se leva, sur ma gauche. Net, rond, tout en puissance. Quelques brumes en retard tentèrent de le rejoindre pour lui faire un socle. Mais il ne les attendit pas.

Ainsi, commença la dernière journée de mon voyage.

Progressivement, les vibrations m'arrivèrent plus souples, plus moelleuses sur la barre du traîneau, et je réalisai que la neige s'était épaissie en quelques kilomètres. Le bruit même des patins redevenait normal, et les foulées de mes chiens plus amples, plus arrondies. Je sautai sur le traîneau.

La lumière rasante du soleil semait sur la piste des pépites d'or.

Ces derniers kilomètres, je les avais souvent imaginés. D'abord, je ne cesserais pas de chanter... et je restais muet. Les battements de mon cœur martèleraient ma gorge... et je n'entendais rien. Mes chiens s'indisciplineraient un peu, feraient une fête dans le peloton... et ils tiraient en ordre, travaillaient consciencieusement. Une escorte peut-être serait venue à notre rencontre... et nous étions seuls. J'aurais la tête farcie de notre exploit... et je ne pensais à rien. Mes entrailles me feraient des fourmillements de plaisir... et je ne sentais rien...

Rien... excepté cette tiédeur du soleil qui me cajolait le visage. Rien... Avais-je, à mon tour, comme Tajo, atteint le point de non-retour de l'épuisement, de la vanité? Serais-je devenu irrécupérable comme lui?

A peine accélérai-je ma respiration en apercevant les toits blancs et les flancs de bois des maisons de Dawson. Je me ressaisis, me raidissant sur les patins, et levant la tête.

– Cette fois, les chiens, c'est fini... fini, vous entendez... on est arrivés... vous avez gagné.

Ils prirent le grand galop pour entrer dans la ville. Ce fut un beau final.

– Yap... Yap... Yap...

Qu'au moins elle soit digne, notre parade de cirque!

Ils dressèrent les oreilles, redevenant attentifs au moindre de mes ordres, se hissèrent sur leurs pattes pour paraître au maximum de leur taille. Même leurs queues pelées et leur maigreur avaient quelque chose de glorieux.

– A droite... droite, sec.

Notre arrêt se fit en dérapage de bolide.

Dawson resta quelques minutes hésitante. Comme dans l'instant qui suit les grands événements quand, à force d'attendre, on est pris au dépourvu.

Des silhouettes s'immobilisèrent. Des visages se tournèrent vers nous.

Mes chiens en garde-à-vous impeccable attendaient le passage en revue du chef. Je descendis.

J'allai leur tirer l'oreille, à tous mes grognards.

– Toi, Charlie, le premier de ma meute... Merci.

Je l'embrassai sur la gueule.

– Mouluk, mon Hercule... Merci.

Je l'embrassai sur la gueule.

– Merci, Rosta ma splendide.

Je l'embrassai sur la bouche.

– Nanuk, mon « ours »... Merci.

Je l'embrassai sur la gueule.

– Oukiok...

... C'est machinalement que je prononçai son nom, et je pensai aussitôt à Tajo aussi. C'était ici leur place à l'attelage...

– Merci, Oukiok, merci, Tajo. J'espère que vous avez une bonne neige au paradis des chiens de traîneau, avec des caribous par troupeaux, des élans en pagaille, et des lièvres par milliers...

J'avançai.

– Inok, mon « homme »... Merci.

Je l'embrassai sur la gueule.

– Tjockis, ma dondon, te voilà devenue bien maigrelette... Merci.

Je l'embrassai sur la bouche.

– Lobo, mon chasseur... Merci.

Je l'embrassai sur la gueule.

– Pirat, mon autre intelligence... Merci.

Je l'embrassai sur la gueule.

Quand je m'agenouillai près de Finskan, je pleurais. Je l'enlaçai et me laissai lécher.

Lorsque je me relevai, il y avait une petite foule autour

de nous, avec des regards qui cherchaient le mien. J'étais arrêté devant l'école. J'entrai :

– Bravo, le Français.

La suite fut un tourbillon.

On me présenta à tout le monde. On me serra les mains, on me gratifia d'accolades sans nombre. Et on me fit cortège jusqu'à l'hôtel le plus luxueux de Dawson...

En un seul jour, je gagnai sept cents amis. Toute la population d'une ville.

On m'aimait.

***

Quinze jours plus tard, pour l'honneur, je réattelai mes chiens. Ils étaient méconnaissables de forme et de santé, mes compagnons. L'escorte de joyeux drilles qui nous accompagna donna au trajet un air de pique-nique bien plus qu'elle n'homologuait le sérieux point final à une grande première.

L'Alaska fut pour moi une simple pancarte : « ALASKA », et quelque quarante kilomètres à l'intérieur.

– Staana...

Le traîneau s'immobilisa. Et voilà. Derrière nous, il y avait des traces de pattes et deux lignes parallèles, deux rails que nous avions posés d'un bout du continent canadien à l'autre... Avec les mêmes chiens, et un homme seul.

Et je n'ai pas continué vers le nord. Après avoir connu Dawson, je n'avais plus du tout envie de disparaître.

Et puis d'ailleurs j'avais gagné, puisque avec mes chiens j'étais allé au bout de mon rêve.

ÉPILOGUE

J'AIME Dawson. Elle ressemble à son mirage. A celui, du moins, qui a ébloui mon enfance. Elle est fidèle encore aux récits extraordinaires de la plus spectaculaire ruée que le monde ait jamais connue. Elle témoigne toujours de cette fabuleuse épopée commencée un jour de juillet 1897, lorsque deux cargos, le *Portland* et l'*Excelsior,* l'un à Seattle, l'autre à San Francisco, débarquèrent les nouveaux « rois du Klondike ». Cette vallée où l'or roulait dans le lit des rivières.

Parce que les conditions économiques de l'époque étaient difficiles, parce que la main-d'œuvre de cette fin de siècle était particulièrement mobile, parce que même les étrangers, contrairement à ce qui se passait aux États-Unis, avaient le droit d'enregistrer des concessions en territoire canadien, et parce qu'enfin l'or du Klondike se trouvait dans des alluvions que l'on pouvait exploiter manuellement... ils affluèrent du monde entier, du Canada, des États-Unis, d'Europe, de Nouvelle-Zélande, d'Australie, des Indes, du Japon. Ces hommes parcoururent des milliers de kilomètres, dont plusieurs centaines à pied, franchirent des montagnes, descendirent le cours des fleuves, traversèrent des forêts immenses, chargés de leur lourd matériel de prospection. Les yeux embrasés de rêves de richesses inépuisables, ils finirent par arriver dans une petite bourgade, au confluent du Yukon et du Klondike, Dawson. En quelques mois, l'agglomération passa de quelques centaines d'âmes à vingt puis trente mille habitants. Ces pionniers vécurent dans les conditions les plus précaires. Les plus organisés d'entre eux se construisirent des cabanes, mais la plupart vécurent sous la tente, surmontant misérablement les rigueurs de l'hiver.

Tout manquait dans cette ville-champignon où filles et commerçants, qui se faisaient payer en or, firent fortune. Le plus astucieux fut sans doute celui-là qui fit tailler la colline à côté pour en retirer les pierres et les gravats afin de remblayer les marécages dont il vendit les emplacements pour bâtir la nouvelle Dawson.

Et puis la fièvre tomba, au début du siècle, lorsque les grandes sociétés achetèrent les concessions de nombreux particuliers. Aujourd'hui, certaines de ces sociétés subsistent encore, mais sur les quelque trente mille concessions toujours occupées, la plupart appartiennent maintenant à des particuliers, des familles qui travaillent durant les six mois de l'année où la terre est dégelée.

J'aime cette Dawson-là qui n'a pas changé. J'aime cette cohabitation magique entre les vestiges de la fièvre d'hier et la vie d'aujourd'hui. Les maisons sont toujours construites en bois, et les trottoirs en planches. L'antique « Saloon de la Plume Rouge » (Red Feather Saloon), dont les portes sont clouées en attendant la restauration, n'est pas différent de l'actuel bar de l'*Eldorado Hotel* ou, aujourd'hui encore, on peut payer sa chambre en poussière d'or : « dust gold accepted », précise la pancarte. J'aime le vieux steamer à aubes, le *Keno,* qui naviguait sur les eaux tumultueuses du majestueux fleuve Yukon... J'aime les restes de la cabane éventrée de Jack London, l'initiateur de mes rêves, et celle admirablement conservée du poète Robert Service... J'aime la boutique de Mme Tremblay, la « Tremblay's Store » où l'on peut acheter des chapeaux avec leurs grands cartons, ainsi que des robes longues et des fracs de la Belle Époque... J'aime ces trois églises de confessions différentes parce que le bon Dieu y reconnaît les siens sans faire d'histoire... J'aime le « Gaslight Follies », ce théâtre qui, les soirs d'été, raconte des épisodes de la vie au Yukon... J'aime le « Diamond Tooth Gerties Gambling Hall », seule salle de jeu-spectacle de tout le Canada où, chaque jour, viennent flamber les chercheurs d'or d'aujourd'hui. Ici, on ne s'attache pas à la tenue vestimentaire; on y pénètre en vêtements de travail avec de la terre collée à ses bottes. On y voit des pépites d'or grosses comme des cabochons, montées en bagues énormes, en boucles d'oreilles, ou écrasées en broches à la forme de bulldozer... J'aime l'idée de ces fortunes édifiées en quelques mois et qui se défont en quelques tours de poker... J'aime la vie de pionnier parce qu'elle rend tous les rêves possibles... Oui j'aime ce pays où il arrive qu'au hasard d'une course à travers la vallée on revienne avec un « caillou jaune » incrusté dans le relief de ses semelles...

Mais surtout j'aime la Dawson qui m'a reçu. Peter Dunbar, le « City Manager » qui m'a ouvert ses bras à mon arrivée; et Peter Jenkins, le maire, de retour de voyage, trois jours plus tard, et qui m'a hébergé avec un grand cœur; et Jo et Wendy aussi qui m'ont gardé mes chiens pendant de nombreuses semaines. Et puis Mitch enfin qui me rappelle Swen mon ami suédois que j'ai laissé là-bas chez lui. Mitch est solide, trapu, barbu, il a la tête éternellement coiffée d'un chapeau de cuir noir à larges bords, et il vit dans sa cabane à une vingtaine de minutes par bateau en amont de la ville, au bord de la rivière. Il m'aide à bâtir ma maison en rondins à côté de la sienne. C'est là que je vais vivre. Il possède des chiens lui aussi. Ensemble, les derniers mois de l'hiver, avec nos traîneaux nous promènerons des touristes touchés par le goût de l'aventure...

C'est cela pour moi, l'effet de la fièvre de l'or. Bien qu'on puisse toujours, et même n'importe quel étranger, planter ses fanions dans la montagne, puis faire enregistrer sa concession, son « claim » pour dix dollars (le prix n'a pas changé depuis bientôt cent ans), et avoir ainsi le droit de creuser, fouiller, retourner une parcelle de cent cinquante mètres de large sur trois cents mètres de long, et chercher fortune, moi je laisse la quête de pépites aux autres. L'endroit s'appelle « Sweet Creek ». En saison, je chasserai, je poserai des trappes... Il y a une famille d'ours bruns qui rôde par ici depuis quelques jours... je sens qu'elle va m'occuper...

Je n'imagine pas être plus près de la nature ni de la liberté.

FAIRE-PART

Finskan et Pirat ont la joie de vous annoncer la naissance de leurs cinq enfants, deux garçons et trois filles, survenue le 12 juillet 1983 à Dawson City (Canada). Le père et la mère se portent bien, ainsi que les cinq parrains et les deux marraines.

Cet ouvrage
a été composé
et achevé d'imprimer
en novembre 1984
par l'Imprimerie Floch à Mayenne
pour France Loisirs

N° d'édition 9941. N° d'impression 22542
Dépôt légal : novembre 1984

IMPRIMÉ EN FRANCE